高校社科文库
University Social Science Series

教育部高等学校
社会科学发展研究中心

汇集高校哲学社会科学优秀原创学术成果
搭建高校哲学社会科学学术著作出版平台
探索高校哲学社会科学专著出版的新模式
扩大高校哲学社会科学科研成果的影响力

国际合资战略与经营支配权

——基于20世纪90年代中日合资企业的分析

International Joint Venture Strategy and Management Control

王　敏/著

光明日报出版社

图书在版编目（CIP）数据

国际合资战略与经营支配权：基于20世纪90年代中日
合资企业的分析 / 王敏著 . --北京：光明日报出版社，
2010. 1（2024.6重印）
（高校社科文库）
ISBN 978－7－5112－0628－2

Ⅰ.①国… Ⅱ.①王… Ⅲ.①中外合资经营—合资企业—企业
管理 Ⅳ.①F279.244.3

中国版本图书馆 CIP 数据核字（2010）第 019399 号

国际合资战略与经营支配权——基于 20 世纪 90 年代中日合资企业的分析

GUOJI HEZI ZHANLÜE YU JINGYING ZHIPEIQUAN——JIYU 20 SHIJI
90 NIANDAI ZHONGRI HEZI QIYE DE FENXI

著　　者：王　敏

责任编辑：田　苗　　　　　　　　责任校对：段　晖　熊霁明　施凌波
封面设计：小宝工作室　　　　　　责任印制：曹　净

出版发行：光明日报出版社
地　　址：北京市西城区永安路 106 号，100050
电　　话：010-63169890（咨询），010-63131930（邮购）
传　　真：010-63131930
网　　址：http://book.gmw.cn
E－mail：gmrbcbs@gmw.cn
法律顾问：北京市兰台律师事务所龚柳方律师

印　　刷：三河市华东印刷有限公司
装　　订：三河市华东印刷有限公司
本书如有破损、缺页、装订错误，请与本社联系调换，电话：010-63131930

开　　本：165mm×230mm
字　　数：245 千字　　　　　　　　印　　张：13.5
版　　次：2010 年 1 月第 1 版　　　印　　次：2024 年 6 月第 2 次印刷
书　　号：ISBN 978－7－5112－0628－2－01
定　　价：65.00 元

序

  王敏君于 2001 年 3 月 23 日，以博士论文《中日合资企业的出资与支配》获得本校颁发的课程博士学位。作为经营学博士，他也是本校研究生院设立以来第一位获得博士学位的外国人。之所以授予他学位，是因为他以求实的态度和刻苦钻研的精神完成了这项难度较大的课题。在 20 世纪 90 年代的中国，中外合资企业的中方伙伴大部分是国有企业，因此仅仅从外国投资方的角度来分析合资企业是远远不够的。如果不是像王君这样，一方面具备查阅日本及欧美文献的能力，另一方面能够用母语对合资企业中方管理者进行访问调查和问卷调查，这是一个无法完成的课题。

  作为论文的审查委员之一，我认为它的特色在于，第一次从国际合资企业的双方母公司以及东道国政府的角度客观地分析了出资比率、经营资源与经营支配权的关系。同时，整理归纳了双方母公司以及地方政府对合资企业经营决策层和日常经营管理层在支配类型、支配方式上的不同点。从这些不同点我们也可以看出，与设在发达国家的合资企业相比，设在中国的合资企业其支配关系并不是仅仅受到出资比率的影响。出资比率、经营资源、外资政策等因素的综合作用，都会在一定环境下对合资企业的支配关系产生特定的影响。基于该课题不仅在理论上进行了有益的探索，同时在实证研究方面也取得了一定的成果，本校学位审查委员会 3 名委员一致认为该论文符合审查标准。按照本校学位授予规则，担任研究生课程的教授三分之二出席，二分之一以上赞成即可获得通过，但这部论文在 30 位教授中获得了 29 票（1 票弃权），从而以高票通过了最终审查。

  王敏君来日本后，作为东京大学经济学部的访问学者出色地完成了研究任务，其后来到我校攻读经营学博士学位。经过五年的努力终于完成了博士论文并获得通过。这与他具有充分的英、日语文献阅读能力和扎实的经营管理理论是分不开的。在获得学位后，他受聘于东京电机大学信息环境学部，担任《国际经营论》等课程的主讲。2008 年他回到自己的祖国，在苏州大学商学院担任《企业战略管理》等课程的教学工作。我期待他继续深入研究相关课题，为自己祖国的教育事业做出贡献。

王敏君性格敦厚诚实，他的研究态度也贯穿了这样的精神。因此，我向读者推荐他的这本专著。

日本教育研究功劳勋章获得者（瑞宝中绶章）

东京大学经济学博士、关东学院大学名誉教授

小林正彬

（翻译：王敏）

引言

　　1980 年 12 月，中日合资企业福建日立电视机有限公司在福州市设立，这家公司作为中日合资企业第一号，拉开了战后日本企业对中投资的序幕。其后，1980 年 12 月中国大冢制药有限公司、1981 年 11 月江苏南通劳动保护鞋业有限公司等中日合资企业相继设立。

　　30 年的岁月转瞬流去，至 2004 年 10 月，日本企业的对中投资件数超过 31000 件，投资金额按实际到位金额计算达到 461 亿美元。① 另外，在独资、合资、合作这三种基本外商投资方式中，中日合资企业的投资件数约占全体的一半左右。② 与其他外资企业一样，日本企业的对中投资对中国经济的飞跃发展起到了促进的作用。从投资金额来看，至 2004 年 10 月，日本企业的对中投资占世界对中投资的第三位，从技术引进来看，松下、三洋、日立、NEC 等世界著名的跨国公司积极引进生产技术，很多企业被当地政府评为"先进技术企业"，与此同时，在以生产管理为中心的管理方式的引进方面，日本企业也受到国内企业的好评。

　　20 世纪 90 年代（以下简称 90 年代）是引进外资最为波澜壮阔的十年，也是中外合资企业在数量和特征上出现急剧变化的十年。变化之一是，这一时期外方母公司的出资比率由少数持股、对等持股逐渐转为多数持股，在 2001 年后多数合资企业终于转变为完全持股即独资企业，而把这个过程演绎得最为完整的，应该是中日合资企业。90 年代后，随着对中直接投资的扩大，有关日本企业在中国的经营活动的研究受到关注，由于在三种投资形态中合资形态

---

　　①　商务部原部长薄熙来在"日中投资促进机构第 13 次定期年会"上的讲演稿，北京，2004 年 11 月。

　　②　具体构成是：独资企业占 45.4%，合资企业占 46.6%，合作企业占 6.5%（稲垣清＋21 世纪中国総研『中国進出企業地図』蒼蒼社，2004，p. 44）。

所占比例最高，因此对中日合资企业的研究一度成为热点。但是，当时的大多数研究集中在人事劳务管理以及技术引进方面，其原因是，在经营活动中这些问题的出现频率较高，而且很容易引起双方的经营摩擦。但在今天看来，这些问题的产生具有深层次的原因，这就是出资比率与支配权的问题。传统的观点认为，出资比率决定了支配权的大小，多数持股的一方应该获得经营支配权。因此，出资比率与支配权的不对称，常常是引起经营摩擦的火花。与此相关联的另一个问题，就是经营资源与支配权的问题。拥有重要经营资源的一方往往主导了合资企业的经营活动，在没有获得多数持股的情况下，他们的经营主导活动往往会引起合作伙伴的不满。这就产生一个问题：母公司对合资企业的支配权到底是取决于出资比率还是取决于经营资源，抑或是取决于外资政策的规定？大多数研究至今认为，是出资比率决定了经营支配权。然而，这个结论无法解释 90 年代中外合资企业的现实。本书的目的是，以 90 年代的中日合资企业为对象，寻找决定合资企业经营支配权的主要因素，对出资比率、经营资源、经营支配的相互关系进行分析和确认，并在此基础上探讨经营支配的类型与经营效果的关系。

1. 问题的提出

有关国际合资企业的出资与支配的关系，较为公认的观点是，母公司的出资比率决定了母公司对合资企业的经营支配权，跨国公司可以通过调整出资比率来调整对子公司的经营支配权。但是在中国，直至 2001 年中国加入世贸组织，中外合资企业的支配关系用上述观点无法解释。在 90 年代前期，母公司的出资比率与母公司对合资企业的支配权基本不成对应关系，即多数外商投资企业虽然少数持股，但是控制了合资企业生产经营活动的主要方面。在 90 年代后期，虽然外方母公司出资比率上升，但是与支配权相比仍然有很多不成对应关系的事例。本书的问题意识是，第一，为什么中外合资企业的支配关系与既往研究的结论不同？这一时期影响合资企业支配关系的重要因素有哪些？第二，在中外合资企业，什么样的支配方式较为合理？换句话说，理想的支配方式取决于哪些因素？当然，在进行研究之前可以肯定的是，中国的现实之所以与既往研究的结论不同，是因为既往研究的大多数，其研究的对象和背景与中国的合资企业不同。至今为止的研究对象均为设在资本主义制度下的发达国家或发展中国家的合资企业，因此不存在市场经济与公有制的矛盾。而在 90 年代的中国，如何解决跨国公司多数持股或完全持股与社会主义公有制的矛盾尚处在探索阶段，这种探索体现在外资政策的不断调整，而这种调整对合资企业的支配关系起到一定的影响作用。另一方面，地方政府在引进外资活动中也具有一定范围的调控权。因此，在分析研究这一时期的合资企业经营支配权问题时，必须包括对外资政策的影响力和地方政府调控手段的研究。

2. 研究目的与研究方法

本研究的基本目的是，以90年代中日合资企业的经营支配关系为研究对象，找出影响合资企业经营支配关系的主要因素，以及各因素的相互关系。具体目的包括以下三点：第一，明确合资企业经营活动中母公司出资比率与经营资源的作用，以及各自对合资企业经营活动的影响力；第二，对经营支配的特性进行分析，在此基础上明确经营支配的类型与效果的关系；第三，对出资比率、经营资源、经营支配的相互关系进行分析，找出中日合资企业中理想的经营支配关系的形成原因和基本构成。为此，本书的研究方法是，首先，对有关本课题的主要研究进行回顾和整理；其次，对支配理论和中国的经营环境进行分析，在此基础上对影响合资企业经营支配的主要因素提出假设；最后，通过实证分析验证假设，确定中日合资企业经营支配关系的基本框架。另外，作为对企业国际合作方式的补充，对2001年后新的企业环境下中外企业可能采用的合作方式进行比较，提出选择合作方式的基本思路。

本书在研究方法上与多数研究的不同之处有两点。

第一个不同之处是，把双方母公司对合资企业的支配对象分为"战略决策层"和"日常经营管理层"，并分别在这两个层次上对各种影响因素进行分析。在《中外合资经营企业法》中，合资企业的企业形态规定为"有限责任公司"，按照《公司法》的规定，有限责任公司的决策机构包括两个层次，其一是作为重要战略决策机构的"董事会"，其二是作为日常经营决策机构的"经营委员会"。至今，多数有关支配关系的研究没有区分这两个机构在支配关系上的不同点，一般是把重点放在对日常经营决策机构的分析上。但是，在对中外合资企业进行分析时，必须同时对董事会和经营委员会的支配关系进行分析。这是因为，在有关中外合资企业的法律和法规中，对董事会的决策方式有一定规制，但是对日常经营决策层的决策方式没有政策性规制，相反，强调了出资比率以及经营资源对支配的影响作用。这就造成了外资政策对合资企业两个决策层产生的影响力不同。另外，这两个决策层本身对经营活动具有不同的影响，因此，有必要对两个决策层的支配关系分别进行分析。

第二个不同之处是，本研究对中、日、英三种语言的参考文献进行了较为详尽的检索和分析。对中文文献的检索主要侧重于政府研究机关的研究成果，因为他们的研究基本上代表了政府的观点，对外资政策的制定有较大影响，因而有助于对我国政府的合资企业方针进行分析。另一方面，对日文文献的检索基本覆盖了至90年代为止有代表性的全部研究。本书的研究对象是中日合资企业，因而有必要对日本的有关研究进行分析。日本的学者从80年代开始对日本跨国公司的海外投资和经营活动进行深入研究，不仅积累了大量的统计调查数据，而且取得了一定的成果。对他们的观点和分析方法进行研究，有利于对日本跨国公司的海外投资战略、母公司支配战略以及所有权政策进行比较和分析。另外，对英文文献的检索侧重于经营学者有关支配理论的研究成果。之所以注重对三种语言的文献进行检索和研究，主要是由于在长期的教学和研究过程中，感到各国学者的研究虽然在客观上推动了国际直接投资的研究，但是主观上大多是为本国跨国公司的海外经营活动出谋划策。因此在他们的研究中较多从本国企业的立场出发，对东道国的外资政策以及东道国合作伙伴的利益和作用研究较少。但是实际上这种研究方法往往有失偏颇，不仅不利于企业制定长期战略，也不符合企业国际合作的终极目标。本研究希望对双方母公司的经营战略以及东道国的外资政策进行尽量客观的分析，以利于我国企业在今后的国际合作中从战略角度选择合理的合作方式和支配战略，从而取得战略致胜的效果。

本项研究的成果体现在三个方面。其一，90年代的外资政策中有关出资比率的规定从总体上来看具有逐渐推进、维护产业安全的效果，但是也存在对出资比率的规定过于生硬，因而在一定程度上限制了外方引进经营资源的积极性。而2001年后的外资政策对出资比率的限制逐步放宽，则有利于让外方更多引进经营资源。其二，合资企业的存在基础是经营资源的相互补充，当双方无法提供对方需要的经营资源时，合作关系就可能中止或解散。另外，多数持股可以取得合资企业日常经营活动的主导权，但是在不具备相应经营资源的情况下，这种经营的主导权难以持久。其三，企业的国际合作需要以相互信赖为基础，日常经营活动的一方主导也必须以相互信赖为前提。但是，中日双方在信赖的形成方式和信赖关系的建设方面有不同的习惯和方式，只有经过一定时间的相互考察和相互理解，才能获得由相互信赖所产生的价值。

3. 本书构成与各章内容

本书的内容由六章构成。

第一章回顾了90年代中日合资企业出资比率的变化，并对合资企业的存在背景进行了整理。第二章至第四章对出资比率的影响因素和双方母公司的经营者派出方式进行了比较，在此基础上对经营支配的类型和效果进行了理论分析，对合资企业支配关系的构造提出了假设。第五章则以访问调查和问卷调查为基础，对中日合资企业的出资比率、经营资源、支配类型的特点以及相互关系进行了实证分析，并得出以下结论：在中日合资企业，出资比率可以决定董事会的席位分配，但是其内部的支配关系不是仅仅由双方的出资比率所决定，还包括《中外合资经营企业法》的有关规定以及双方经营资源的互补关系。上述两个因素将决定出资比率的变化方向。另一方面，中日合资企业的支配关系在两个层次上维持着平衡关系：在战略决策层，支配的类型以"双方共同支配型"为多，在日常经营决策层，按双方经营资源的重要性决定的"一方主导型"支配关系占绝大多数。

2001 年后合资企业占三资企业的比例越来越少，但是这并不意味着中外企业已经不存在合作的必要。第六章首先对独资企业增加、合资企业减少的现象进行分析，证明主要影响因素来自投资环境的变化和市场构造的变化。即，外资政策的中性化和国内市场的扩大使合资企业的内部支配关系失去平衡，中外双方母公司面对新的市场规则，需要寻找新的合作伙伴并补充必要的经营资源，因此需要对合作的方式重新进行选择。至此，中外合资不再是企业合作的唯一方式，任何企业都可以在更大范围选择合适的国际合作方式，而合资只是其中的一种选择。以下具体介绍各章内容。

第一章：外资政策与合资企业

中外合资企业不同于发达国家之间设立的合资企业，从某种意义上来看，它是资本主义制度下的私企业与社会主义制度下的公企业的结合体。在 90 年代，外资政策和地方政府对合资企业拥有较强的影响力，是合资企业投资和经营环境的主要影响因素。因此，在分析合资企业的出资与支配关系之前，有必要对合资企业的投资环境和合资企业的性质进行分析。本章的基本目的是总结合资企业投资环境的基本特征。在内容上，首先对"三资企业"的概念进行整理，并与国际直接投资的一般形态进行比较，明确了合资企业的基本特征与"国际股权型合资企业"基本相似，并通过与其他企业形态的比较总结出合资企业在法律上的特征。其次，对中日合作企业的合作伙伴、投资地区、经营状态以及组织机构的特点进行归纳，总结出经营上的基本特征。最后，对外资政策按照变化特征划分为五个阶段，对与出资比率以及支配关系有关的法律及法规进行重点分析。

第二章：出资比率的决定过程与变动要因

本章的目的是回答有关合资企业出资比率的两个问题：其一，外资企业的投资形态和出资比率是如何决定的；其二，投资形态和出资比率的影响因素有哪些。为了回答这两个问题，首先进行理论的回顾。跨国公司为什么在某些情况下选择合资，而在另一些情况下选择独资？既往研究有不同的结论，但是也有共同点。即认为投资形态与投资战略有密切关系，投资战略决定了跨国公司的所有权政策，而所有权政策是影响出资比率的重要因素之一。本章首先对既往研究按照背景和对象进行整理，在此基础上对中日合资企业进行分析。方法是对中日合资企业出资比率的变化按照行业、规模、地区进行统计数据的分析，目的是找出影响出资比率变化的主要因素。其次是对投资形态的主要影响因素进行归纳，它们包括1）日方母公司对投资风险的判断；2）双方母公司的投资战略；3）双方经营资源的特质和双方出资比率；4）外资政策及地方政府的判断。最后，以日方母公司对于投资风险的判断和地方政府对于合资效果的判断为轴，提出合资企业出资比率变化方向的四种可能性。本章的基本结论是，在90年代前期，日方母公司对于投资风险的判断和地方政府的地区经济发展方针是影响日本企业投资形态的重要因素，而在90年代后期，外资政策以及双方母公司的投资战略逐渐上升为主要影响因素。

第三章：出资比率与经营者派出

出资比率对双方董事会席位的分配有影响，这在相关法律上有明确的规定。但是，出资比率与双方日常经营干部的派出之间是什么关系？出资比率高的一方是否必然拥有总经理等重要经营干部的决定权？另一方面，合资企业的经营者应该具有什么样的能力，母公司如何评价合资企业经营者的能力？本章首先对母公司出资比率与合资企业经营者的决定权两者之间关系进行考察，其后对合资企业经营者的必要能力和作用进行分析。日本跨国公司对海外子公司的支配主要通过派遣经营者来实现，为了获得合资企业经营者的派出权母公司倾向于多数持股。但是，在中日合资企业，法律规定了部分行业必须中方多数持股或控股，即使在没有法律限制的一般行业也不主张按出资比率决定合资企业的经营者人选。因此，在外资政策、经营资源、出资比率等因素的共同作用下，母公司的经营者派出权不一定与出资比率一致。本章对合资企业战略决策层和日常经营层的经营者派出权分别进行了分析。

另一方面，母公司对合资企业的经营支配主要通过派出经营者的经营活动来实现，然而实现的程度与经营者的能力有关。合资企业经营者的必要能力不同于一般企业，因为它有两个以上的母公司存在。本章对合资企业经营者的必要能力的分析结论是，他们在具备一般经营者的经营管理能力之上，还需要具备协调、交流等其他能力。但是，他们也拥有其他企业经营者不具有的优势，那就是有更多的经营资源可以利用。在中日合资企业，对日方派出的经营者而言，环境适应能力、交流能力、协调能力、人才培育能力等均为必要能力；而对于中方的派出经营者，必须具备市场信息和当地经营知识的传达能力、协调能力、交流能力、学习能力等。

第四章：支配理论与支配关系的构造

母公司与子公司之间的支配关系为什么必要？决定支配的主要因素是什么？支配方式与支配效果之间是什么关系？本章的目的是回答上述问题，从而明确中日合资企业支配关系的基本构造。为此，本章首先对既往研究进行回顾和整理，目的是明确母公司与子公司之间支配的必要性。从日本企业来看，其组织特征是与"官僚制组织"不同的"家族制组织"，因此母公司对海外子公司的支配多数采用"直接支配"即派出经营者的方式。

支配与出资比率的关系是本章的另一项主要内容。关于母公司支配力的形成，既往研究的结论并不一致。既有"出资比率决定支配力"的观点，也有"产品的对象市场和行业特点决定支配力"的观点。还有观点认为，经营资源才是决定支配力的主要因素，即"经营资源决定支配力"的观点。本章的研究结论是，在中日合资企业的战略决定层和日常经营层，影响支配力的因素有所不同。在战略决策层，外资政策和出资比率是影响支配力的主要因素；在日常经营层，经营资源和出资比率是重要的影响因素。另一方面，既往研究把经营支配的类型分为三大类，即"一方主导支配型"、"双方共同支配型"以及"自主经营支配型"，但是对于哪一种类型的经营效果更好，既往研究的结论也不相同。本章以中日合资企业为对象，分别在决策的两个层次上考察支配类型与经营效果的关系。最后，用以上分析的结论为基础，整理中日双方母公司的投资战略、所有权政策、经营资源的特质，以及外资政策和地方政府的影响力，提出基本假设和中日合资企业支配关系的基本框架。

第五章：支配关系的实证分析

第四章对出资比率、经营资源以及支配类型的相互关系提出的三个假设是：第一，出资比率赋予经营支配以法律上的正当性，但是不一定与支配的类型相一致；第二，在合资企业的战略决策层，支配的类型受出资比率和外资政策的影响；在日常经营层，则主要受经营资源和出资比率的影响；第三，在战略决策层，支配的主要类型是双方共同支配型；在日常经营层，支配的主要类型以一方主导支配型为主。本章的目的则是通过访问调查和问卷调查，对第四章的假设进行实证分析。对55家中日合资企业调查分析的结果，证明多数假设得到确认，但少数假设不受支持。

关于双方的支配方式，中方母公司的支配方式主要包括派出经营者、报告制度、市场信息与当地经营知识的提供、与地方政府的交涉等。另一方面，中方母公司的经营资源主要集中于机能性经营活动的担当以及国内销售渠道的提供。中方派出的经营者在合资企业担任副总经理职务较多，在管理层则以人事、劳务、财务、国内销售为多。另一方面，日方母公司的支配方式多种多样，但主要集中于经营者和技术者的派出、生产管理技术的提供以及国外销售渠道的提供。日方母公司的经营资源相对较强，在日常经营活动中往往拥有一方主导型支配权，但仍然倾向于多数持股以获得支配的正当性。另外，关于外资政策和地方政府的影响力，国务院有关机构通过外资政策的制定和调整对合资企业的重要决策方式产生影响，地方政府则通过对中方派出经营者的决定权、对合资企业的经营活动提供支援，以及兼任合资企业董事长等方式对合资企业的支配关系产生影响。另外，外资政策和地方政府的影响力主要集中于合资企业的战略决策层即董事会。

关于出资比率、经营资源、支配类型的相互关系，在合资企业的战略决策层，支配的类型以共同经营支配型为主，出资比率以及经营资源的特质与支配类型均不一定有对应关系。在合资企业的日常经营层，支配的类型以日方主导型支配为主，出资比率以及经营资源与支配的类型基本对应。另一方面，在双方的出资比率与经营资源的特质不一致的情况下，出资比率会发生变化，而变化的方向是趋向于与双方经营资源的特质相一致。这说明，不是出资比率决定了支配的类型，而是支配的类型引导出资比率的变化方向。

第六章：中国加入WTO后的中外企业合作方式

从90年代后期开始，中日合资企业中的日方多数持股倾向已成定局，而中国加入世贸后，合资减少，独资增加的趋势更为明显。本章对这一倾向提出两个问题，并试图通过分析加以回答。第一个问题是，合资减少、独资增加的原因是什么，它是否意味着中外企业的合作已失去价值？第二个问题是，企业在需要获得经营资源的补充时，如何选择合适的合作方式？关于第一个问题，即合资减少、独资增加的主要原因可能有三。第一个可能性是，2001年后外资政策的宽松化和中国市场的急速扩大，使日本企业调整或改变了对中国的投资战略，即合资不再是进入中国市场的必要条件。第二个可能性是，合资企业的决策过程迟缓，经营摩擦较多，经营业绩下降。第三个可能性是，随着经营环境的变化，合资方式不再有存在的价值，即双方均不再需要经营资源的相互补充。但是，对以上原因进行分析的结果是，第一种可能性确实存在；第二种可能性部分存在；而第三种可能性不存在。真正的原因是，原有的合资方式不能满足双方企业对于经营资源补充的需求，而外资政策的宽松化又为企业提供了重新选择合作方式的机会。因此，合资减少、独资增加的背后，是双方企业寻找合适的合作伙伴、摸索新的合作方式的战略活动。另一方面，关于第二个问题，2001年后销售、物流等机能性合作、收购与合并以及合资等各种合作方式均成为可能。因此，企业可以根据自身的需要选择合适的合作方式。另一方面，企业是否选择与别的企业的合作主要取决于经营资源补充的必要性和母公司支配的必要性，它们即相互矛盾也有可能达到平衡，以这两个因素为基准建立矩阵，可以得到合作方式的四种选择。企业按照自身的经营战略对这些合作方式进行选择，就可以取得经营资源的补充与母公司支配之间的平衡。

CONTENTS 目 录

引言 ／1

　1. 问题的提出 ／2

　2. 研究目的与研究方法 ／3

　3. 本书构成与各章内容 ／4

第一章　外资政策与合资企业 ／1

　1. 直接投资与"三资企业" ／1

　2. 中日合资企业的特征 ／13

　3. 外资政策的轨迹 ／23

第二章　出资比率的决定过程和变动要因 ／30

　1. 理论回顾 ／31

　2. 有关合资企业出资比率的法律规定 ／34

　3. 出资比率的变化过程 ／37

　4. 出资比率的影响因素 ／47

第三章　出资比率与合资企业经营者 ／54

　1. 出资比率与经营者推荐权 ／55

2. 母公司对合资企业经营者的期待　／63

3. 母公司对合资企业经营者的评价　／71

第四章　支配理论与支配关系的构造　／80

1. 支配的必要性与支配的特性　／81

2. 支配权与出资比率的关系　／95

3. 经营支配的类型与效果　／105

4. 合资企业支配关系的构造　／112

第五章　支配关系的实证分析　／122

1. 55 家中日合资企业调查概要　／122

2. 中方母公司的支配方式　／129

3. 地方政府的管理方式和影响力　／147

4. 日方母公司的支配方式　／151

5. 研究结论与今后的课题　／159

第六章　中国加入 WTO 后的中外企业合作方式　／179

1. 外资企业投资形态的变化　／180

2. 变化方向与原因分析　／182

3. 中外企业合作方式的选择　／190

后　记　／197

第一章

外资政策与合资企业

1. 直接投资与"三资企业"

国际投资的基本方式分为间接投资和直接投资，两者的最大不同点是直接投资牵涉到经营资源的支配权问题。在我国，引进外资的基本方式是设立三种类型的外资企业，即"三资企业"。这三种类型的直接投资方式与国际直接投资的基本概念相同，但是又有不同之处。本节将"三资企业"与国际直接投资的基本形态相比较，重点分析"三资企业"的基本特征。

1）直接投资的形态

国际投资按照特性可分为间接投资和直接投资。所谓"间接投资"（indirect investment），是指以获得红利或股票增值为目的的国际金融投资；而"直接投资"（direct investment），则是指企业以支配或参加经营活动为目的，在国外展开的企业新建、收购、合资等活动。从投资形态来看，直接投资可以分为"完全所有"（100% ownership）和"国际合资"（international joint venture）两种类型。而国际合资企业还可以进一步划分为"国际契约型合资"（international contractual joint venture）和国际股权所有型合资（international equity joint venture）。

理查德·罗宾逊（1983）对完全所有、国际契约合资以及国际股权合资这三种常见的直接投资的定义如下：所谓"完全所有"，是指"企业拥有100%附表决权的股份。通常，大股东拥有90%以上的股份时，该企业也可以看作是完全所有形态。"其次，所谓"国际契约合资"，是指"两家以上不同国籍的法律实体共同向一项事业投资，各自按契约规定取得收益的一种协定。"另外，所谓"国际股权合资"，是指"在不同国籍的两家以上企业共同拥有的公司中，各企业提供一定的资产，同时负担一定的风险以及一定的管理责任，并以分红的形式进行收益的分配。"按照这种观点，国际投资形态的分类如图所示（图 1－1）。

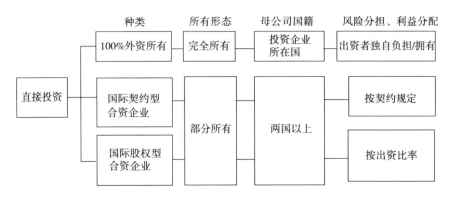

图 1 - 1　直接投资的分类

资料来源：作者制作

　　在上面三种直接投资方式中，完全外资所有是指企业独自在国外收购或设立的公司，投资风险由企业独自承担，但获得的利益也归企业独自拥有。而国际契约型合资企业和国际股权型合资企业，是由不同国籍的法人或个人共同设立的企业，具有"风险共担"的特性。另外，这两种组织的不同点是，国际契约型合资企业以合同为凭据分配收益，而国际股权型合资企业则按照出资比率分配利润。因此，在企业间的合作上后者比前者更为紧密。以上讨论了两种合资企业的一般定义，下面分别从法律、经济、经营的角度对这三种国际投资方式进行分析。

　　（1）关于国际合资的定义

　　美国的契约法研究者温斯顿按照法学原理对国际合资企业所作的定义是，"按照契约从事特定的计划或事业，为此将金钱、财产、知识、经验、时间以及其他资本结合在一起的两人以上的组织。通常，他们具有风险和利益分配的协议，各自对该事业有一定的支配权。"（梅田，1982，p. 8）该定义重视投资者相互之间的合作关系以及组织的盈利目的，但是并没有不同国籍的限定。另外，该定义包含了国际契约型合资和国际股权型合资的共同特征。

　　日本学者高宫晋（1970，p. 183、p. 328）对国际合资企业的定义是："与对方国家的个人或企业共同出资，在对方国家设立法人组织并进行某种事业的企业。这种企业具有共同出资共担风险，以及共同经营事业的特征。"这个定义仅仅从投资方的角度出发，因此不符合国际合资企业的一般特征。另外，在日本的《商学·经营学辞典》①中，合资企业的定义是："由复数企业共同经营的，不仅包括资本而且包括技术合作和人才交流的企业。"该定义包括了国际合资以及国内合资，强调了合资企业的复数方各自投入不同经营资源，并共同开展经营活动的特征。

概括起来看，关于国际合资企业的定义虽然没有统一的概念，但可以将不同的定义划分为广义和狭义两种。广义的国际合资的定义仅仅强调共同出资、共同经营；狭义的定义在此基础上还强调了不同国籍、盈利目的、责任与风险分担等特征。

（2）国际合资企业的优点与缺点

与其他国际投资方式相比较，国际合资方式既有所长也有所短。其优点是能够获得自身不具备的经营资源的补充以及减少初次投资的风险，其缺点是有可能弱化母公司的支配权（Stopford & Wells，1972）。因此，对国际合资效果的评价依母公司的投资战略而不同。在一种投资战略下国际合资的优点能充分发挥，而在另一种方式下合资的缺点暴露无遗。因此，如何充分利用国际合资的优点同时避免缺点是国际合资战略的重要课题。

OECD（经济合作开发组织）分析了国际合资企业的优点（OECD，1990，pp. 27～31），它包括以下几个方面。第一，能分散投资风险；第二，能减少固定费用，增大融资的便利性；第三，因为能够实现大量生产和大量销售，因而能够获得规模经济的效果；第四，通过合资建立的研究开发机构能达到知识共有的效果；最后，通过共同进行研究开发活动可以活用当地的人才资源。另一方面，该项研究从社会角度列举了合资方式的三个缺点：一是合资有可能排除或减少母公司之间的竞争；二是可能使某一特定的市场从开放走向封闭；三是可能减少潜在的竞争对手，因而不利于公平的市场竞争。以上分析的特点是，虽然从不同角度对国际合资方式的利弊进行了评价，但是实际上是从母公司的角度评价了国际合资方式的优点，从OECD加盟国的市场竞争政策角度评价了其缺点。

村松司叙等日本学者将国际合资方式的优点概括为四点：第一是可以绕过被投资国的外资政策限制；第二是能够减少投资风险；第三是易于回避国际摩擦；第四是通过合作使双方在技术、管理等方面优势互补。另外，他们认为国际合资方式的存在问题主要有两点：其一是双方母公司管理方式的差异易于产

---

① ［日］二神恭一编著，1997，pp. 285～286。

生经营摩擦，其二是合资企业的失败会对母公司经营活动产生不利的影响（村松司叙，1991，pp. 10~12）。

美国经营学者 Stopford & Wells 的视野较为广阔，他们分别从跨国公司的角度和当地政府的角度评价了国际合资方式的优点和缺点。另外，他们的研究指出，虽然母公司对合资企业的经营支配与子公司需要补充经营资源有相互矛盾之处，但可以通过投资战略的调整取得两者之间的平衡（Stopford & Wells，1972，日文版 1976，pp. 150~151）。

2）"三资企业"的概念与分类

外国企业在中国的投资可以采用不同方式，但在法律上认定为"外商投资企业"的，只有中外合资经营企业、中外合作经营企业和外国独资企业等三种。上述三种投资方式的区分基准主要是企业的所有形态和经营方式，包括权限、责任、利益的分配等。由于这三种类型的企业都包含外资因素，所以被称为"三资企业"。[①] 至 2003 年，三资企业占外商投资企业投资件数的99.9%，投资金额（实际投资额）的 94.3%。[②] 80 年代后，我国政府又规定了"中外合作开发项目"以及"三来一补"等新的投资方式，之后在 90 年代又出台了有关"外商投资公司"（1995 年 4 月）以及"外商投资股份有限公司"（1995 年 1 月）等行政规定。这些投资形态除"三来一补"以外，在企业设立和经营的基本规定上与"三资企业"大致相同。但这些投资形态不是以法律形式规定，而是以行政命令颁布。以下对各种形式的投资方式进行整理分类。

（1）关于外商投资企业的种类

1979 年 7 月 1 日，第五次全国人民代表大会通过了《中华人民共和国中外合资经营企业法》（以下略称《合资企业法》），同年 7 月 8 日开始实施。《合资企业法》是最早由法律方式规定的外商直接投资方式，其后，各种投资方式的法律和行政规定陆续出台，至 2005 年，外商直接投资方式有以下七种。

a."中外合资经营企业"（sino-foreign equity joint ventures）（以下略称"合资企业"）。合资企业的定义是："由外国的公司、企业以及其他经济组织或个人与中国的公司、企业以及其他经济组织共同出资，依据《合资企业法》设立的，得到中国政府的许可，在中国境内设立的有限责任公司。"（以下简

---

① 台湾、香港、澳门的企业与外资企业一样，享受外资优惠政策至 2008 年。
② 商务部《中国外商投资报告》2004 年版，p. 74。

称为"有限公司")。另外,中外合资企业有四个基本特征,即:共同投资、共同经营、共同承担风险以及共同负担盈亏责任。合资企业的主要法律依据为《合资企业法》(1979 年 7 月发布,1990 年修订,2001 年 3 月再次修订),其具体实施细则为国务院发布的《实施条例》 (1983 年发布,1986 年修订,1997 年再次修订)。

b. "外商独资企业"(wholly foreign-owned enterprises)(以下简称为"独资企业")。独资企业的定义为:外国以及中国台湾、香港、澳门的公司、企业以及其他经济组织或个人,依据《中华人民共和国外资企业法》(以下略称《外资企业法》),得到中国政府的许可而设立的拥有全部所有权的企业。外商独资企业可由一个外国投资者设立,亦可由两个或两个以上的外国投资者共同设立。但不包括外国企业以及其他经济组织在中国境内设立的派遣机构。与外商独资企业相关的主要法律为《外资企业法》(1986 年 4 月发布,2000 年 11 月修订)。作为具体操作方法的《实施细则》在 1990 年发布,2001 年 4 月修订。

c. "中外合作经营企业"(sino-foreign contractual joint ventures)(以下简称为"合作企业")。合作企业的定义为:外国以及中国台湾、香港、澳门的公司、企业以及其他经济组织或个人,与中国的公司、企业以及其他的经济组织,在平等互利的原则下,依据中国的法律,在中国境内设立的企业或共同从事的经济活动。与"合作企业"相关的主要法律为《中外合作经营企业法》(1988 年 4 月发布,2000 年 11 月修订)(以下简称为《合作企业法》)。

d. "中外合作开发项目"(sino-foreign co-operative exploit projects)(以下简称为"合作开发")。依据《中华人民共和国对外合作开采海洋石油资源条例》,主要适用于海洋石油等自然资源开发相关的中外合作项目,或依据《中华人民共和国城镇国有土地使用权转让暂行条例》以及《外商投资开发经营成片土地暂行管理办法》,主要适用于房地产开发以及土地开发的中外合作项目。

e. "外商投资股份有限公司"(public corporation)(以下简称为"中外合资股份公司")。"中外合资股份公司"是由原对外经济贸易合作部发布的《关于设立外商投资股份有限公司若干问题的暂行规定》(1995)认可的公司。其定义为:全部资本由股份构成,股东承担所持股份的有限责任,公司以全部资产对公司债务承担责任,中外股东共同持有公司股份,其中外国股东所持股份占公司注册资本的 25% 以上的企业法人(第 2 条)。另外,其附加条件是,要求公司在过去3年连续盈利（第15条）。从以上规定可以看出，中外合资股份公司具有与合资企业相同的性质，即中外共同出资、共同经营。但是，依据1993年发布的《中华人民共和国公司法》（以下略称为《公司法》）相关规定，中外合资企业为有限责任公司，而中外合资股份公司为股份制公司。在出资方式上，前者单纯根据出资比例计算所持公司股份，而后者是根据等额股份的数量计算所持股份。另外，合资企业的规模并没有特殊的限制，但中外合资股份公司的注册资本必需在3000万人民币以上，且其中外方投资资金必需在25%以上。这意味着虽然合资股份公司在资金周转方面相对有利，但是由于在注册资本以及经营业绩（过去3年连续盈利）等方面的限制，一般中小企业或经营状况不好的企业无法注册成为此类企业。在《中国统计年鉴》等官方统计中，虽然中外合资股份公司作为外商投资方式的一种类型与三资企业排列在一起，但在企业数量以及资金总额上还不足总量的1%。如：在1999年与2002年，获得批准设立的中外合资股份公司分别为3家和19家，仅占外商投资企业投资金额（实际投资额）的0.72%与1.3%。

f. "外商投资公司"（foreign investment corporation）（以下简称为"投资公司"）。1995年4月，原对外经济贸易合作部发布《关于外商投资企业举办投资性公司的暂行规定》，规定了"外商投资公司"的设立条件。根据规定，投资公司与合资企业同样为有限责任公司，但企业的所有形式可为外国独资，亦可为中外合资。跨国公司的地区总部多采用此类企业形态。投资公司的业务范围包括：为在中国国内投资的企业代理从国外购入生产设备以及原材料等业务、代理产品的国内外销售以及提供售后服务等。此外，投资公司可以为集团内部企业之间提供外汇持有量的平衡、职员培训、市场开发、经营咨询等服务。关于投资公司的设立条件，在注册资金（3000万美元以上），申请前的资产总额（4亿美元以上），信用状态（银行评价良好），业务范围（制造业、农业等）等方面都有所限制。在1998年，已有20家以上的日资企业设立了投资公司，其中除松下电器（中国）有限公司以及富田服装厂两家公司采用了合资的形式外，其他投资公司均采用独资企业的形式。2004年，投资公司的销售、贸易机能也终于得到了许可（详情请参照第6章第2节）。经过一系列的调整，投资公司的机能涵盖统一管理旗下公司、作为旗下公司的代表、为旗下公司提供财务、法律、销售等服务等方面。

g. "三来一补"（"来料加工"，"来样加工""来件装配"以及"补偿贸易"）。"三来一补"是加工贸易型企业经营方式的总称。其特征为接受境外企业加工订单，原料由订货方提供，产品全部出口。"三来一补"不属于"三资企业"的范畴，这种方式往往被外国（或地区）投资企业作为正式投资前的试探性投资。"三来一补"中的"来料加工"是最常采用的方式，广泛存在于沿海地区，特别是与香港、澳门相邻的福建省、广东省等地。"三来一补"方式最早出现于 20 世纪 80 年代的深圳，之后迅速在以华南地区为中心的地域扩大。从 1981 年到 1999 年，由"三来一补"产生的进出口总额增长了 70 倍以上。在 2000 年，"来料加工"占年进出口总额的 50% 左右。① 另外，从事"三来一补"的企业已经由当初的"劳动密集型"向"技术密集型"或"资金密集型"转型。② 但是，由于"三来一补"的材料及产品的进出口关税比合资或独资企业低得多，因而容易诱发逃税。为强化管理，2000 年设立了"进出口加工区"。③

（2）与国际通行概念的对应关系

上述七种投资形态中，合资企业、合作企业以及独资企业均属于国际直接投资的范畴。在其他四种类型中，"三来一补"中的一部分属于订单生产方式，另外一部分近似于直接投资方式。其他三种方式均属于直接投资。这四种投资类型与"三资企业"的区别在于，"三资企业"作为国际直接投资的方式已经获得法律的认可，各自受相关法律的保护和约束，而另外四种投资方式的依据为原对外贸易经济合作部（现商务部）等国家行政机构颁布的各种《暂行规定》。为区分定义，在以下的分析中要将外资企业与外商投资企业的概念区别开来。即"外资企业"指以上所举七种类型的企业，而"外商投资企业"单指外资企业中的"三资企业"。

下面将中国的合资、合作、独资形态与前述国际通行的三种直接投资方式进行比较。首先，合资企业与前述"国际股权型合资企业"的基本概念相同，独资企业亦与前述的"100% 外资所有"概念相同。但是，中外合作企业虽与前述"国际契约型合资企业"相近，但两者之间也存在差异。这是因为，国际契约型合资企业还可以细分为"单纯契约合资"（pure contractual joint venture）和"一般契约合资"（general contractual joint venture）两种。前者不设立法律意义上的企业组织，代之以缔结合作契约。这种契约的特征是不存在责

---

① 《人民日报》（海外版）报道，2000.6.23

② 丘庆芳"加工贸易提升深圳高新技术产业发展"《中国外资》1999.8　pp24~26

③ 《人民日报》（海外版），2000.6.23

任分担，仅规定相互之间的责任。同时，不以取得利润为主要目的。而后者可设立法律意义上的企业组织，在企业中明确规定双方的责任以及权限，也可以按照契约分配利润。对照以上国际通行概念，"中外合作企业"应该属于一般契约合资型企业。而"中外合作开发项目"与单纯契约型合资企业概念相近。事实上，在我国官方统计中，"中外合作开发项目"并未被列入"三资企业"，而是与其并行排列。因此，"三资企业" + "中外合作开发项目"，与前述国际直接投资的三种基本方式概念基本一致，互相之间的对应关系如图所示（图1－2）。

另一方面，在进入中国市场的阶段和方式上，七种外资企业各有不同特点。作为直接投资的前期试探阶段，"三来一补"方式在20世纪80年代前期已经出现于沿海地区。之后，"中外合作企业"以及"中外合作开发项目"等方式开始出现。"中外合作企业"的合同期限比较短，双方的责任分担以及利益分配均按照合同规定实行。而"中外合作开发项目"规定在一个项目完成之后企业即告解散。1979年7月《合资企业法》颁布后，合资企业逐渐增加。但是直至80年代前期，合资企业一直具有规模小、数量少的特点。之后数量逐步增加，到1986年超过合作企业跃居外资企业第一位。1986年《外资企业法》颁布后（有少数企业在法律颁布之前已取得许可），独资企业的数量逐步增加，在1990年超过合作企业，在1997年又超过合资企业，成为外商投资企业中数量最多的企业形态。至1995年，"中外合资股份公司"也得到了许可。与其他外资企业的"有限责任公司"形态相比，中外合资股份公司作为"股份有限公司"，成为可以永久存在的企业形态。同年，外资投资公司也得到了设立许可，跨国公司在中国设立的地区总部开始统一管理在中国各地设立的子公司。

以上对外资企业进入中国市场的各个阶段进行了简单的总结。总体来看，外资企业中占主体的投资形态一直在不断变化，其变化的方向是按照"三来一补"⇒"中外合作企业"、"中外合作开发"⇒"合资企业"⇒"独资企业"⇒"中外合资股份公司"、"外资投资公司"的顺序逐步向前推进。2005年，独资企业的投资总额以及投资数量均为外资企业中的第一位，其次是合资企业。外国企业投资方式的变化，一方面反映了中国外资政策的不断放宽，另一方面也反映出外资企业对中国投资战略的渐进性特征。

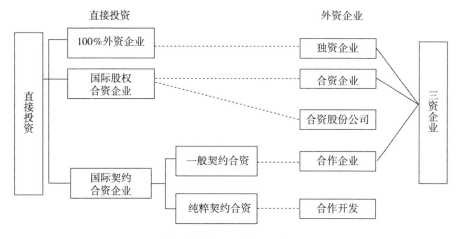

图 1 - 2　直接投资与"三资企业"的对应关系

（注）实线为所属关系；点线为对应关系。

资料来源：作者制作

3）合资、合作、独资的比较

从法律颁布的时期来看，《合资企业法》于 1979 年 7 月在全国人民代表大会上获得通过，是有关外资企业投资的最早的一部法律。其后，《外资企业法》于 1986 年 4 月颁布，《合作企业法》于 1988 年颁布。另外，作为具体实施的法规，《合资企业法》和《独资企业法》分别附有《实施条例》和《实施细则》。至 2004 年，《合资企业法》的《实施条例》进行了 3 次修订，《独资企业法》的《实施细则》也进行了 2 次修订。

从各类企业的特征来看，合资企业与合作企业均属于国际合资企业，但中外合资企业具有投资型合资企业的特征，而中外合作企业属于契约型合资企业。两种投资形态在以下几个方面具有不同点。

首先是经营责任的差异。合资企业的特征是双方共同经营，并根据出资比率享有相应的权益和承担相应的风险。而合作企业既可以设立法人组织（中外合作企业），在不具备法人资格的情况下也可以不设立法人组织（中外合作开发项目）。另外，合作企业既可以与合资企业一样设立董事会和经营委员会并共同承担经营责任，也可以不设立共同的管理机构，将经营责任委托给当地合作方或其他经营组织。外国投资方只是提供技术、设备或经营方式等。

其次是出资方式的差异。合资企业的中方投资者大多以现金或实物方式出资，而合作企业的中方投资者则绝大多数以实物（土地、厂房、设备等）方式出资。

第三是利益分配的差异。合资企业按照出资比率分配利润或承担损失，合作企业则是以契约中规定的协议为标准分配利润或承担损失，并不把它们的实物投资作为利益分配的标准。

最后是资产清算规定上的差异。合资企业在合资期满后清算资产时，双方根据出资比率分配净资产，而合作企业的净资产则按照事前签订的契约，基本归中方投资者所有。

另一方面，合资企业与独资企业亦有以下若干不同点。这两种所有形态的差异，主要在于出资、经营、责任分担、利益分配等四个方面。出资比率是合资企业与独资企业的最大差异。独资企业的投资100%来自外国投资方，而合资企业的投资总额则为外国投资企业与东道国企业共同出资。另外，根据出资比率与经营支配权的关系，合资企业可分为少数持股、对等持股以及多数持股等三种方式。

从经营支配权的差异来看，独资企业当然拥有完全独立的经营支配权，而合资企业的经营支配权则受外资政策、出资比率以及双方经营资源的特质等因素的影响。此问题为本书的主要研究对象，将在后面的各章中展开论述。

在产品的国内销售许可方面，独资企业与合资企业也有不同的规定。在中国加入世界贸易组织之前，直至2000－2001年外资三法修订之前，独资企业生产的产品具有出口义务，即在国内市场的销售受到限制。这一点从两种投资形态的法律规定就可以看出。《合资企业法》（1990）的规定是，"国家鼓励合资企业的产品出口"（第9条），而在《独资企业法》（1986）中，则规定了"（独资企业的）产品的全部或大部分必须出口"（第3条）。但是，2001年中国加入世贸组织后修订了《外资企业法》，从此，独资企业的产品同样可以在中国市场销售。

最后，从外资企业准入行业的差异来看，1995年颁布的《外商投资产业指导目录》①（以下简称为《指导目录》）规定，外资企业的投资行业分为"鼓励"、"许可"、"限制"、"禁止"四大类。1997年12月《指导目录》进行了修订。在四个类型中，除被禁止的行业以外，所有的合资形态均得到准入许可，但对于独资企业仍有一些行业未获得投资许可。这些行业主要集中在交通设施建设行业、重要金属采掘行业、汽车制造业以及与国家安全有关的行

---

① 国家计划委员会、国家经济贸易委员会、对外贸易经济合作部共同发布。

业。因此，相对于独资方式，合资方式可以进入更多的行业进行投资。①

事实上，上述三种投资方式在进入中国市场的进程方面亦有不同。这一点既与外资三法的发布时期有关，也与外国企业对中国的投资战略相关连。如表1-1所示，从投资金额（实际投资额）来看，在1979年到1985年间，合作企业所占比例最高，占全部投资额的61.8%。之后，从20世纪80年代后期开始合资企业急速上升，至1987年投资金额达到高峰，占全体的70%。从90年代开始外国企业对中投资迎来了扩大期。这一时期独资企业的投资金额所占比例迅速增加，终于在2000年超过了合资企业。在中国加入世界贸易组织后的2002年，独资企业投资金额上升至三资企业全体的61.3%，而合资企业则下降到三资企业全体的29.0%。直至2005年，合资减少、独资增加的趋势不断扩大。

表1-1　合资、合作、独资企业的投资金额比较（1986~2002，实际投资额）

	合资企业		合作企业		独资企业		合计	
	金额（千万美元）	构成比（%）	金额（千万美元）	构成比（%）	金额（千万美元）	构成比（%）	金额（千万美元）	构成比（%）
79~85	101	34.3	181	61.8	11	3.8	293	100.0
1986	80	49.7	79	49.1	2	1.2	161	100.0
1987	149	70.0	62	29.1	2	0.9	213	100.0
1988	198	66.4	78	26.2	23	7.7	298	100.0
1989	204	64.6	75	23.7	37	11.7	316	100.0
1990	189	58.3	67	20.7	68	21.0	324	100.0
1991	230	54.8	76	18.1	113	26.9	420	100.0
1992	611	56.8	212	19.7	252	23.4	1076	100.0
1993	1535	56.7	524	19.3	650	24.0	2709	100.0
1994	1793	54.2	712	21.5	804	24.3	3309	100.0
1995	1908	51.7	754	20.4	1032	27.9	3693	100.0
1996	2075	50.0	811	19.6	1261	30.4	4147	100.0
1997	1950	43.7	893	20.0	1619	36.3	4462	100.0
1998	1668	41.3	878	21.7	1496	37.0	4042	100.0
1999	1507	41.4	717	19.7	1420	39.0	3644	100.0
2002	1499	28.9	506	9.8	3173	61.3	5178	100.0

（注1）在国家统计局的统计中，除以上三种类型外还有合作开发、外商投资股份公司等，此处略去。

（注2）构成比（%）为相对于此三种形式总额的百分比。

资料来源：1991年以前的数据引自《中国经济年鉴》各年，之后的数据引自《中国对外经济贸易年鉴》各年。

---

① 其后，《指导目录》于2002年4月及2005年3月得到修订，均向着放宽限制的方向发展。

另一方面，三资企业在数量上的变化也呈现出相同的倾向。表 1 - 2 显示了这三种类型企业的设立件数的变化。至 1985 年，三资企业中以合作企业的件数为最多，但是从 1986 年开始合资企业上升为首位。到了 1990 年，独资企业首次超过合作企业上升为第 2 位。在 1993 年三者的件数都达到最高峰，其后出现小幅下降。到了 1997 年，独资企业的件数首次超过合资企业跃居三资企业之首。这种格局一直维持到现在。总的来看，90 年代三资企业中占比例最高的企业不断变化，基本趋势是：合作企业（至 1985 年）⇒合资企业（1986 ~ 1996）⇒独资企业（1997 ~）。

表 1 - 2　合资、合作、独资企业的设立数量比较（1979 ~ 2002）

	合资企业		合作企业		独资企业		合计	
	数量	（%）	数量	（%）	数量	（%）	数量	（%）
1979 ~ 1982	83	9.1	793	87.2	33	3.6	909	100.0
1983	107	23.7	330	73.0	15	3.3	452	100.0
1984	741	39.9	1, 089	58.7	26	1.4	1, 856	100.0
1985	1, 412	46.0	1, 611	52.5	46	1.5	3, 069	100.0
1986	892	59.8	582	39.0	18	1.2	1, 492	100.0
1887	1, 395	62.6	789	35.4	46	2.1	2, 230	100.0
1988	3, 909	65.8	1, 621	27.3	410	6.9	5, 940	100.0
1989	3, 659	63.4	1, 179	20.4	931	16.1	5, 769	100.0
1990	4, 093	56.3	1, 317	18.1	1, 861	25.6	7, 271	100.0
1991	8, 359	64.6	1, 778	13.7	2, 795	21.6	12, 932	100.0
1992	34, 354	70.5	5, 711	11.7	8, 692	17.8	48, 757	100.0
1993	53, 891	64.7	10, 427	12.5	18, 933	22.7	83, 251	100.0
1994	27, 858	58.7	6, 628	14.0	12, 989	27.4	47, 475	100.0
1995	20, 455	55.3	4, 787	12.9	11, 761	31.8	37, 003	100.0
1996	12, 618	51.5	2, 841	11.6	9, 063	36.9	24, 512	100.0
1997	9, 001	42.9	2, 373	11.3	9, 602	45.8	20, 976	100.0
1999	6, 293	41.3	1, 460	9.6	7, 493	49.1	15, 246	100.0
2002	10, 380	30.4	1, 595	4.7	22, 173	64.9	34, 148	100.0

（注 1）　同上

（注 2）　同上

（注 3）　点线显示三种外资企业的构成发生变化的时期。

资料来源：中国对外贸易经济合作部各年《对外经济贸易年鉴》。

　　然而，90 年代的合资企业虽然在金额和件数上低于独资企业，但是在累计数量上仍然占居首位。表 1 - 3 显示了 2003 年之前各种外资企业的累计数量和金额。其中，合资企业占全体的 51.3%，在合同金额上独资企业为最高，占 43.9%，但在实际金额上合资企业为首位，占 41.1%。可以看出，虽然合资企业在数量和金额上呈现下降趋势，但仍然是外资企业中的主要形态之一。

表1－3　2003年前外商投资企业数量的累计统计

投资形态	数量（家）	比例（%）	合同金额	比例（%）	实际金额	比例（%）
合资	238，367	51.23	3518.37	37.31	2060.27	41.08
合资	54，512	11.72	1707.99	18.11	866.19	17.27
独资	172，108	36.99	4141.47	43.91	1990.00	39.68
投资公司	67	0.01	14.55	0.15	15.53	0.31
合作开发	191	0.04	47.4	0.50	73.98	1.48
其他	26	0.01	0.13	—	5.46	0.11
合计	465，277	100.00	9431.3	100.00	5014.71	100.00

资料来源：《中国商务年鉴》2004年版，p.74。

2. 中日合资企业的特征

本节的问题意识是，中日合资企业与日本独资企业有何不同点？与全体外资企业相比具有什么样的特征？以下通过分析和比较，对中日合资企业的基本特征进行整理。

1）中方合作伙伴的选择

在设立合资企业的有关法规中，并没有对中方合作伙伴的条件进行限制。但是在90年代，中日合资企业的日方投资者将国有企业作为合作伙伴的倾向非常明显。1997年和1999年的调查数据显示，在中日合资企业中，中方合作伙伴主要是国有企业，分别占全体的68.7%和59.7%（参照表1－4）。为什么日本企业倾向于选择国有企业作为合作伙伴？笔者认为主要原因有以下三个。

首先，国有企业具有经营资源的优势。这不仅体现在规模方面，即使在技术、设备、人才等方面，90年代的国有企业与集体所有制以及民营企业相比都具有相对的优势。其次，国有企业参与国家投资项目的机会较多。当时，在国有企业的资本构成中，由中央政府或地方政府完全所有（国有独资企业）以及多数所有（国家控股企业）的企业占多数。因此，与国有企业合资即意味着有机会参加国家投资的项目。最后，选择国有企业作为合作伙伴，不仅在获得信息以及政策支持方面容易得到政府的支援。更重要的是，国有企业具有民营企业不具备的与政府机关交涉的能力。当然，从90年代后期开始，国有企业所占比例逐年下降，这一方面是由于国有企业的数量不断减少，另一方面是民营企业的不断发展壮大。另外，从90年代后期开始，日资企业的投资重心逐渐向长江三角洲地区集中，而长三角地区的企业特点就是，民营企业数量多规模大。据日本三菱总研《中国进出企业一览》1994 年版的统计，1994 年在辽宁省设立的日资企业为 698 家，占全部日资企业的 32.8%。但在同书 1999 年版的统计中，上海市的日资企业数量上升为第一，2553 家企业占全体日资企业的 24.7%。另外，日资企业还向邻近上海的江苏省不断聚集，达到 1326 家，成为第三位（第二位依然为辽宁省，共 2016 家）。从国有企业的版图来看，东北地区以国有企业居多，而在以上海为中心的长江三角洲地区，集体所有制企业和民营企业更为活跃。因此，投资对象地区的变化是影响国有企业所占比例下降的重要原因。总的来看，集体所有制企业和民营企业经营能力的提高，以及日资企业投资地区的变化，是影响中方母公司构成变化的主要原因。

表 1－4　中日合资企业中方投资者的企业形态

	调查企业数量	国有企业		集体所有制企业		民营企业		其他	
		数量	%	数量	%	数量	%	数量	%
1997 年	246	169	68.7	34	13.8	21	8.5	21	8.5
1999 年	159	95	59.7	39	24.5	19	11.9	6	3.9

资料来源：1997 年数据源于中国国家经济贸易委员会经济研究咨询中心《中日合资企业经营理念调查研究报告》1997，p.76；1999 年数据源自笹川日中友好基金《中国に進出した日系企業の人材育成と技術移転—日中合弁企業経営対話促進のための考察》1999，p.15

　　除国有企业以外，中日合资企业中的中方合作伙伴都是何种所有形态的企业？关于这一点虽然没有具体的数据，但是可以进行如下推测。90 年代的中国企业按照所有权形态可以分为四种，即公有制企业（包括国有企业和集体企业）、股份制企业（包括股份公司和有限责任公司）、民营企业（包括个人企业及私营企业）以及"三资企业"（主要是合资企业和独资企业）。据《中国统计摘要》1995 年版的统计，当时各种类型的企业所占比例为，国有企业 1.6%、集体所有制企业 20.1%、民营企业 77.5%，其他 0.8%。即民营企业所占比例最大，股份制企业尚在萌芽阶段。而民营企业的九成以上为中小规模企业，他们很难成为日资企业的合作伙伴。因此，我们可以大致判断，除国有企业外，当时日资企业的其他合作伙伴主要是集体所有制企业。

　　2）投资地区的变化

　　在此，通过对日资企业投资地区变化的整理，分析中日合资企业的另一个特征。表1－5是1993、1996、1997年在中国各地区投资的日资企业的数量。从数据变化可以看出，日资企业在中国的投资有明显的地区倾向，同时，在不同时期集中于不同的地区。

首先，日资企业的投资主要集中在东部沿海的三个经济发达地区，即渤海湾地区、长江三角洲地区以及珠江三角洲地区。日本三菱总研出版的《中国進出企業一覧》（1997）的统计显示，87%以上的日资企业集中在东部沿海地区。另外，《中国对外经济贸易年鉴》（1997）的统计也显示，从1979年至1996年的年末，82.15%的外资企业（282，238家外资企业中的231，851家）集中在东部沿海地区。从两组数据的比较可以看出，日资企业在沿海地区的集中度比外资企业平均水平高出约5%。

其次，日资企业对直辖市扩大投资的倾向较为明显。在对三大直辖市（重庆市除外）的投资中，以进入上海市的速度为最快，而进入北京和天津的速度开始较快，之后逐步减缓。在非直辖市地区，日企投资速度最快的是浙江省、山东省和江苏省。而上海市、浙江省、江苏省、山东省均属华东地区，由此可见，日资企业的投资中心逐渐从华南地区和华北地区向华东地区移动。其原因是因为从90年代开始华东地区的经济发展速度逐渐加快，上海浦东开发区的投资优惠政策以及这一地区的高素质的劳动力、良好的金融和社会服务体系，构成了有吸引力的投资环境。

表1－5 日资企业在主要投资地区的企业数量

地 区	省、市、自治区	企业数量			2000/1993（%）
		1993年	1996年	2000年	
三大直辖市	北京	253	746	995	3.93
	天津	118	664	706	5.98
	上海	404	1，797	3，241	8.02
	比例（%）	32.2	37.9	39.8	－
沿海地区	江苏	158	1，015	1，697	10.74
	浙江	54	346	849	15.72
	山东	83	804	1，052	12.67
	辽宁	698	1，560	1，515	2.17
	广东	307	688	715	2.33
	比例（%）	54.1	52.1	46.9	－

续表

地　区	省、市、自治区	企业数量			2000/1993（%）
		1993 年	1996 年	2000 年	
内陆地区	湖北	11	138	63	5.72
	河南	11	130	83	7.54
	四川	19	108	143	7.53
	吉林	209	298	102	0.48
	黑龙江	79	174	107	1.35
	比例（%）	13.7	10.0	3.4	－
合计	－	2,404	8,468	12,424	5.17

（注）比例以及合计均根据上述主要地区计算得出，重庆市包含在四川省当中。

资料来源：根据三菱综合研究所《中国进出企业一览》1999 年版数据，由笔者计算制成。但其中 2000 年数据参照中国中经网数据（中国企业、产品库）。

第三个特征是，进入内陆地区投资的日资企业较少。在 90 年代，进入中国内陆地区的日资企业数量始终停留在 10% 左右，而且呈减少的趋势。在 90 年代的前期主要集中在东北地区的吉林省和黑龙江省，其后逐步向湖北省和四川省等地区扩展。另外，日资企业对内陆地区的投资多集中在从上海向长江上游延伸的特定地区。这个特点与中国政府的内陆地区开放政策的顺序有关，也与日本家电等消费品行业制造商一贯采用的"市场密接"（密切接近市场）战略有关。

以上是日资企业全体的地区移动特征，其中，合资企业与其他类型企业的特征是否一致？在此，根据调查数据进行简要分析。表 1-6 是根据日本《日中投资促进机构》的各年版调查数据整理的结果，反映了三种形态日资企业在中国的投资地区移动轨迹。与中日独资企业和中日合作企业相比，中日合资企业具有以下几个特征。

表 1-6　中日合资、合作、独资企业在不同地区的数量（问卷调查）

地区	全国				沿海地区				内陆地区			
	合资	合作	独资	其他	合资	合作	独资	其他	合资	合作	独资	其他
1991 年以前设立	103（100.0）				97（100.0）				6（100）			
	68（66.0）	8（7.8）	24（23.3）	3（2.9）	64（66.0）	6（6.2）	24（24.7）	3（3.1）	4（66.7）	2（33.3）	－	－

续表

地区	全国				沿海地区				内陆地区			
	合资	合作	独资	其他	合资	合作	独资	其他	合资	合作	独资	其他
1992－1996年设立	313（100.0）				279（100.0）				34（100.0）			
	217（69.3）	11（3.5）	83（26.5）	2（0.6）	186（66.7）	10（3.6）	81（29.0）	2（0.7）	31（91.2）	1（2.9）	2（5.9）	－
1997年以后设立	20（100.0）				20（100.0）				－			
	14（70.0）	3（15.0）	3（15.0）	－	14（70.0）	3（15.0）	3（15.0）	－	－	－	－	－
接受调查企业合计	436（100.0）				396（100.0）				40（100）			
	299（68.6）	22（5.0）	110（25.2）	5（1.1）	264（66.7）	19（4.8）	108（27.3）	5（1.3）	35（87.5）	3（7.5）	2（5.0）	－

资料来源：日中投资促进机构《第5次日系企业问卷调查集计、分析结果》（1998）p.2，单位：家，（%）

首先可以看出，总体上合资企业的投资件数较多，占调查对象总数的68.6%，远远高出表1－2所显示的合资企业所占比例（1997年为42.9%；1999年为41.3%）。这说明1999年之前日资企业的投资形态以合资为主。同时还可以看出，中日合资企业的投资地区比日本独资企业更为广泛。因为在沿海地区，独资企业的比例高于合资企业，而在内陆地区，合资企业的比例要高于独资企业。由此可以推断，日本独资企业以"当地生产当地出口型"为主，因此追求便利的交通条件和高素质的劳动力，而中日合资企业以"当地生产当地销售型"为主，因而更加重视原材料资源的供应以及贴近消费市场。

3）经营状态的比较

经营状态是关系到合资企业生存和发展的重要因素。对于中小规模的日资企业来说，只有经营状态良好才能继续维持投资活动，而一旦经营陷入低谷就有可能撤资。这样的事例在现实中较多存在。在此我们的目的是，确认中日合资企业的经营状况，同时与日企独资企业以及外资企业全体进行对比，从而判断合资方式对于经营业绩的影响。以下利用日中投资促进机构1994、1996、1997年的调查数据，对合资企业与独资企业的经营状况进行比较。①

首先，从亏损企业的比例来看，中日合资企业少于日本独资企业。例如，

---

① 日中投资促进机构『日系企業アンケート調査・集計結果』第3次（1995）、第5次（1998）。

1994 年长期亏损的合资企业为 13.7%，而独资企业是 30.8%，超过合资企业的两倍以上。在 1996 年及 1997 年，合资企业的亏损比例分别为 27.4% 和 21.1%，而同一时期独资企业的这个比例分别是 32.8% 和 20.9%。两者差距有逐渐缩小的倾向。其次，从盈利企业的比例来看，中日合资企业的比例也高于独资企业。1994 年长期盈利的合资企业为 32.7%，独资企业仅为 17.3%。1996 年及 1997 年，在经营收益率为 6% 以上的企业中，合资企业占 45.4% 和 45.6%，独资企业为 23.9% 和 35.8%。在经常收益率为 9% 以上的企业中，合资企业为 32.6% 和 34.5%，独资企业仅占 14.9% 和 25.4%。因此结论是，在 90 年代中期（1994 – 1997），合资企业的经营业绩优于独资企业。但是也可以看出，双方的差距在逐渐缩小。

4）合资企业的组织结构

美国两位研究者在其合著中分析，在国际合资企业中，组织的构造与战略和经营并无特殊关联。其原因是，"本来，从法律的角度来看，企业组织的结构是按照政府的规定，为会计以及税务上的目的构成的。但是这并不能反映出企业的经营方式。"（Stopford & Wells，1972，日文版 1976，p15）。的确，法律意义上的企业组织结构并不能反映出企业的战略和经营的方式。但是，对于在中国设立的合资企业，法律明确规定了双方母公司的权限、责任、义务以及合资企业的组织结构。这些法律规定必然影响到合资企业的战略决策以及日常经营决策的方式。本书的研究对象是中日合资企业的出资与支配的关系，因此必须对合资企业的组织结构进行分析，整理出合资企业组织结构与决策方式的关系。

（1）企业组织结构的相关法律规定

首先分析中国的企业形态与组织结构。中国的企业形态较为复杂，但根据形成的时期可以分为"传统型企业形态"、"现代型企业形态"和"混合型企业形态"等三种类型。传统型企业形态包括公有企业（国有企业、集体所有制企业）和私有企业（民营企业、个人企业），而现代型企业形态是指股份公司和有限公司。另外，混合型企业形态是指传统型企业与现代型企业共同出资设立的新的企业。例如：国有企业与民营企业，集体所有制企业与个人企业合作设立的企业均属于混合型企业形态。但是在合资企业，即使出资者分别是外国的私营企业和中国的国有企业，所设立的合资企业也不属于混合型企业，《合资企业法》明确规定，合资企业的企业形态是有限责任公司。而在《公司法》中对有限责任公司的定义是："有限责任公司是企业法人，有独立的法人财产，享有法人财产权。公司以其全部财产对公司的债务承担责任。有限责任公司的股东以其认缴的出资额为限度对公司承担责任；股份有限公司的股东以其认购的股份为限度对公司承担责任。公司股东依法享有资产收益、参与重大决策和选择管理者等权利。"（第3条、第4条）

另一方面，合资企业多数以单一业务为主，一般生产单一的产品，因此组织结构几乎全部采用"直线职能制"（line staff system）。这样的经营组织机构分为三个层次：最上层为董事会，中层为日常经营管理机构，其下为业务机构和职能机构。在1987年第一次修订的《实施条例》中，对董事长职务的规定是："中方母公司任命董事长，外方母公司任命副董事长"；1990年第二次修订后的《实施条例》则规定："中方与外方投资者中的一方任董事长时，另一方任副董事长"，并规定董事会的人数由协商决定，一般按照出资比率分配董事席位，董事长为合资企业的法人代表。

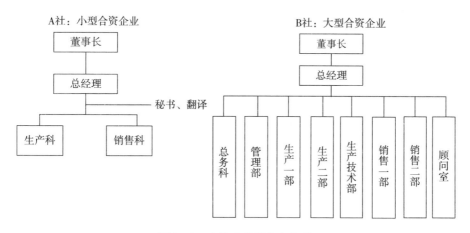

图1-3 合资企业的组织机构

（注）A社为电子零件生产商，调查时职员总数只有18人；B社拥有两个工厂，投资总额为4600万美元，虽然调查时职员总数并不多（300人），但企业已经有继续扩大规模的计划。

资料来源：王敏："苏州市日系企业9社的经营组织以及人事劳务管理实际状况调查"关东学院大学《纪要》1999.3，p.105

在董事会下设有日常经营管理机构。小规模的合资企业仅由总经理以及副总经理进行管理，而大规模的合资企业，一般设置有"管理层联席会议"。生产、财务、技术、销售等部门的主管均参加管理层联席会议。另外，按照法律规定总经理应由董事会聘任，但在实际操作中有根据双方出资比率决定总经理的倾向。最后，日常经营管理机构下设有业务机构和职能机构。小规模的合资企业一般只设有生产科和销售科，而大型合资企业设有较多的职能机构，其中一部分大企业还设有顾问职务。由此可见，合资企业的日常经营管理机构主要由其规模决定。图1-3为一家小型中日合资企业和一家大型中日合资企业的组织机构。

其次，对合资企业的权限与责任分配方式进行分析。一般来说，企业组织内部的权限与责任分配根据组织的战略、企业规模以及经营环境有所不同。当企业规模较小时，企业的权限与责任多集中在企业上层，而大规模企业的权限与责任有必要适当下放至中层。另一方面，在经营环境对企业的生存和发展有利的情况下，会出现以组织扩大为目的的分权倾向，反之，在经营环境不利的情况下，组织会出现集权倾向。总之，企业必须根据规模、环境、战略来调整权限与责任的分配。

以上组织理论同样适用于合资企业。但由于受到《合资企业法》和《实施条例》的影响，权限和责任的分配受到一定限制。为什么外资政策对合资企业的责任与权限施加影响？一般观点认为，中方母公司与外方母公司相比，一般情况下在经营资源方面处于较弱地位，但是在对当地市场的了解、与当地政府的交涉能力以及对职员的管理能力方面则强于外方。在此情况下，中日双方应该从经营资源特征的差异性出发，追求优势互补的效果。然而经营资源的差异易于产生一方恶意运用经营资源的优势损害另一方利益的状况。因此有必要对母公司的权限和责任在法律上进行规范。在《实施条例》中，对董事会以及总经理的权限和责任作出了以下规定。

"董事会是合资企业的最高权力机构，决定合资企业的一切重大问题"（第33条）。董事会的决策方式可以由合资企业章程中规定的议事规程决定。但是"下列事项必须由出席董事会会议的董事一致通过方可作出决议：

（一）合资企业章程的修改；

（二）合资企业的中止、解散；

（三）合资企业注册资本的增加、转让；

（四）合资企业与其他经济组织的合并。"（第36条）

另一方面，关于总经理的权限及责任，《实施条例》的规定是："总经理执行董事会的各项决议，组织领导合资企业的日常经营管理工作。在董事会授权范围内，总经理对外代表合资企业，对内任免下属人员，行使董事会授予的其他职权。"（第39条）具体规定如下：

（一）执行合同、公司章程以及董事会的决议；

（二）提名各部门负责人，通过董事会任命；

（三）制定各项经营管理制度，明确各部门权限与责任。对各职能部门的工作给予许可，并进行指导、监督以及检查；

（四）向董事会提交关于经营状况的季报以及年报；

（五）决定材料购买、产品生产、销售以及流动资金的调配；

（六）决定产品销售、出口的价格以及非常情况下价格调整；

（七）代表企业与交易方交涉，代表董事会与交易方签订合同；

（八）处理各部门纠纷，协调各部门间的协作关系；

（九）代表企业与当地政府主管部门进行接触，提出要求。出席（或委托代理人出席）与其他企业进行的诉讼、仲裁会议；

（十）决定对职工的奖励与处罚；

（十一）其他。

（2）企业组织结构的主要特征

现代企业组织结构的特征之一，就是重要经营决策与日常经营决策的分离。由于合资企业的企业形态规定为有限责任公司，其经营机构包括作为经营决策机构的"董事会"，和作为执行机构的"管理者联席会议"。这种经营结构在现在的有限责任公司中普遍存在，但在1993年之前，与国有企业相比则属于较为特殊的组织结构。企业组织结构的另外一个特征是对决策一致性的要求。《合资企业法》规定了经营决策的一致性，其基本原则是，重要的经营决策不允许某一方的单方面控制，应该由双方协商求得意见的一致。这意味着在重大决策问题上，即使出资比率相对较高也无法拥有单方面的控制决策权。具体来看政策的限制体现在以下两个方面。其一，董事会在进行重要决策时，特别是对于其中的重要事项不采取多数通过的方式，必须全体一致通过方可成立。这就意味着在进行重要决策时，出资比率低的一方亦拥有否决权。另外，即使是董事会的一般决策，也不提倡以多数通过的方法强行表决，最好的方式是以事前沟通、共同协议的方式取得双方利益的平衡。其二，在日常经营活动中，尽管总经理是经营决策的责任人，在作出决定前也应该向副总经理征求意见，使得决策内容能够得到顺利实施（《实施条例》第40条）。

决策一致性原则的长处在于，既可以保护出资比率相对较低一方的利益，又有利于双方的相互协调相互信赖关系的形成。事实上，已有研究证明，合资企业出资比率高的一方在决策方面的独断专行，最终将导致合资事业的失败

（Killing，1983，p. 125）。另外，这项原则对于中方投资者还有一个有利之处，由于国有企业的资产属于国家所有（管理），作为国有资产使用者的国有企业经营管理者往往不用承担决策的责任。但是，按照合资企业的决策一致性原则，中方投资者需要对国有资产承担责任。另一方面，决策的一致性原则也有短处，例如决策的时间往往过长。虽然合资企业的董事会每年召开数次会议，由于双方的董事一般都在母公司担任重要的职务，所以未必都能够出席。另一个问题是，过分强调决策的事前沟通有可能导致延误战略机会。为了克服这个缺陷，有必要将一部分经营决策权限移交给合资企业的总经理。

不完全的有限责任公司形态是合资企业的又一个特征。虽然法律规定合资企业采用有限责任公司的企业形态，但与《公司法》中规定的规范的有限责任公司形态相比，合资企业有以下几个不同之处。

第一，不存在"股东大会"。按照《公司法》的规定，"有限责任公司的最高权力机关为股东大会，由 2～30 名股东构成"。股东不一定参与经营管理，其表决权由出资比例决定。股东大会与董事会的关系是，股东大会任命董事长及董事，董事会对股东大会负责。由于合资企业中股东即为出资者，因此不设置股东大会。董事席位由出资比率决定，总经理由董事会任命。另外，出资者直接参与经营活动。

第二，决策方式的若干差异。在规范的有限责任公司，董事会的决策允许按照多数通过的方式进行。但是在合资企业，董事会的决策有两种方式，一般的决策允许采用多数表决的方法，但是重要的决策活动必须全员一致通过。

第三，董事会成员的单一性。各国企业的董事会成员构成有所不同，但是对董事会成员的构成有一定要求。例如在美国的企业，按照法律董事会必须包括外部董事，一般由其他企业的经营者、机构投资者、律师、会计师、学者等组成，其目的是从长远的眼光和社会的角度来判断企业的发展方向以及激活企业的经营活力。中国的《公司法》并未规定有限公司的董事会需要设置外部董事，但是在 90 年代的合资企业，董事会成员几乎均为双方母公司的管理者或政府主管部门的官员。

第四，合资企业不设置监察机构。《公司法》规定，大规模的有限公司有必要设置监理会，对企业经营活动进行监督。小规模的有限公司虽不需设置监理会，但是必须设置监事。监理会必须由 3 人以上构成，由股东代表及职工代表担任。但《合资企业法》并未规定合资企业必须设置监察机关，而是规定由主管部门履行监督职能。然而，行业主管部门已经在 2001 年前后被撤销，改组为国有资产（经营）管理委员会。因此合资企业具有外部监察的特点。

3. 外资政策的轨迹

1）外资政策的沿革

1979 年，《中外合资经营企业法》的公布拉开了中国引进外资的帷幕，至今已有 30 年的历史。与亚洲其他发展中国家相比，中国引进外资的历史相对短暂，但外资政策的变化十分迅速，这也是外资政策的一个主要特征。在这 30 年间，我国外资政策按照变化的方向和基本特点可以分为以下五个阶段。①

（1）试验阶段（1979～1987）

在此阶段，我国颁布了两部有关外资企业的法律。一部是 1979 年 7 月颁布的《中外合资企业法》（第五届全国人大会议通过），另外一部是 1986 年 4 月颁布的《外商独资企业法》（第六届全国人大会议通过）。前者确立了合资企业的法律地位（设立宗旨、企业权益等），组织结构（企业形态、经营机构及经营者的任免等），企业运营（风险分担、利益分配、纳税、破产、清算）等基本原则，并发布供实际操作的《实施条例》。后者在中国首次承认外商独资企业的合法地位，规定外商独资企业不能作为国有化或国家收购的对象。但是，由于当时的投资环境刚刚起步，各种条件均不完备，至 1987 年许可设立的外资企业仅 10，528 家。另外，这一阶段的合同投资金额仅为 231.2 亿美元（年均 25.69 亿美元），实际投资金额为 106.2 亿美元（年均 11.8 亿美元）。

（2）发展阶段（1988～1991）

到 1985 年为止，外资投资件数，合同金额以及实际投资金额均有所上升，但在 1986 年这三个指标均出现大幅下滑。引起下滑的主要因素包括严格的外资政策、繁琐的许可手续以及不完备的基础设施等（李兆熙，1994，p.45）。为改善投资环境，1986 年 10 月国务院发布《关于鼓励外商投资的规定》（以下简称《规定》），目的是加快引进外资的步伐。《规定》的内容包括对外资企业实行"免缴国家对职工的各种补贴"，减免土地使用费，以及减免所得税等优惠政策。但是，《规定》并非适用于所有外资企业，其对象企业必需满足两个条件。第一，必须是制造业；第二，产品以出口为主的企业（以下简称产

---

① 关于外资政策的调整阶段学界有若干不同区分方法。依笔者所知，以下的论点比较具有代表性。1）王志乐（2004）的三阶段论（1980～1991；1992～2001；2001～）；2）王洛林（1997）的四阶段论；3）韩福荣等（1997）的三阶段论等。本节为分析外商投资政策的特征，主要参考王志乐和王洛林的区分方法。

品出口企业）或者是由外国投资者提供先进技术，从事新产品开发，实现产品升级换代的企业（简称先进技术企业）。为了便于这两种企业的认定，当时的对外经济贸易部在 1987 年 1 月公布了《关于确认和审查外商产品出口企业和先进技术企业的实施办法》（以下简称《实施办法》），规定了具体的审查标准。5 年后的 1992 年 3 月，原对外经济贸易部修订了《实施办法》，发布了《关于实施办法的补充规定》。目的是通过一系列文件的修订和补充，以及有对象的优惠政策的实施，实现国内企业特别是国有企业技术水平的提高，缓解外汇不足的压力。产品出口企业和先进技术企业的基本认定标准如下。

产品出口企业必须满足以下三个条件：

第一，必须是生产出口产品的企业；

第二，年出口额达到当年企业全部产品销售额的 50% 以上；

第三，当年实现营业外汇收支平衡或有余；

另外，企业当年实现盈利。

先进技术企业必须满足以下三个条件：

第一，属于国家鼓励外商投资的生产性项目；

第二，采用国际先进和适用的工艺、技术和设备。

第三，生产的产品质量、技术性能处于国内领先地位。

总而言之，在这一阶段，投资结构的调整已经开始。政策调整的内容包括：第一，抑制房地产、酒店等服务行业的投资，鼓励外商向制造业投资；第二，对制造业中的产品出口企业以及先进技术企业实施奖励；第三，提出了对外商投资行业的指导方针，即《指导外商投资方向暂行规定》（1988）（以下简称投资方向暂行规定）。这项规定将外商投资行业分为"鼓励"、"许可"、"限制"、"禁止"等四个部分，将外资引进政策与产业发展政策相结合。另外，在此阶段还采取了一连串的开放措施。第一，设立海南经济特区（1988）以及上海浦东经济技术开发区（1988），第二，扩大沿海开放地区（1988），第三，扩大地方政府批准外商投资的权限。此阶段还同时发布了众多法律、法规，如，1988 年 4 月的《中外合作经营企业法》，1988 年 7 月的《关于鼓励台湾同胞投资的规定》。在法律层面，1990 年 4 月国家对《中外合资企业法》进行了修订，规定了合资企业受法律保护不实行国有化和征收；外国投资方可以担任合资企业董事长；取消对部分企业合资期限的限制等。在积极政策的刺激下，从 1988 年开始外商投资企业的件数、合同金额以及实际投资金额出现大幅上升。

（3）展开阶段（1992～1995）

作为改善投资环境的一环，1991年4月发布了《外资企业所得税法》以及同法的《实施细则》。与此同时，扩大了外资企业的投资许可行业的范围，即从制造业逐渐扩展到农业、金融、贸易、旅游、物流、房地产等行业。在1992年邓小平"南巡讲话"发表后，外商投资的地区进一步扩大，从东部沿海地区，向沿江（长江沿岸）、沿线（陇海线、兰新线铁路）、沿边（边境地区）扩展。伴随着投资区域的扩大，从1993年开始外资企业的件数、合同金额以及实际投资金额开始回升。1994年批准设立的外资企业为47548家，合同投资金额为826.80亿美元，比前一年度分别减少43.0%和25.8%，但实际投资金额达到了337.67亿美元，比前一年度增长10.4%。1995年外商投资企业件数的增加比前一年度有所减少（22.26%），但合同投资金额和实际投资金额均比上一年度有所上升（10.4%，11.1%）。

这一阶段外资企业的特征为：首先，随着大型外资企业进入中国，外资企业的平均规模有所上升；其次，外商独资企业的比例有所上升，而合资企业也出现外商追加投资和利润再投资的倾向；另外，投资方式出现多样化。除合资企业、合作企业、独资企业等"三资企业"外，中外合资股份公司、外商投资公司等投资方式也得到了认可。

（4）调整阶段（1996～2000）

经过15年以上外资引进政策的实施，外资企业已进入广阔的投资地区和众多的行业领域，给中国经济的发展带来了巨大的影响。但随着投资环境的变化，外资政策的调整也迫在眉睫。1996年开始了对外资政策的新一轮调整，其内容包括以下两点。其一，为营造国内企业与外资企业的公平竞争的市场环境，调整了对外资企业的税金减免政策。即，自1997年1月1日起，对于投资总额在3000万美元以下的外资企业的自用进口设备，取消关税及进口增值税的减免政策。自1998年1月1日起，对于投资总额在3000万美元以上的外资企业亦取消同样的优惠政策。其二，为加强对"三来一补"企业的管理，1995年11月起在一部分城市试行"加工贸易保证金台账制度"，1996年7月起向全国推广。从效果来看，理论界对于以上两项调整措施褒贬不一。一种观点认为以上措施收到了积极的效果（王洛林，1997，pp.2-3），另一种观点认为以上措施不利于外商增加在中国的投资（彭锦章，1999，p.48）。1997年12月，我国政府对上述各项措施进行了进一步论证，决定自1988年1月1日起，恢复对外资企业自用设备进口优惠关税的政策。

（5）加速阶段（2001～ ）

2001 年 12 月中国正式加入世界贸易组织后，中国与世界经济的融合进一步加快。从 2000 年开始，中国政府按照 WTO 的规定，开始进一步放宽对外资企业的投资限制。此次对外资政策的调整具有以下特征。第一是放宽外资审查制度。加入 WTO 后，中国政府修订 2500 多部法律、法规，形成更加宽松的投资制度。2002 年 4 月开始实施新的《外商投资产业指导目录》，鼓励外商投资的行业由 186 项扩大到 262 项，而限制行业由 112 项减至 75 项。另外，2004 年开始实施《行政许可法》，原有的审查制度逐渐向许可制度转换。第二是投资领域的扩大。即允许外商在金融、保险、通信等领域进行投资，并约定逐步取消出资比率的限制。第三是投资区域的扩大。我国政府在已经开始实施的西部大开发的基础上，进一步制定了"振兴东北老工业基地计划"以及"中部崛起计划"。为鼓励对这些地区的投资，规定了投资行业以及出资比率方面的优惠政策。第四是允许多种投资方式。2000 年之前外资的投资方式以绿地投资为主，2001 年后合并与收购（M&A）等投资方式也得到了认可。

2）特征及存在问题

90 年代是我国引进外资最为波澜壮阔的十年，也是外资政策调整最为频繁的十年。但是通过不断的调整与总结，外资政策的阶段性开放政策收到了显著的效果。2001 年我国加入 WTO，它标志着外资政策调整阶段的完成，也意味着外资政策终于进入安定发展的时期。当然，十年中也留下了一些问题。以下通过对合资企业的政策环境与其他投资形态的比较，总结这一阶段外资政策的成就和特征，以及存在的问题。

（1）外资政策分阶段展开

90 年代的外资政策经过多次调整，整体上呈现阶段性开放的特征。在投资形态的规定方面，最初只认可中外合资企业（1979 年），其后外商独资企业（1986 年）、外商投资股份有限公司（1995 年）以及外商投资公司（1995 年）等投资形态也得到认可，因而外资的投资形态逐渐由有限责任公司扩大到股份有限公司。在投资地区范围方面，外商投资企业最初限定于深圳特区，其后逐步向沿海、沿江、沿线扩展，最终扩展至全国。在投资的行业方面，最初限定为制造业，其后逐渐向农业、金融、贸易、旅游、物流、房地产等领域扩展。特别是在加入 WTO 后，外商投资领域及经营范围得到进一步扩大。从而使外资政策的逐步展开与产业结构调整以及国有企业改革等国内改革相互促进、相辅相成，最大限度减少了外资引进政策的失误。

（2）外资政策具有可调整性

由于中国地域广阔，在各地实行整齐划一的外资政策显然不符合国情，因此中央政府的重点放在制定基础法规、进行政策调整以及控制重要投资项目等方面。同时，给予各省、自治区、直辖市政府根据当地实际情况调整外资政策的权力。另一方面，外商投资的相关法律由全国人大制定，而国家计划委员会（现国家发展改革委员会）、对外经济贸易合作部（现商务部）、财政部、国家工商总局等国务院职能机构发布相关《暂行规定》，对外资企业的设立和经营作出具体的规定。这些行政规定同样在一定范围内给予地方政府独立判断的权限。例如，在外资企业设立的审查权限方面，3000 万美元以上的投资项目由原对外经济贸易部（现商务部）进行审查，但对于 3000 万美元以下的投资项目，其审查权限则掌握在各省、自治区、直辖市等地方政府手中。再例如，外资企业所得税一律规定为 30%，但是对于 3% 的地方税，地方政府有权根据实际情况给予免除、减半或按国家规定执行。另外，虽然国务院规定了外资企业出口产品达到年销售额 50% 以上方属于"产品出口企业"，但各地可以根据当地情况以国务院的规定为基础作出适当调整。正是由于采取了这样灵活的外资政策调整机制，地方经济才得以迅速发展。

（3）外资政策调整较为频繁

从 90 年代开始，一些外资企业认为我国外资政策的调整过于频繁。其理由是，外资企业以当地的投资政策为基础制定经营计划后，希望获得稳定的政策环境。但是在现实中外资政策往往出现突然变化，从而导致外资企业在短时间内很难适应政策的变化，疲于应对频繁的政策变动。例如，在日中投资促进机构的日资企业问卷调查（第 3 次：1995 年，第 4 次：1996 年，第 5 次：1998 年）中，记录了日资企业对于外资政策的评价。在第 3 次调查中，对于外资政策变化过于频繁的批评在 12 个项目中居第 2 位，在第 4 及第 5 次的调查中，这个问题上升到了首位。①

然而，外资政策的频繁变动并不是政府有关机构的不负责任的行为。相反，这是对环境变化的反映，也是调整外资政策的探索。第一，在计划经济向市场经济的转型期，中国能够借鉴的外国经验甚少，自身亦无经验可循，因此只能摸着石头过河，不断探索政策调整的经验；第二，中国与亚洲四小龙

---

① 中日投资促进机构《第四次日资企业问卷调查集计》（1996）p. 50，《第五次日资企业问卷调查集计》（1998 年）p. 28。

（NIES）以及东盟各国（ASEANS）的国情有所不同，即对外开放的历史十分短暂。在频繁完善外资政策的过程中，试验阶段亦非常短暂，因此出现政策失误在所难免；第三，中国在制定外资政策的同时，1982年开始实施对国有企业的改革以及产业结构的调整。在此背景下，必须保持吸引外资与国有企业改革以及产业结构调整的综合平衡，这给外资政策的调整增加了难度。

主要参考文献

1. 入江猪太郎監修（1984）『多国籍企業論の系譜と展望』文真堂

2. 韩福荣、徐艳梅（1993）《合资企业稳定性与寿命周期》中国发展出版社

3. 稲垣清（1987）『図説中国の投資環境』蒼蒼社

4. 稲垣清＋21世紀中国総研（2004）『中国進出企業地図』蒼蒼社

5. JETRO（1998）『進出企業実態調査アジア編－日系製造業活動状況－』日本貿易振興会

6. 马洪主编（1993）《中国经济开发区投资管理指南》中国发展出版社

7. 马洪主编（1998）《中国发展研究－国务院发展研究中心研究报告选》中国发展出版社

8. 松村司叙（1991）『国際合弁戦略』中央経済社

9. 三菱総研『中国合弁企業一覧』蒼蒼社，1986～1991各年版
　　　　　　　　『中国進出企業一覧』蒼蒼社，1992～1999各年版
　　　　　　　　『中国情報ハンドブック』蒼蒼社，1998～2000

10. 梅田恵三（1982）『国際合弁企業活動の展開』杉山書店

11. OECD編（1990）『競争政策と合弁事業/国際合弁と競争政策』商事法務研究会

12. 日中投資促進機構（1995・1997・1998）『日系企業アンケート調査集計・分析結果』

13. 商务部研究院（2004）《2002～2003跨国公司在中国投资报告》经济管理出版社

14. 吴振昆（1989）《对外开放经济发展战略比较研究》中共中央党校出版社

15. 王志乐（1996）《韩国企业在中国的投资》中国经济出版社

（1997）《日本企业在中国的投资》中国经济出版社

16. 王洛林（1997）《中国外商投资报告》经济管理出版社

17. 武超 （1991）《外商对华直接投资调研报告》中国财政经济出版社

18. 袁钢明（1993）《跨国投资与中国》中国财政经济出版社

第二章

出资比率的决定过程和变动要因

本章以中日合资企业的出资比率为中心，重点讨论两个问题。第一个问题是关于影响出资比率的因素，第二个问题是关于出资比率的变化方向。关于出资比率的决定因素，本章首先进行理论的回顾，对其中有代表性的观点进行重点分析。这个观点是从跨国公司的立场出发，认为出资比率主要由三个因素决定。这些因素是：跨国公司的投资战略、跨国公司经营资源补充的必要性以及东道国当地政府的外资政策（Stopford & Wells，1972）。从中国的外资政策来看，《合资企业法》以及《外商投资产业指导目录》在大多数行业并没有规定外方的出资比率上限，但直到 90 年代前期，多数日资企业选择了合资方式，并且局限于少数出资。按照上述观点，经营资源的补充应该是一个重要原因（例如利用当地企业与政府的关系，以及对当地市场的了解等），但是另外两个原因也不能忽视。其一是外资方对投资风险的判断，其二是地方政府有选择性的外资政策。本章前半部分对这些影响因素进行分析，在此基础上考察中日合资企业出资比率的形成过程。另一方面，中日合资企业的出资比率在 90 年代后期出现变化，外方母公司的出资比率出现上升倾向。本章的另一个目的，就是对出资比率的变动原因和方向进行分析。

本章包括以下内容：首先，对有关合资企业出资比率的研究进行理论的回顾，并以我国外资政策为背景进行分析。其次，分析我国有关合资企业的法律和法规，对其特征进行归纳整理。另外，按规模、行业、地区对中日合资企业的出资比率的变化特征进行分析。最后，对地方政府与外方企业的交涉过程进行考察，分析出资比率的决定过程和变化方向。本章的结论是，至 90 年代前期，出资比率的主要影响因素是外资方对投资风险的判断和地方政府对合资效果的判断，而在 90 年代后期，外方的投资战略、外方对经营资源补充的需要以及外资政策的限制等，成为影响出资比率的主要因素。

1. 理论回顾

1) 选择合资的理由

Franko（1971）对美国跨国公司在海外的合资企业出资比率问题进行了研究。他的结论是，美国的跨国公司在海外投资活动中并不拘泥于独资方式，有时也允许海外子公司选择合资方式。至于两种投资方式选择的基准，他认为是由母公司的投资战略来决定。美国跨国公司的海外投资基本战略有两种选择，即产品集中化战略和产品多元化战略。选择产品集中化战略的企业倾向于选择独资方式，而选择产品多元化战略的企业则不排斥合资方式。他认为，除经营战略外，其他因素对企业的海外投资方式没有太大影响（包括合资双方的文化差异、产品特征、产品差别化的程度、双方有关财务等问题的纠纷、子公司的规模以及收益状态等）。

Stopford & Wells（1972）将跨国公司投资方式的决定要因归纳为三点。第一，跨国公司母公司对海外子公司支配的必要性；第二，跨国公司海外子公司补充经营资源的必要性；第三，东道国政府的外资政策。他们认为，影响跨国公司投资方式的最重要的要因，是跨国公司的经营战略。也就是说，母公司对海外子公司的经营支配非常必要时，子公司多选择独资方式；反之，当母公司的经营支配相对不太重要时，就会允许子公司采用合资方式。另一方面，当子公司需要经营资源的补充，或者当地政府的外资政策对出资比率有严格限制时，母公司也会允许子公司选择合资方式。具体来说，他认为有四种战略适合采用独资方式；有两种战略适合采用合资方式。适合采用独资方式的战略主要有：第一，进入当地市场战略（实现商品差异化所采用的市场战略）；第二，物流战略（为降低制造成本所采用的生产设备合理化等）；第三，原材料支配战略（保证原材料的供应）；第四，研究开发战略（研究开发型子公司）。另一方面，适合采用合资方式的战略包括：第一，产品的多角化战略；第二，垂直统合战略（以下方统合为目的）。上述观点可以归纳为，由于战略目的需要获得经营资源的补充时可以选择合资方式，如不需要经营资源的补充就应该选择独资方式。跨国公司向发展中国家投资时，最初往往需要获得经营资源的补充，这些经营资源主要包括与当地经营有关的知识、与当地政府的交涉能力以及快速接近当地市场的能力等。通过与当地企业的合资，可以逐渐获得这些经营资源。当完全获得这些资源时，跨国公司就会把合资企业转换为独资企业。

关于日本跨国公司的所有权政策，既往研究获得了以下若干结论。吉野（1977）将日本的跨国公司与美国的跨国公司进行比较后，提出日本的跨国公司其所有权政策具有特异性的观点。他认为，在日本制造业海外子公司中，半数以上是合资企业且是少数持股，多数持股和独资方式的比率不足 1/4，而这样的所有权政策与日本企业的经营战略有关。即，合资方式的子公司具有与当地政府的进口替代政策以及母公司的原料确保政策相对应的特征，而独资方式的子公司则具有产品出口的生产据点的特征。因此他的结论是，日本跨国公司的所有权政策与美国跨国公司基本相似，即根据母公司的经营战略确定采用合资或独资方式。

关谷（1976）对在亚洲投资的日本电机制造业进行了考察。他的方法是，把日本企业在亚洲的所有权政策按照产品的对象市场分为两种，一种称为"当地市场战略"，另一种称为"出口战略"。所谓"当地市场战略"，是指在当地市场设立子公司，直接向当地市场提供产品的战略，即当地生产当地销售。而"出口战略"是指为了确保对发达国家的出口，将生产据点转移到生产成本相对低廉的国家，即当地生产当地出口。他认为，上述两种市场战略有本质的不同。前者是以发展中国家的市场（与国际竞争相隔离的受到保护的市场）为对象，因此在品质和性能等方面要求相对较底，因而可以采用合资方式。而后者是以发达国家的市场为对象，在品质、性能、交货期等方面必须符合国际标准的要求，因此需要接受母公司严格的管理和支配。与此相对应，母公司允许产品当地销售型子公司采用合资方式甚至是少数出资，而对于产品出口型子公司，采用独资方式或多数持股的倾向较为强烈（关谷，1976，p. 109）。

2）出资比率的选择

以上观点虽然分析的角度不同，但共同点都是强调了跨国公司的所有权政策受投资战略的影响。另一方面，如果确定采用合资方式，母公司还要选择合适的出资比率。出资比率一般可以分为少数持股、对等持股和多数持股三种类型。关于不同类型出资比率的效果，既往研究的结论有所不同。

Stopford & Wells（1972）的研究结论是，出资比率的效果体现在母公司对子公司的支配程度上。出资比率越高，母公司对子公司的支配强度就越大。因此，从母公司有效支配的角度出发，多数持股是合资方式中的最佳选择。

Beamish（1990）的分析角度有所不同。他用实证的方法分析了跨国公司出资比率与合资企业成功经营之间的关系，认为跨国公司向发展中国家投资时，最好选择少数持股或对等持股的方式。因为"跨国公司选择 50% 以下的出资比率时，经营获得成功的比率比独资或多数持股为高。从很多案例来看，合资双方都支持跨国公司的少数持股或对等持股方式"（同上，p. 17）。至于为什么外国投资方少数持股或对等持股其经营的效果更好？他认为："最基本的原因是，符合当地政府法律上的规定以及能够获得税金优惠政策，但最大的原因可能是，如果不这样的话，你可能会难以忍受很多经营摩擦"（同上，pp. 17~18）。简而言之，作者的观点就是，选择少数持股或对等持股的主要原因是为了减少与当地政府和当地企业的摩擦。

Killing（1983）从经营决策的基本原则出发，认为投资方应该选择多数持股。他将母公司对子公司的支配分为三种类型，分别是"一方主导支配型"、"双方共同支配型"、和"子公司自主经营型"，并对三种支配类型的效果进行了比较。他的调查结果是，在发达国家中设立的合资企业，实行"一方主导型"支配方式的企业有 70%是由主导经营的一方多数持股；实行"双方共同支配型"方式的企业有 75%是对等出资。因此，他的结论是，在发达国家中设立的合资企业，出资比率与支配权是相对称的，即出资比率越高，获得经营主导权的可能性就越大。另外，他的另一个结论是，"应该尽量避免对等出资。因为双方共同支配型的方式不符合管理的基本原则"（同上，pp. 19~22）。

3）东道国政府的方针

合资企业的出资比率是由投资双方协商决定的，它不仅与投资方的战略选择以及对经营资源是否需要补充的判断有关，也与东道国当地合作企业的经营战略以及当地政府的影响力有关。在发展中国家，一般来说后者的力量更为强大。Stopford & Wells（1972）对当地政府的思路进行了分析。他们对 60~70年代接受外国直接投资的各国政府的外资政策进行分析后提出，"在很多国家，外国公司的子公司被要求与当地企业合资，并且没有商量的余地"（同上，p. 222）。根据他们的调查，当地政府要求投资方选择合资方式的倾向越强，投资方选择合资方式的比率就随之提高；而当地政府要求合资的倾向不强时，投资方选择合资的比率就比较低（同上，pp226~227）。这说明，当地政府对投资方的所有权政策有较强的影响力。

然而，为什么当地政府希望外资企业与本土企业合资？对当地政府来说，合资方式一定比独资方式更好吗？研究者认为，对于外资投资的效果，当地政府不一定以"经济合理性"作为判断标准，可能对其他价值基准更为重视。例如，"认为合资是一个体面的标志，是主权与支配的象征"（同上，p. 251）。他们认为，从企业经营的效果来看，实际上合资不一定比外资独资更好，这主要体现在出资资金的筹措、对关连企业的交易价格以及进出口的效果等方面（同上，pp. 233~246）。他们的结论是，在当地政府的强烈要求下确实可能促成合资，但跨国公司的投资可能回避那些执意要求合资的国家。过于强硬的合资要求即使从东道国来看也不见得有价值。

我国在 1986 年颁布了《外资企业法》，允许外资企业选择独资方式在中国开展经营活动。但在很长一段时期里，地方政府确实对外资企业有合资要求的倾向。很多研究者对地方政府的做法持否定态度。例如，1999 年有学者指出，"关于合资企业的出资比率，我们应该从中国的实际情况出发，不必硬性规定中方占多数。理由是，对所有的外资企业都要求中方出资比率占多数会对引进外资带来不利影响。多数跨国公司一贯要求对子公司的控制，其目的是为了对子公司的统一管理，确保品牌和质量，以及对经营资源乘数效果的追求。首钢日电电子公司就是一个很好的实例。"首钢日电电子有限公司设立时中方母公司多数持股，其后双方协商决定中方转为少数持股。具体内容可参照第五章的实证调查部分（季崇威，1999，pp. 301~302）。他认为，"从合资企业的健康发展来看，出资比率不是唯一重要的因素，而是与投资者的经营能力、责任、利益等因素互相影响的因素。因此，我们不必把出资比率的作用看得过大，对外方出资比率进行限制亦无必要。地方政府应该从实际情况出发，恰当规定出资比率的范围"（同上，pp. 313~314）。

2. 有关合资企业出资比率的法律规定

有关出资比率的法律规定，最初见于 1979 年颁布的《合资企业法》。其条文为："在注册资金中，外方的出资比率一般不低于 25%"（第 4 条）。其后，有关外方最低出资比率的规定一直未变。以下对我国有关合资企业出资的法律和法规进行整理。

1）有关法律与法规（按颁布时期）

（1）《中外合资经营企业法》：1979 年 7 月第五次全国人民代表大会通过。其后分别于 1990 年和 2001 年进行了两次修订。以下略称为《合资企业法》。

（2）《中外合资经营企业法实施条例》：1983 年 9 月由国务院依据《合资企业法》制订并颁布。其后，分别于 1986 年 1 月、1987 年 12 月、2001 年 8 月进行了三次修订。以下略称为《实施条例》。

（3）《关于中外合资经营企业注册资本与投资总额比率的暂行规定》：本规定于 1987 年 3 月由国家工商行政管理总局公布。

（4）《中外合资经营企业合营各方出资的若干规定》：本规定 1987 年 12 月

获国务院批准，1988 年 1 月由原对外经济贸易部和国家工商管理总局联合发布。

（5）《关于中外合资经营企业合营各方出资的若干规定的补充规定》：1997 年 9 月由原对外贸易经济合作部和国家工商行政管理总局联合发布。该文件对外国投资方的注册资金到位期限做出了规定。

（6）《外商投资企业投资者股权变更的若干规定》：1997 年由原对外贸易经济合作部和国家工商行政管理总局发布。

2）关于出资的有关规定

（1）出资者：中方国有企业、乡镇企业、城市集体所有制企业、私营企业均有出资资格；外方的公司、企业以及其他经济组织或个人均有出资资格（《合资企业法》1990，第 1 条）。

（2）出资内容：中外双方均可以货币出资或以实物出资。但是，以建筑物、工厂厂房、机械设备、其他实物、工业产权、技术诀窍、土地使用权等出资时，需获得中方主管部门①的审查和许可，以及资产评估机构的评价结论（《实施条例》第 25 条、第 30 条）。另外，以机械设备等实物出资时，必须符合一定的条件（同上，第 27 条）。

（3）注册资金与总投资额的比率：合资企业的资本构成必须符合"注册资金"和"投资总额"的有关标准。所谓注册资金，是指合资各方在当地工商管理部门登记的资本金的合计金额。所谓投资总额，是指按照合资企业契约、规程规定的基本建设资金以及生产和运营资金的合计金额，包括注册资金和借贷款项。至 1985 年 8 月，合资企业注册资金和总投资额的比率一般规定在 1：3。其后，1985 年 9 月国务院发文，首次规定了注册资金和总投资额的比率。该规定内容如下表所示（表 2 - 1）。

表 2 - 1　关于总投资额与注册资金比率的暂行规定（1985）

总投资额	注册资金：总投资额	最低注册资金
300 万美元以下	1：1	-
300 ~ 1000 万美元	1：2	300 万美元以上
1000 ~ 3000 万美元	1：3	500 万美元以上
3000 万美元以上	1：4	1000 万美元以上
特殊项目	由原对外经济贸易合作部与有关部门协商决定。	

资料来源：日中经济协会『日中合弁调查レポートー事例分析』1986, p. 89

---

① 2001 年后，多数地方政府的行业主管部门被撤销，或改组为国有资产经营管理公司。

该规定作为暂行规定试行约一年半后，1987年3月国家工商行政管理总局又公布了《关于中外合资企业注册资金与投资总额比率的暂行规定》。新的规定对二者比率进行了调整，内容如下表所示（表2-2）。

表2-2 关于总投资额与注册资本比率的正式规定（1987）

总投资额	注册资本：总投资额	注册资本最低限额
300万美元以下	70/100以上	—
300~1000万美元	50/100以上	投资总额在420万美元以下时，注册资金必须在210万美元以上。
1000~3000万美元	40/100以上	投资总额在1250万美元以下时，注册资金必须在500万美元以上。
3000万美元以上	33/100以上	投资总额在3600万美元以下时，注册资金必须在1200万美元以上。
追加投资	投资总额与注册资金的比率同上。	

资料来源：国家工商行政管理总局《关于中外合资经营企业注册资本与投资总额比率的暂行规定》1987

对合资企业的注册资金和总投资额作出规定的主要原因在于资金风险的合理负担。一般来说，企业适当从金融机构获得贷款，是解决资金不足、扩大规模的必要手段。但借贷过多会增加财务负担，借贷过少则不利于有效利用资金。因此，规定投资总额与注册资金的比率，是为了在一定范围内防止企业借贷资本的过大化。然而，对日资企业来说这个规定有不利的一面，因为日本企业的经营习惯是尽量压低自有资本比率（一般在20~30%左右）和尽量利用银行贷款。事实上，这一规定的公布还有深层次原因，由于大部分合资企业的贷款来自国有金融机构（例如，1997年这一比率为86%），因此，过大的资本金借贷比率意味着企业的经营风险可能转向国有金融机构。1995年的调查资料显示，合资企业规模越大贷款比率越低。反之，小规模外资企业的借贷资金比率则较高。[1]

（4）实物出资：合资企业的出资内容包括货币、实物、技术秘密以及知识产权等四类。另外，当地企业也可以土地使用权出资（《实施条例》第25条）。按照规定，以实物出资必须满足三个条件。第一，合资企业必须有正常的生产活动；第二，属于中国国内无法生产或生产价格过高，或技术性能及交

---

[1] 原对外贸易经济合作部：《1995年中外合资企业统计调查》，p.101。

货期无法保证的实物；第三，经专业机构评价，其价格不超过当时国际市场同类设备的价格。外方的实物出资需经过中方主管部门的审查和许可，外方以技术或知识产权出资时，需满足以下三个条件之一。第一是用于迫切需要的新产品或需要大量进口的产品的生产；第二是能够显著改善老产品性能和品质，提高生产率，以及显著节约原材料、能源和动力等（《实施条例》第28条）。

表 2 – 3　中日合资企业日方出资的内容（复数回答）

日方出资内容		回答企业家（%）	美元	日元	机械设备	技术、知识产权	其他
1995 年	日方	310 (100.0)	133 (42.9)	84 (27.1)	57 (18.4)	23 (7.4)	13 (4.2)
	中方	308 (100.0)	68 (22.1)	66 (21.4)	30 (9.7)	120 (39.0)	24 (7.8)
1997 年	日方	437 (100.0)	300 (68.6)	137 (31.4)	82 (18.8)	32 (7.3)	17 (3.9)
	中方	331 (100.0)	102 (30.8)	149 (45.0)	75 (22.7)	186 (56.2)	24 (7.2)
1998 年	日方	445 (100.0)	318 (71.5)	128 (28.8)	63 (14.2)	35 (7.9)	16 (3.5)
	中方	318 (100.0)	110 (34.6)	146 (45.9)	59 (18.6)	152 (47.8)	28 (8.7)
中方出资内容		回答企业家（%）	美元	人民币	机械设备	建筑物、土地使用权	其他

资料来源：根据日中投资促进机構『第 3 次日系企業アンケート調査』1995，同『第 5 次…』1998 年版整理。

从表 2 – 3 可以看出，中日合资企业的出资内容具有以下特点。首先，日方的出资内容以货币为主，中方的出资则以建筑物以及土地使用权为主。进一步可以看出，日方以美元出资的比率连续上升，这显然与 90 年代后期日元持续走高的背景有关。其次，中方的美元出资不足日方一半，日方以日元出资和中方以人民币出资的比率大致相当。最后，中方以机器设备折价出资的比率逐渐增加，并与日方以机器设备出资的比率逐渐接近。

3. 出资比率的变化过程

90 年代是中外合资企业出资比率变动最为频繁的时期。其中中日合资企业的变动幅度较大，即从 80 年代的少数持股激变为 90 年代后期的多数持股，进而在 2000 年前后，大多数中日合资企业转变为日本独资企业。出资比率的变化反映了经营环境的变化和企业投资战略的变化，本节通过对日本企业所有权政策的分析寻找出资比率变化的原因。同时，从行业、规模、地区考察出资比率变化的影响因素。

1）日资企业的所有权政策

20 世纪 70 年代前期，日本制造业的海外投资以合资方式和少数持股为主要特征，与美国企业以独资为主的投资方式相反（吉原，1997，p. 182）。然而，进入 90 年代后，日资企业的海外投资方式转向以多数持股和独资方式为主。根据 1994 年的资料，在日本企业的制造业海外子公司中，独资方式占 57%，合资方式多数持股占 19%，两者合计占全体的 3/4（同上，p. 190）。另一方面，在亚洲发展中国家，对外资企业出资比率的限制一直很严。但是 90 年代后各国的外资政策逐渐放宽，日资企业（制造业）子公司的独资方式随之增加到 37%，合资企业中的多数持股也上升到 25%，两者相加约占全体日资企业的 2/3。可见，日资企业的所有权政策正在向美国企业靠拢，向多数持股和独资方式转变。因此有的日本研究者断言："日本跨国公司所有权政策的变化特征就是，合资方式特别是其中的少数持股方式可以说已经消失"（同上，p. 189）。

2）中日合资企业出资比率的变化

70 年代日资企业的海外投资是以合资方式特别是少数持股为中心，90 年代后则向独资或多数持股方向急剧变化。但是，这种变化在不同地区有所不同。在欧美发达国家设立的日资子公司确实如上所述向独资和多数持股变化，但是在亚洲国家设立的日资子公司，合资方式特别是其中的少数持股仍然不少（吉原1997，pp. 178~186）。例如，至 1992 年，在中国的日资企业作为试探性投资，其投资方式以合资并少数持股为主，但其后逐渐转为以对等持股和多数持股为主，2000 年后则进一步转为以独资为主。从 1980 年至 2000 年的 20 年间，日资企业在中国的出资比率的变化可分为三个阶段。

第一阶段（1980~1991）

在这一阶段，中日合资企业的特征是数量少和规模小。如表 2-4 所示，至 1982 年中日合资企业仅有 4 家。其中，1980 年 2 月 "中日合资福州外贸中心旅馆" 设立，日方投资者为株式会社东荣商事，出资金额为 130 万美元。1980 年 12 月 "福建日立电视机有限公司" 和 "中国大冢制药有限公司" 先后设立。其后，"江苏南通劳动保护鞋业有限公司" 在 1981 年 11 月正式成立，日资企业的对中投资进入试探阶段。

表 2 - 4　第一阶段中日合资企业件数（1980 ~ 1991）

年　度	全部合资企业		中日合资企业	
	设立件数	累计	设立件数	累计
1979	6	6	0	0
1980	20	26	2	2
1981	28	54	2	4
1982	29	83	0	4
1983	107	190	6	10
1984	741	931	47	57
1985	1412	2343	95	152
1986	892	3235	247	399
1987	1395	4630	292	691
1988	3909	8539	237	928
1989	3659	12198	294	1222
1990	4093	16291	639	1，861
1991	8359	24650	558	2419

资料来源：根据原对外经济贸易合作部《中国对外经济贸易年鉴》各年版整理。

这一阶段的日资企业全部选择了合资方式，且少数持股占多数。据日本三菱综合研究所 1986 年的调查，日方少数持股的企业占 43.7%，对等持股的企业占 40.9%，多数持股的企业仅为 15.4%。日方持股占 71% 以上的企业仅有 6 家，占全体的 2.4%。然而，这一时期选择少数持股方式的企业并非日资，即使是一贯坚持独资方式的美国跨国公司也采用了同样的战略。在中美合资企业中，美方多数持股的企业仅为 11.8%，对等持股和少数持股的企业分别占 40.4% 和 37.8%，占美资企业全体的 88%。在 1991 年，美方多数持股的中美合资企业甚至比日方多数持股的中日合资企业还要少（表 2 - 5）。

表 2 - 5　中日、中美合资企业外方出资比率的调查（1986 ~ 1991）

	中日合资企业		中美合资企业	
	1986 年	1991 年	1986 年	1991 年
25% 以下	10.1（25）	9.1（51）	12.9（23）	19.1（84）
26 ~ 49%	33.6（84）	35.3（197）	34.9（62）	31.8（140）
50%	40.9（101）	34.1（190）	40.4（72）	31.1（136）
51 ~ 70%	13.0（32）	15.1（84）	11.8（21）	14.6（64）
71 ~ 99%	2.4（6）	2.9（16）	0（0）	2.1（9）
合计	100.0（247）	100.0（558）	100.0（178）	100.0（438）

（注 1）括弧中的数字为件数。

（注 2）《合资企业法》规定，外方出资比率一般不能低于 25%。

资料来源：根据三菱综合研究所『中国合弁企業一覧』（1986）、（1991）整理。

这一时期从外资企业全体来看情况基本相同。根据 1988 年的调查，外方少数持股和对等持股的比率分别为 60.3% 和 30.6%，合计比率超过 90%[1]其后，1990 年的调查发现，虽然外方总体上仍然以少数持股为中心，但从投资国（地区）来看所有权政策已经出现了微妙的变化，可以分为三种类型。第一种：积极向多数持股转变的中美合资企业；第二种：保持少数持股和对等持股的欧洲企业及日本企业（欧洲企业在日美企业之间）；第三种则是只有少数持股的香港企业。[2]

总结以上分析可以看出，这一阶段虽然在法律上已经允许外资选择独资方式（1986 年《外资企业法》公布），但大多数外资企业仍然选择了合资特别是其中的少数持股方式。其原因是，很多外资企业对投资风险的评价较高，从而选择了低出资比率以回避风险。因此，这一阶段外资企业的所有权政策既没有反映出投资战略的真实意图，也没有跟随中国外资政策的指引。可以说，对投资风险的过大判断是这一时期外资企业所有权政策的最大影响因素。

第二阶段（1992～1995）

从 1992 年开始，随着中国改革开放政策的明确化，日本跨国公司正式开始了对中国的大规模投资。1992 到 1994 年的三年间，日本跨国公司在中国共设立了 3650 家中日合资企业，占全部日资企业的 87%（王志乐，1998，p.74）。与此同时，亚洲一些国家和地区也开始对中国投资，而这些外资企业在所有形态上与日本企业一样，合资方式占到较大比例。以韩国企业为例，虽然中小企业的投资方式多种多样，但大企业的对中国投资以合资方式占绝大多数（同上，1996）。另一方面，在这一阶段日资企业的所有权政策已经发生变化，少数持股和对等持股的比率下降，而多数持股的比率则大幅上升（表 2－6）。

表 2－6　中日合资企业的日方出资比率（1994）

	件数（家）	%
50% 以下	41	27.3
50%	40	26.7

---

①　P. W. Beamish（1988）［Multinational Joint Venture in Developing Countries］Routledge, p. 114。
②　李兆熙（1994）p. 148。

续表

	件数（家）	%
51～70%	33	22.0
71～99%	36	24.0
合计	150	100.0

（注）调查时间为1994年9月。

资料来源：日中投资促进機構『第3次日系企業アンケート調査集計』（1995）。

第三阶段（1996～2001）

1996年后，日本跨国公司对中国的投资出现减速，主要原因有两个。其一是中国投资环境的变化，其二是亚洲投资环境的变化。从中国的投资环境来看，1996年4月外资企业自用机械设备的进口免税政策被废止，产品出口的增值税退税率连续两次调低。1988年开始虽然对高新技术企业重新恢复优惠政策，但对日资企业的投资热情产生了一定影响。从亚洲投资环境来看，1997年亚洲金融危机爆发后，亚洲各国及地区为恢复经济开始扩大对外资的优惠政策，并减少了包括出资比率在内的一些限制条件，从而吸引了包括日资在内的外资企业。

另一方面，在已经设立的中日合资企业中，当时日方的出资比率仍然在不断上升。以下以1996～1998年的资料对中日合资企业的出资比率进行分析。这一阶段的基本特点是，中日合资企业日方的少数持股及对等持股比率不断减少，从1996年的40.5%和20.2%下降到1998年的17.7%和14.6%。从变化的幅度来看，少数持股比率大幅减少，对等持股比率小幅减少。在1996年中日合资企业出资比率的构成中，日方少数持股和多数持股的比率各占40%，剩下的20%为中日对等持股。然而，在1997和1998年，日方多数持股均上升到60%以上，少数持股和对等持股各占不到20%。因此结论是，在90年代的后期，日方母公司已经完成了出资比率的转换，这说明影响出资比率的因素已经发生了变化。

表 2 - 7　中日合资企业的日方出资比率（1996～1998）

	1996		1997		1998	
	件数	%	件数	%	件数	%
少数持股（＜50%）	98	40.5	42	18.1	40	17.7
对等持股（＝50%）	49	20.2	42	18.1	33	14.6
多数持股（＞50%）	95	39.3	148	63.8	153	67.7
合计	242	100.0	232	100.0	226	100.0

资料来源：1996 年数据来自笹川日中友好基金『日中合弁企業経営状況調査報告書』1997 年版；1997 年数据来自日本国際貿易促進協会『日中関係企業データ』1998 年版；1998 年数据来自笹川日中友好基金『中国に進出した日系企業の人才育成と技術移転－日中合弁企業経営対話促進のための考察』1999 年版。

　　以上分析了中日合资企业日方出资比率的变化。其变化的基本特征是从少数持股、对等持股转换到多数持股，直至完全持股成为独资企业。日资企业的这种变化虽然与全体外资企业的变化趋势相一致，但是在方向上有所不同。从全体外资企业的变化方向来看，多数外资企业是直接从合资形态转变为独资形态，但是从日资企业投资形态的变化来看，是从少数持股及对等持股转换为多数持股，即合资形态仍然是其主要的投资方式。出资比率的阶段性变化反映了日资企业在投资战略上强调平稳过渡的特点，但同时也显示出，对中方母公司的经营资源仍有一定的依赖性。1995～1998 年，日资企业的合资比率一直保持在 70% 左右，对于日资企业的这个特征，有学者认为，"可以解释为日资企业对当地政府的本土化政策比较顺从"（吉原，1997，p.190）。但是，关于这一现象也有不同的解释。例如，有学者指出，日资企业保持合资方式反映了其长期战略。因为当时在中国的日资企业以生产据点型为主，即产品主要供出口，但这些企业也在等待进入中国市场的机会。一旦中国加入世贸，机会就会成为现实，开拓当地市场就成了这些企业的长期战略任务，而合资方式有利于日资企业从短期战略向长期战略的转换。另外，合资方式有利于利用当地经营资源；有利于与当地政府交涉以及获得国家重大项目（彭锦章，1999，pp.90～92）。

表 2 − 8　日资企业与全体外资企业投资方式的比较

	日资企业				全体外资企业			
	合资	合作	独资	全部	合资	合作	独资	全部
1995 %	153 69.3	16 7.2	52 23.5	221 100.0	20455 55.3	4787 12.9	11761 31.8	36958 100.0
1997 %	320 71.5	19 4.3	108 24.2	447 100.0	9001 42.9	2373 11.3	9602 45.8	20976 100.0
1998 %	305 69.1	22 5.0	114 25.9	441 100.0	6293 41.3	1460 9.6	7493 49.1	15246 100.0

（注1）日企为问卷调查数据；全体外资为统计数据。

（注2）合作开发、外商投资股份公司等投资方式占比率极小，在此省略。

（注3）百分比（％）为占上述三类投资方式的比值。

资料来源：日企资料：日中投资促进機構『日系企業アンケート調査集計』第3次
(1995)、第4次（1997）、第5次（1998）；全体外企资料：《对外经济贸易年鉴》各年版。
另外，1998年数据来自原对外贸易经济合作部《中国外资》2000.2。

3）日方出资比率上升的原因

中日合资企业日方出资比率的上升有多种影响因素，但主要影响因素有三
个。其一是由于中方母公司扮演角色的变化；其二是由于日方母公司经营战略
的转换；其三是由于日方对投资风险、投资收益、投资的将来性等指标的判断
出现了变化。首先，关于中方母公司扮演角色的变化，合资企业双方母公司不
仅要为合资企业提供资本，还要提供一定的经营资源。在90年代，中方提供
的经营资源主要包括有关人事、劳务、财务管理的知识以及市场信息、销售渠
道、与当地政府的交涉能力等。因此，中方出资比率的下降可能意味着其提供
的经营资源重要性的下降。其次，日方母公司经营战略的转换也会改变对子公
司的控制。在一定的投资战略下，母公司需要对海外子公司进行严密的控制。
当投资战略转换后，控制的强度就可能发生改变。与此有关的研究在理论回顾
一节中已经进行了整理，即：在出资比率与支配权一致的前提下，母公司的强
支配与多数持股相关连；而弱支配则与少数持股相关连。因此，日方的多数持
股倾向意味着日方母公司希望加强对子公司的支配。另外，关于第三个影响因
素，合资企业的投资风险、财务收益以及成长性也会对日方的出资比率产生影
响。合资企业的财务收益状况良好，企业具有高成长性以及投资风险下降，都
会引起外方追加投资或以利润进行再投资的动机，从而增加其出资比率。以上
是中日合资企业外方出资比率上升的主要影响因素。

为了进一步分析这些因素对出资比率的影响过程，以下利用1998年的统计调查资料，从规模、行业、地区三个方面对中日合资企业出资比率的变化过程进行分析。

a. 不同规模的合资企业日方出资比率

不同规模中日合资企业的出资比率有三个特点值得注意。其一是，无论规模大小，日方的多数持股比率均超过50%；其二是，规模越大，日方多数持股的倾向越明显；其三，对等持股在小规模企业较少，在大规模企业则较多。例如，在投资总额300～499万美元的企业，对等持股的比率是6.9%，在3000万美元以上的企业中达到20%。这是因为3000万美元以上的投资项目属于"国家级项目"，需要国务院有关机构的审批，而对等持股在当时具有为新成立的大型合资企业起到示范作用的意义。

表2－9　不同规模日资企业的日方出资比率（单位：万美元、%）

出资比率＼投资总额	100以下	100～299	300～499	500～999	1000～2999	3000以上
49%以下	27.3	12.2	37.9	17.1	9.8	6.9
50%	18.2	24.4	6.9	14.3	19.7	24.1
51～94%	54.5	63.4	55.2	68.6	70.5	69.0
合　计	100.0	100.0	100.0	100.0	100.0	100.0

（注1）统计对象为232家中日合资企业。日方或中方两家以上联合出资时，以其合计数计算。

（注2）统计基准请参照第三章第一节。

资料来源：根据日本国际贸易促进协会『日中関係企業データ』1998年版数据计算。

日本跨国公司对中国的投资具有重要的政治和经济背景。从国内来看，1992年邓小平的《南巡讲话》发表，标志着中国的对外开放政策已经不可逆转。同年秋天，中共十四大确定了社会主义市场经济体制，这意味着被外商视为最大的投资风险已经解除。另外，经过十年以上的经营活动，日资企业对中国的试探性投资阶段已经完成。而在日本国内，泡沫经济刚刚崩溃，日元对美元汇率居高不下，导致制造业资本迫切向海外寻求出路。在外部机会与内部压力的双重背景下，从1992年日本跨国公司开始扩大对中国投资的规模。从表2－10可以看出，至1991年日本跨国公司在中国的投资项目只有23项，但从1992年到1997年的6年中扩大到190项，即90%的项目都是在1992年后开始实施的。

表 2 – 10 日本 23 家跨国公司在中国的投资

年　份	投资项目（个）	年份	投资项目（个）
1981	1	1990	3
1982	0	1991	3
1983	1	1992	13
1984	4	1993	29
1985	2	1994	54
1986	0	1995	57
1987	3	1996	21
1988	2	1997	16
1989	4	合计	213

资料来源：王志乐《日本企业在中国的投资》中国经济出版社 1998，p. 166。

　　以上事实提出了一个问题，为什么大企业的多数持股比率比中小企业多？作者认为原因是大企业对子公司支配的必要性和可能性都比中小企业为高。多数持股的主要目的就是为了加强对子公司的支配，它包括对子公司的统一管理以及共同使用集团内部的经营资源，以及对技术和知识产权的保护。要达到以上目的，最直接的手法就是通过多数持股获得合资企业的支配权。另一方面，大企业所具有的资金运用能力以及经营、技术、管理等经营资源为其实施经营支配提供了基础。另外，日本大企业多数持股的要求在大多数行业得到了当地政府的许可，在高技术行业以及产品出口比率较高的企业，日方多数持股甚至得到了政府的政策奖励。具体的奖励措施包括减免所得税以及对于利润再投资部分的所得税返还（具体内容在下节分析）。总之，在新设立的合资企业，日方多数持股能够得到当地政府的认可，在已经设立的合资企业，日方追加投资或利润再投资均受到各级政府的许可和奖励。

　　b. 不同行业的合资企业日方出资比率

　　在不同行业的中日合资企业中，日方出资比率有以下特征。其一是，家电和电子关联行业的日方出资比率最高，其次是化工及化学关联行业。这两个行业的日方多数持股比率均超过了 60%。但是，汽车及汽车关联行业的日方出资比率较低，其原因是汽车整车制造企业的独资和多数持股均受到外资政策的限制。1995 年 6 月发布的《关于外商投资企业投资方向的暂行规定》（以下略称《投资方向暂行规定》）以及《外商投资产业指导目录》（以下略称《产业指导目录》）首次规定了各投资行业的外方出资比率，其中对外资汽车整车制造行业的规定是出资比率不超过50%。不同行业日方出资比率的另一个特征是，在家电和电子行业，日方多数持股的倾向最强烈，少数持股和对等持股的比率仅为9.3%和17.0%。其原因可以从两点来分析。第一，在这些行业，由于各子公司之间在部件及原材料方面有紧密的生产协作关系，总公司必须对子公司进行统一的管理。另一个原因是，家电特别是电子行业中的技术含量较高，因而母公司对转移到子公司的技术需要严格控制。

表2－11　不同行业日资企业的日方出资比率（单位：万美元、%）

出资比率 ＼ 行业	家电、电子	汽车及汽车关联	化工及化学关联
49%以下	9.3	42.3	19.6
50%	17.0	30.8	17.4
51～94%	73.7	26.9	63.0
合　计	100.0	100.0	100.0

（注1）统计对象为232家中日合资企业。日方或中方两家以上联合出资时，以其合计数计算。

（注2）统计基准请参照第三章第一节。

（注3）化学关联行业包括制药、化妆品等行业。

资料来源：根据日本国際貿易促進協会『日中関係企業データ』1998年版整理。

c. 不同地区的合资企业日方出资比率

日资企业对中国的投资存在地区上的特征。根据当时中国工商企业服务中心的调查，1998年东部沿海地区的日资企业件数占全部日资企业的82.6%（王志乐，1998，p88），日本三菱综合研究所的调查则是超过87.0%（三菱总研『中国进出企业一览』1999年版）。但是，这样的地区性特征一直在发生变化。至1990年前半年，日资企业的投资中心集中在东北地区的辽宁省及华北地区和华南地区，90年代的后半期逐渐向以上海为中心的华东地区集中（稻垣清，1998，p.231）。在以上各地区设立的日资企业，其出资比率具有不同特征。华东地区的日资企业其日方多数持股的倾向最为明显。而在内陆地区的日资企业，日方少数持股的比率仍然较高。其原因可能是由于日资企业对不同地区的投资风险的判断有所不同。在投资风险相对较低的沿海地区，日方倾向于多数持股，而在投资风险相对较高的内陆地区，日方则倾向于少数持股以降低风险（表2－12）。

表2－12　不同地区日资企业的日方出资比率（％）

比率　　　地区	华东地区	华南地区	华北地区	东北地区	内陆地区
49%以下	10.9	22.2	20.6	26.7	35.3
50%	15.8	25.0	19.0	13.3	17.6
51～94%	73.3	52.8	60.4	60.0	47.1
合　计	100.0	100.0	100.0	100.0	100.0

（注1）同上表

（注2）同上表

资料来源：同上表

4. 出资比率的影响因素

1）影响因素的整理

通过以上统计分析可以看出，合资企业的出资比率不是仅仅由一方决定，双方母公司和当地政府均具有不同的影响力。从不同规模合资企业来看，大规模合资企业的日方多数持股倾向反映了日方母公司对合资企业支配权的要求，也反映了地方政府在重大投资项目上对外资企业的合资要求。从行业的出资比率来看，不同行业的出资比率反映出日方不同行业的母公司对子公司采用的支配强度有所不同，也反映出外资政策对不同行业出资比率的影响。另外，从不同地区中日合资企业的出资比率来看，日方避开投资风险的意图十分明显。以上与日方母公司有关的因素和与当地政府有关的因素相互影响，各影响因素分类如下。

表2－13　出资比率影响因素的分类

因　素	特　征	主要影响因素
按规模统计	①所有规模等级均为日方多数持股；②规模越大日方多数持股倾向越显著。	①日方母公司对支配必要性的判断；②当地政府的合资诱导政策。
按行业统计	①三大行业差异较大；②外资政策对汽车产业出资比率有限制。	①日方母公司对支配必要性的判断；②国家外资政策。
按地区统计	①东部沿海地区日方多数持股比率较高；②内陆地区日方少数持股比率较高。	①日方母公司对投资风险的判断；②各地区不同的投资环境。

资料来源：作者制作

通过以上统计和分类可以看出，中日合资企业的出资比率不仅受日方母公司对支配必要性以及投资风险判断的影响，同时还受到当地政府有选择的合资诱导政策，以及国家外资政策等因素的影响。其中，有关外资政策对外方出资比率的限制仅局限在汽车整车制造等少数行业，而外方母公司对投资风险的判断则影响较大。当判断投资风险较高时，即使作出了长期性开发当地市场的战略也不会选择多数持股，只能暂时选择少数持股或对等持股。相反，如对投资风险判断较低，外方母公司就会优先考虑对子公司的支配以及经营资源的补完，从而选择多数持股甚至是独资方式。

因此，在合资企业出资比率的博弈中，在设立阶段外方母公司与当地政府的交涉成为主要影响因素。而日方母公司对出资比率的选择首先基于对投资风险的判断；中方当地政府对出资比率的影响则基于对外方资金、技术以及经营管理（以下略称：经营资源）效果的判断。外方对投资风险的判断，是指外方在确定所有权政策之前，对投资环境中存在的各种风险的综合判断。投资风险的判断基准由三个因子以及由此形成的企业经营风险构成，分别为"政治因子"、"经济因子"和"社会因子"，三个因子相互影响的结果形成企业经营的风险。以下对这些内容加以说明（图2－1）。

a. 政治风险因子：政治风险是跨国公司开展国际投资活动时首先要考虑的因素。在政治风险因子中，既有政治的安定性等各地区共同存在的因素，也有行政效率、官僚主义等与地区有关的因素。政治因子对外资政策以及地方政府的支援机能均产生影响。

b. 经济风险因子：经济风险因子既包括国际收支、货币汇率等各地区共同性风险，也包括不同地区的经济成长率、国民总产值（GNP）以及外资政策的差异等。一般来说，沿海地区的经济发展水平比内陆地区高，外资企业对经济风险的判断也相对较低。

c. 社会风险因子：社会风险因子的地区差较大。例如，在劳动力素质方面，各地区的义务教育实现程度、大学入学率指标均有不同；在文化方面，各地区的历史与传统也有一定的不同。特别是在劳动力素质方面，80年代以后劳动者以及人才向东部沿海地区移动的速度越来越快，导致沿海地区与内陆地区在劳动力素质方面的差异越来越大。[①]

---

① 　日本労働研究機構『中国の労働政策と労働市場』1993，p. 89。

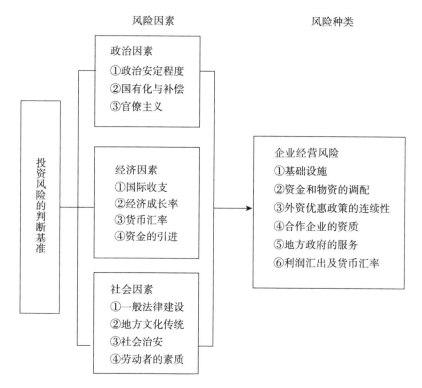

图 2 - 1　合资企业外方投资者对投资风险的判断

资料来源：作者制作

另一方面，地方政府在引进外资时十分重视经营资源的导入效果，并且要进行认真地分析和评价。这种判断和评价就是，以《指导外商投资方向暂定规定》① 等外资政策为基础，判断合资企业的设立为当地经济发展和当地企业成长带来的效果。特别是为国有企业带来的技术水平和经营管理能力的提高，以及为出口创汇、增加就业带来的效果。在判断合资方式能带来较好效果的情况下，地方政府必然会鼓励外资企业与当地企业合资，并提供地方政府权限范围内的优惠政策，以及经营环境方面的支援措施。② 地方政府的这种判断过程

---

① 1995 年，原对外贸易经济合作部公布了《指导外商投资方向暂行规定》，将外商投资项目划分为"鼓励"、"许可"、"限制"、"禁止"四类。同年发布《鼓励外商投资产业目录》，规定了各行业外方出资比率的范围。

② 当时，这样的观点在地方政府中比较流行。例如，山东省即墨市领导在《人民日报》载文："不管是谁，只要在即墨市投资设立企业、开拓市场、开发新产品，多交税金、为即墨市的就业作出贡献，只要他的经营活动不违法，我们就为他提供最好的服务、最优惠的外资政策、最好的投资环境。"（《即墨－中国沿海投资的热土》《人民日报》海外版，1999.9.3）

可以用图 2－2 表示。

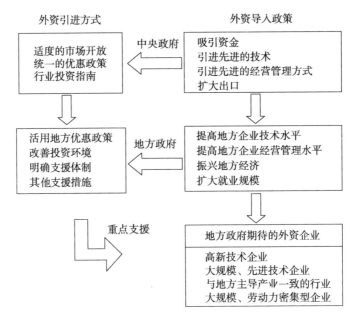

图 2－2　地方政府对外资导入效果的判断过程（概念图）
资料来源：作者制作

2）出资比率的决定过程

地方政府与日方母公司有关出资比率的交涉结果有四种可能性。第一种是，日方母公司对投资风险的判断较高、地方政府对经营资源导入效果的判断较低的情况下，日方为避免投资风险将选择合资方式，而且选择少数持股的可能性较高，而地方政府将鼓励外方选择合资方式。第二种是，日方母公司判断投资风险较低，地方政府对日方投资企业的经营资源导入效果评价较高，在这样的判断下地方政府鼓励日方选择合资方式，同时提供优惠政策以及经营支援。但日方投资企业有两种选择：持当地市场战略的企业选择合资方式的可能性较大，另外，如果认为有必要获得当地政府的支援，日方选择多数持股的可能性较高。而持出口战略的企业更容易选择独资方式。第三种可能性是，日方母公司判断投资风险较高，但地方政府认为经营资源的导入效果也较高。如果地方政府提出合资的建议，外方为避免投资风险选择少数持股或对等持股方式的可能性较高（图 2－3 的Ⅱ）。第四种可能性是，日方母公司判断投资风险较低，但当地政府的判断是经营资源导入效果也较低。当双方做出这种判断时，地方政府不会特意推荐合资方式，日方投资企业可能根据其投资战略

（产品市场、支配的必要性、获得当地企业经营资源的必要性等），选择独资或合资方式。在此情况下，外方选择独资或多数持股方式的可能性较高（图2－3的Ⅳ）。

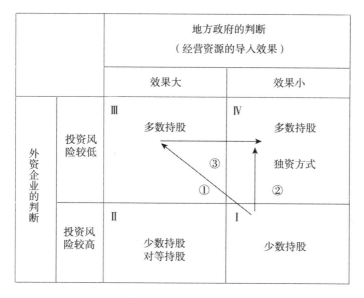

图2－3　出资比率的决定过程（概念图）

（注）实线为出资比率的变化方向

资料来源：作者制作

3）出资比率的变化方向

如图2－3所示，在中日合资企业设立阶段，日方投资企业对投资风险的判断和中方地方政府对经营资源导入效果的判断是合资企业出资比率的重要影响因素。对地方政府而言，导入外方先进技术以及经营管理方式最为重要，其次是能否扩大就业、出口创汇。而对外资企业而言，最重要的影响因素是对投资风险的判断，其次是经营资源的补完。因此，这一阶段选择合资方式的少数持股或对等持股较多。但是，当初期合作阶段结束，投资风险逐渐减小，不再作为出资比率的主要判断基准时，出资比率的影响因素逐渐转变为"母公司支配的必要性"、"经营资源补完的必要性"以及"当地政府外资政策"等三个因素，并随这三个因素的变化而变化。

投资风险的确认阶段完成后，持当地市场战略的日方企业为了获得当地企业的经营资源，将一方面保持合资方式，另一方面向多数持股转换（图2－3箭线①）。实现多数持股的方式是追加投资或利润的再投资，而外资企业的追加投资和利润再投资行动不仅不会受到限制，还能得到中央和地方政府的奖励。例如，根据1991年公布的《外商投资企业及外资企业所得税法》，"企业获得的纯利润进行国内再投资时，已缴纳所得税的40～100%可以得到返还（但再投资期间必须连续五年以上）。"另一方面，持产品出口战略的日方企业如判断不再需要通过合资方式取得经营资源的补充，就会转换为独资方式（图2－3箭线②）。另外，在此阶段进行市场开拓的日方企业其与当地企业合资的主要目的，是获得当地市场销售权以及销售渠道等。

中国加入世贸后外资政策的放宽速度进一步加快，过去不能在中国市场销售产品的独资企业也获得了在中国市场销售产品的许可。另外，很多地方政府修正了长期以来要求外方选择合资的政策，让外方能够根据其战略自由选择合适的投资方式。① 外资政策的放宽既有利于外方所有权政策的转换，也为其提供了一个合适的机会。很多日资企业利用这个机会从多数控股转换为独资方式（图2－3箭线③）。其转换的理由就是不再需要当地企业拥有的当地市场销售权，独自开展市场销售活动成为可能。另外，即使需要当地企业拥有的市场销售渠道等经营资源，在现有合作伙伴无法提供的情况下，外方也可能中止合资这种较为僵硬的合作方式，转为寻找更为灵活的合作方式。事实上，2001年以后新的中外企业合作方式不断出现，本书将在第六章对各种合作方式进行比较和分析。

主要参考文献

1. Franko Lawrence G （1971）［*Joint Venture Survival in Multinational Corporations*］

Praeger, New York.

2. 入江猪太郎监修（1983）『多国籍企業論の系譜と展望』文真堂

3. 石井昌司（1992）『日本企業の海外事業展開』中央経済社

4. John M. Stopford and Louis T. Wells, Jr. （1972）［Management the Multinational Enterprise］Basic Books, Inc., New York. （山崎清訳『多国籍企業の組織と所有政策』ダイヤモンド社，1976）

5. 季崇威（1998）《中国利用外资的历程》中国经济出版社

---

① 商务部研究院跨国公司研究中心《2002～2003跨国公司在中国投资报告》pp. 30～31.

Reforming the Control Concept〕. *Academy of Management Review* 1988，13

6. 许晓明（1998）《三资企业管理》复旦大学出版社

Business Strategy and Control. UMI Dissertation Information Service

7. 加護野忠男（1997）『日本型経営の復権』PHP 研究所

8. 加護野忠男等（1983）『日米企業の経営比較』日本経済新聞社

9. Killing J. Peter（1983）〔*Strategies for Joint Venture Success*〕. Croom Helm Ltd，Provident House

10. 村松司叙編（1991）『国際合弁戦略』中央経済社

11. Paul W. Beamish（1990）*Multinational Joint Ventures In Developing Countries.* Routledge Press

12. 彭锦章（1999）《中日投资合作策略》中国发展出版社

13. 王洛林、江小涓、卢圣亮（2000、4 ~ 5 期）《大型跨国公司投资对中国产业结构、技术进步和经济国际化的影响》《中国工业经济》

14. 李兆熙（1994）《发展合资企业的成功启示 – 公司体制和管理行为》企业管理出版社

15. 李明星（1997）〈中日合资企业存在的问题和对策〉《中日合资企业经营理念调研报告》原国家经贸委经济研究咨询中心（未公开发表）

16. 関谷裕之（1976）『わが国民生用電子機器産業の多国籍化戦略』アジア経済研究所

17. Schaan, Jean-Louis（1983）*Present Control and Joint Venture Success*：*The Case of Mexico.* Unpublished Doctoral Dissertation，University of Weston Ontario，London，Ontario

18. 高倉信昭（1979）『日本の海外企業経営』東洋経済新報社

19. 安室憲一（1980）「日本企業の海外統制戦略と組織行動」『商大論集』31 巻，4 ~ 5 号

20. 吉原英樹（1997）『国際経営』有斐閣アルマ

21. 吉原英樹編（1992）『日本企業の国際経営』同文館

22. 王志乐（1998）《日本企业在中国的投资》中国经济出版社

第三章

出资比率与合资企业经营者

　　第二章分析了合资企业出资比率的决定过程和决定因素。基本结论是，随着中国外资政策的逐渐宽松以及投资环境的改善，1992 年后中日合资企业的日方出资比率出现明显上升倾向，形成多数持股的基本特征。另一方面，即使获得了合资企业的控股权，也不一定能实现对合资企业的经营控制，因为在出资比率与经营支配权之间存在两个问题，只有在满足一定要求的情况下，出资比率才能影响经营支配权的强弱。其一是，出资比率与合资企业经营者的推荐权是否一致，多数出资是否就一定能得到合资企业经营者的推荐权？其二是，为实现母公司的支配权，合资企业经营者应该具备哪些必要的能力？如控股方推荐的经营者不具备相应的能力，就无法完成母公司期待的支配目标。本章以上述两个问题作为研究对象。

　　一般来说，出资比率的上升可能带来对合资企业支配权的增加。长期以来，日本企业对海外子公司的支配方式以"直接支配方式"为主，以"间接支配方式"为辅（安室，1986）。因此，出资比率的上升必然伴随经营者推荐权的增加，而在合资企业经营者中，作为重要决策机构代表者的董事长职务以及作为日常经营机构负责人的总经理职务，是母公司实现支配目的的重要手段。按照经营者推荐权的归属，合资企业经营者的决定有四种方式。第一种方式是，中方母公司决定董事长人选，日方母公司决定总经理人选。在其后的分析中可以看出，在中日合资企业这种方式有一定代表性。特别是在大型中日合资企业，多数企业的经营者任命均采用这种方式。第二种方式是，中方母公司决定总经理人选，日方母公司决定董事长人选。这种方式在小规模、生产据点型合资企业较多。第三种方式是，中方母公司决定董事长和总经理，日方母公司决定副董事长和副总经理。在中日合资企业这种方式较为少见。最后一种方式是，日方母公司任命董事长和总经理，中方母公司任命副董事长和副总经理。在 90 年代这种方式也不多见。

另一方面，出资比率虽然有可能决定母公司的经营者派遣权，但是是否能够完成母公司对合资企业的支配任务还要看派遣经营者是否具备必要的能力。本章另外一个内容是对派遣经营者的必要能力的分析。分析的方法是，首先考察双方母公司以及地方政府对派遣经营者的期待以及派遣经营者的作用；其次是利用调查资料对合资企业双方派遣经营者的必要能力进行分析。

1. 出资比率与经营者推荐权

1）分析的目的和前提

母公司的出资比率从两个方面规定了合资双方利益的分配。其一是企业税后利润的分配权，另一个就是对合资企业的支配权。前者是指利润的分配以出资比率为基础，后者则意味着出资比率与经营者推荐权的相互关系。母公司对合资企业的支配有多种方式，在日本企业，通过取得经营者推荐权从而实施支配是其主要的方式。根据日本研究者的分析，日方出资比率与日本人经营者比率之间有较高的相关关系（安室1986，p. 98）。但是，经营者任命权不仅仅由出资比率所决定，其他因素也具有影响作用。例如，东道国的外资政策、地方政府的交涉能力以及双方母公司经营资源的相互关系等，无不对经营者派遣权产生影响。本节的目的是明确中日合资企业的出资比率与经营者任命权（主要是重要决策机构和日常经营机构的责任者）之间的相互关系，方法是按照规模、行业、地区对出资比率与经营者派遣权的关系进行分析。为保证统计数据的可比性，规定以下分析的前提。

（1）统计对象：在日本国际贸易促进协会出版的《日中関係企業データ》（1998）收录的933家中日合资企业中抽出232家企业作为分析对象，不包括独资企业、非制造业以及数据不全企业。232家企业的形态均为有限责任公司。[①]

（2）行业：制造业。分类标准为以下三大类：1）机械及汽车关联行业，2）电子及通信关联行业，3）化学及化工关联行业。各大类包含的行业如下。

a. 机械及汽车关连行业：金属加工、机械制造、汽车零部件加工、电机、家电等。

b. 电子及通信关连行业：电子及精密机械、电脑零部件制造及装配、软件开发等。

---

① 合资企业中包含有"中外合资股份公司"，但直至目前这类企业数量仍然极少。

c. 化学及化工关联行业：水泥、石油、制药、造纸等。

（3）规模：以合资企业投资总额为统计对象。因为投资总额包括双方的注册资本和银行借款，可以反映企业的生产规模（但对于没有注明总投资额的企业则以企业注册资金代替）。另外，将反映企业规模的另一个指标即公司员工人数分为三类：①100人以下；②100～299人；③300人以上。

（4）出资比率：在基本统计中将出资比率划分为五种，在按行业、规模、地区的统计中则分为三种。划分标准如下。

a. 日方极少数持股（25%以下）。一般认为，25%以下的出资比率在合资企业经营决策中发言权极小，基本上不存在对经营活动的支配权（Vernon，1971）。在此进行统计的理由是，确认在极少数出资情况下日方母公司是否具有经营者派遣权。另外，根据《合资企业法》的规定，合资企业外方的出资比率"一般不低于25%"。这意味着在特别情况下低于25%的出资比率仍然可以被认可。

b. 日方母公司少数持股（25～49%）。

c. 对等持股（50%：50%）。将对等持股单独进行统计的理由是，对等持股是经营决策权和日常经营管理权的一个分界点，意味着合资双方的经营方针是共同决策和共同管理。另外，对等持股体现了外资政策的平等互惠原则，在90年代前期为很多中日合资企业所采用。

d. 日方母公司多数持股（51～74%）。

e. 日方母公司绝对多数持股（75～94%）。母公司出资比率超过95%则不作为统计对象。因为在此情况下日方母公司具有对合资企业的完全支配权，这样的合资企业在支配方式上与独资企业基本没有区别。

（5）地区的划分：按合资企业所在地划分为东北、华北、华东、华南、内陆等五个地区。目的是确认在不同地区间出资比率与经营者任命权的相关关系是否有不同。另外，沿海与内陆、北方与南方之间在投资环境上不仅有交通运输以及配套设施等硬环境上的不同，在地方政府的支援政策、市场经济系统的发展程度以及人才供给等软环境上也存在差别。因此，按地区进行统计也可以反映出地区市场经济的发展程度以及地方政府的影响力。

（6）多方出资：日方两家公司及以上出资的情况下，按日方合计出资比率统计。中方两家公司及以上出资按中方合计比率统计。理由是，中方或日方即使是多家公司共同出资，经营者推荐权都具有集中在一家公司的倾向。

2）相互关系的分析

（1）基本统计

基本统计的目的是从总体上分析中日合资企业的出资比率与经营者推荐权之间的关系。在此，经营者是指作为企业法人代表的董事长和作为企业日常经营管理负责人的总经理。在中日合资企业，虽然法律规定董事长的表决权与一般董事一样，但董事长职务一般由母公司经营者、担当事业部的责任者、或中方主管部门的责任者担任，因此其影响力相对较强。而总经理职务在法律上具有对日常经营活动的决定权，因此对日常经营活动具有重要影响力。总体来看，日方母公司的出资比率与经营者推荐权关系的统计结果如下表所示。

表 3-1 基本统计

日方母公司出资比率	公司	比率	董事长				总经理			
			日方担任		中方担任		日方担任		中方担任	
			公司	%	公司	%	公司	%	公司	%
25%以下	4	1.7	1	25.0	3	75.0	1	25.0	3	75
25~49%	38	16.4	6	15.8	32	84.2	10	26.3	25	65.8
50%	42	18.1	5	11.9	34	81.0	24	57.1	17	40.5
51~74%	109	47.0	35	32.1	70	64.2	86	78.9	23	21.1
75~94%	39	16.8	19	48.7	19	48.7	34	87.2	4	10.3
合　计	232	100	66	28.4	158	68.1	155	66.8	72	31.0

资料来源：根据日本国际贸易促进协会《日中関係企業データ》1998 年版统计

从基本统计来看，其特征是日方推荐经营者中担任董事长职务的较少，而担任总经理职务的较多。在日方少数出资的企业，日方担任董事长职务的虽然较少，随着出资比率的增加，日方担任董事长的比率不断减少，在对等持股阶段达到最低。另外，当日方出资比率超过50%时，日方担任董事长的比率有所增加，但仍然没有超过全体的50%。另一方面，日方担任总经理职务的比率比担任董事长职务的比率高得多。当日方少数持股时，日方担任总经理的比率与出资比率基本对应，但当出资比率超过50%时，担任总经理的比率则超过出资比率大幅上升。因此，从基本统计可以看出，相对于董事长职务，日方更加重视总经理职务。为了进一步分析形成这种职务分工方式的原因，以下按规模、行业、地区分别进行统计和分析。

（2）按规模统计

下表是按规模进行的统计。在各规模水平上出资比率与经营者推荐权之间的关系具有以下特征。首先，在各种规模的合资企业中，日方任命董事长的比率都较低。投资总额在 999 万美元以下，双方对等出资时，日方担任董事长职务的比率基本为零，这与基本统计相同。投资总额在 1000～2999 万美元之间时，日方担任董事长职务的比率有上升趋势，但在对等出资的情况下还是为最低。当投资总额超过 3000 万美元时，日方担任董事长的比率随着出资比率的上升而下降。在 90 年代，3000 万美元以上的项目属于国家级投资项目，需要经过国务院的审查，为了通过审查，合资双方往往通过协商，采用由外方担任总经理、由中方担任董事长的方式。由此可以看出，不管合资企业的规模大小，日方都并不特别追求获得董事长职务。

表 3-2　出资比率与日方经营者推荐权的关系（按规模）

出资比率 （%）	100 万美元 以下		100～299 万美元		300～499 万美元		500～999 万美元		1000～2999 万美元		3000 万 美元以上	
	董事长 （%）	总经理 （%）	董事长 （%）	总经理 （%）	董事长 （%）	总经理 （%）	董事长 （%）	总经理 （%）	董事长 （%）	总经理 （%）	董事长 （%）	总经理 （%）
<49	11.1	33.0	0.0	0.0	18.2	18.2	16.7	16.7	33.3	33.3	50.0	100.0
50	0.0	66.7	0.0	60.0	0.0	50.0	0.0	60.0	25.0	58.3	28.6	42.9
51～94	44.4	50.0	53.8	92.3	18.8	81.2	45.8	87.5	34.9	79.1	20.0	90.0
	33 家，14.5%		41 家，18.0%		29 家，12.7%		35 家，15.4%		61 家，26.8%		29 家，12.7%	

资料来源：同上

其次，合资企业规模越大，日方担任总经理的比率就越高。企业规模在 100 万美元的较小规模时日方担任总经理的比率不一定与出资比率相对应，而在 100 万美元以上规模时，日方担任总经理的比率就会毫不妥协地随着出资比率的增大而一路上升。

另外，从职工人数来看，出资比率与经营者任命权之间有以下特点。第一，日方担任董事长的比率与基本统计相同。在对等出资情况下日方担任董事长的比率最小，虽然在日方多数持股的情况下有所上升，但也不超过 50%。另外还可以看出，职工人数越多则日方担任董事长的比率越小，这与行业特征有关，将在按行业分类中分析。第二，不管职工人数的多少，日方担任总经理的比率与其出资比率呈对应关系。即少数持股情况下担任总经理的比率较低，多数持股情况下比率上升。

表 3 - 3　职工人数与日方经营者推荐权关系

出资比率（％）	100 人以下		100~299 人		300 人以上	
	董事长	总经理	董事长	总经理	董事长	总经理
<49	23.1	30.8	16.7	41.7	18.2	9.1
50	7.1	64.3	0.0	50.0	20.0	60.0
51~94	45.5	72.7	37.2	88.4	31.6	78.9
	82 家，39.4%		67 家，32.2%		59 家，28.4%	

资料来源：同上

（3）按行业统计

如果母公司希望向海外子公司进行高技术的转让以实现高品质管理，就会希望加强对子公司的支配（安室 1986，p. 89），而最合适的手段就是增加海外子公司经营管理者的推荐权乃至实现独资。因此，一般认为在电子及通信等高科技行业，日方对合资企业经营者的任命权有较强要求，而对于机械、汽车、化学等传统产业，其要求会相对降低。下表是对出资比率与经营者推荐权关系按行业进行的统计结果。

表 3 - 4　出资比率与日方经营者推荐权的关系（按行业）

出资比率（％）	电子及通信行业		化学及化工行业		机械及汽车行业	
	董事长	总经理	董事长	总经理	董事长	总经理
<49	14.3	42.9	25.0	25.0	5.9	23.5
50	18.2	54.5	0.0	42.9	15.8	52.6
51~94	27.9	81.4	33.3	72.2	43.6	87.3
	61 家，26.3%		29 家，12.5%		91 家，39.2%	

资料来源：同上

从上表的统计数据可见，首先，在电子及通信关连行业和机械及汽车关联行业，日方担任董事长的比率均随出资比率的增加而上升，但电子及通信行业的上升幅度比较平坦，机械及汽车关联行业的上升幅度则较大。在化学及化工行业，在对等持股的情况下日方担任董事长的比率为零，说明对等持股与日方担任总经理以及中方担任董事长是一个较多采用的模式。

其次，从总经理的任命权来看，在电子及通信关联行业，日方任总经理较多。日方少数持股及对等持股的情况下电子及通信行业日方任总经理比率最高。而在日方多数持股的情况下，各行业的日方任总经理比率均较高。总体来看，在电子及通信行业以及机械及汽车关联行业，日方任总经理的比率较高。

（4）按地区统计

从统计资料来看，在同样的出资比率的前提下，日方担任董事长及总经理的比率在北方（东北、华北地区）比在南方（华东、华南地区）高；在内陆地区比在沿海地区（东北、华北、华东、华南地区）高。其原因可能是由于南方及沿海地区的当地经营管理人才相对较多，另外，南方及沿海地区率先实施改革开放政策并引入市场经济体制，经过多年调整已经形成了相对规范的投资环境。按地区统计的结果具有以下特点。

按日方担任董事长的比率可以划分为三组地区，各地区数据显示了较大差异。第一组包括华东和华南地区，该地区日方担任董事长的比率与基本统计相同，即日方担任董事长的比率均较低，在对等持股情况下更低。第二组是华北地区，该地区日方担任董事长的比率随出资比率的上升而增加。第三组包括东北和内陆地区，该地区日方担任董事长的比率极小，特别是内陆地区这一倾向更为明显。

另一方面，日方担任总经理的比率在各地区也有较大不同。在华南、华东及华北地区，日方担任总经理的比率与基本统计相同，即日方担任总经理的比率随出资比率的上升而增加。在东北地区，日方不论是少数持股或多数持股，担任总经理的比率都较小。这与日资对东北的投资主要集中在大连及周边地区有关，其中包含历史及地缘的影响因素。而在内陆地区，日方担任总经理、中方担任董事长的模式较明显。在日方多数持股时这一倾向进一步扩大。

表3-5 出资比率与日方经营者任命权的关系（按地区）

出资比率（%）	华东地区		华南地区		东北地区		华北地区		内陆地区	
	董事长	总经理	董事长	总经理	董事长	总经理	董事长	总经理	董事长	总经理
<49	18.2	27.3	50.0	37.5	0.0	0.0	7.7	30.8	0.0	16.7
50	12.5	62.5	11.1	22.2	0.0	100.0	16.7	75.0	0.0	33.3
51~94	40.5	81.1	26.3	94.7	44.4	44.4	42.1	78.9	25.0	100.0
	101家，43.5%		36家，15.5%		15家，6.5%		63家，27.2%		17家，7.3%	

资料来源：同上

（5）总结

从以上统计分析来看，日方出资比率与经营者派遣权之间的关系具有以下特点。首先，日方担任董事长的比率较低，而担任总经理的比率较高。不论少数持股或多数持股，日方担任董事长的比率都不超过50%，而在对等持股的情况下这个比率更低。这种趋势在以下条件下表现得更为显著，即：从规模来看投资总额 3000 万美元以下、职工人数 300 人以下的企业，从行业来看化学化工关联行业的企业，从地区来看在华东地区的企业。其次，日方担任总经理的比率基本与出资比率相对应。但是，这个比率从行业来看在电子及通信行业比其他行业高；而从地区来看，这个比率在东北地区则较低。

另外，在投资总额 3000 万美元以上的企业，日方担任董事长及总经理的比率随日方出资比率的上升而下降。这意味着合资企业规模越大以及日方出资比率越高，日方寻求中央或地方政府支援的倾向就越强。另一方面，为什么在对等出资的情况下，日方担任董事长和总经理的比率最低（50% 以下）？如上表所示，A 公司和 B 公司分别于 1985 年 4 月和 1984 年 1 月设立，至 90 年代后期已有十年以上经营经验，两家的董事长和总经理均由中方担任，这是人才的本土化走向成熟的一个标志。另外，D 公司和 E 公司的日方母公司同为本田技研，两家的董事长均由日方派遣，而总经理均由中方任命，反映出本田独特的本土化战略。

表 3 - 6　对等出资 7 家公司概况（投资总额 3000 万美元以上）

编号	公司名称	投资总额	行业	董事长	总经理	设立
A	广东省浮法玻璃有限公司	8590 万美元	玻璃	中	中	1985.4
B	江苏三得利食品有限公司	70 亿日元	食品	中	中	1984.11
C	嘉陵本田发动机有限公司	3570 万美元	摩托	中	日	1993.1
D	天津本田摩托有限公司	3529 万美元	〃	日	中	1992.12
E	五羊－本田摩托（广州）有限公司	3000 万美元	〃	日	中	1992.8
F	北京松下彩色显像管有限公司	236.59 亿日元	显像管	中	日	1987.9
G	中国华录－松下录像机有限公司	240 亿日元	摄像机	中	日	1994.6

资料来源：同上

（6）原因分析

中日合资企业经营者推荐权的现状既反映了日本企业的对中投资战略，也反映了我国对外开放政策中政府的主导作用。从企业的组织结构来看，合资企业的董事会是一种特定的受托经营机构，其作用是从企业总体和长期利益出发，对应环境变化做出重大经营决策，是一个战略决定的角色（strategic role）。另一方面，董事会由中方母公司和日方母公司的代表者构成，分别代表了双方企业及地方政府的利益（当中方企业是国有企业时）。因此，董事会必须对双方企业的战略和利益进行调整，它还要担当一个调整的角色（coordinative role）。那么，为什么在中日合资企业中，不管出资比率的多少，总经理大多由日方担任，董事长大多由中方担任呢？这主要是由于双方掌握的经营资源有所不同，而且具有互补的关系。

合资企业在经营活动中必须协调与各方的关系，其中与地方政府的协调极为重要。这是因为，首先，中日合资企业的中方母公司多数是国有企业，其资产的全部或一部分由政府行使管理权，因此与政府有较为密切地关系；其次，在市场经济体制尚不完善、投资环境尚不理想的情况下，取得政府的支援非常重要。前者包括政策的不确定性、信息的非公开性、制度的非规范性等；后者包括水电运输通信等基础设施的不完善等。而地方政府掌握着大量的行政资源和社会资源的分配权，对合资企业的组织构成具有较大的影响力。因此，合资企业一方面不希望地方政府干预企业的经营活动，另一方面又希望与地方政府保持良好的关系，以利于解决由于投资环境不完善而带来的种种问题。在90年代，国有企业中流行的"找市长"，同样适用于合资企业。正如一位研究者的感言："如果单纯依赖于法律或规定，外国投资者往往会高兴而来失望而去"（李兆熙，1994，p. 102）。这就意味着，合资企业中董事长职务由中方母公司任命往往是最合理的方式。

事实上，在日方母公司为大企业的中日合资企业中，董事长职务基本上由中方担任，而日方一般担任副董事长职务。例如，松下电器（中国）有限公司至1999年旗下共有35家企业。这些企业开始设立时全部是合资方式，以对等持股为多。其后通过追加投资或利润再投资形成日方多数持股（有的是日方两家或两家以上公司出资）。但是在35家公司中，有32家的董事长由中方母公司推荐。而所有公司的总经理则全部由日方母公司决定，从日方母公司派遣。另一个例子是，至1999年松下电工在中国设立了10家合资企业，其中8家的董事长由日方母公司任命，另外两家由日方担任董事长，其原因是由于中方出资比率低于50%。在北京松下显像管有限公司（BMCC），设立时是中日对等持股，其董事会的构成是中方任董事长、日方任副董事长，董事由中日双方各5人担任。另外，主持日常经营活动的总经理由日方担任，副总经理则由中方担任。

另一方面，为什么在大型合资企业日方担任总经理的比率较高？因为这不仅符合日方获得支配权的方针，也符合很多合资企业中方的期待。在90年代，我国引进外资的主要目的不仅是获得资金，同时也包括引进先进的技术和管理方式。这与90年代我国国有企业的状况有关。当时，国有企业尚未完全摆脱计划经济的束缚，从市场经济的角度来看还不能称为真正意义上的企业。更为重要的是，企业经营者尚未具备市场经济条件下经营管理的能力。一位日本研究者的观察是，"国有企业的管理者与其说是企业经营者，不如说是政府机关的派出干部更为合适。"[1] 因此，对中方合作者来说，培育真正意义上的企业经营者是一项重要的课题。根据当时对中方母公司的一项调查，中方设立合资企业的目的按顺序如下：第一，吸收国外先进技术；第二，导入国外资金、引进先进设备；第三，改革国有企业的经营管理体系。[2] 另一项调查则表明，有的中日合资企业日方总经理的任期不得不延长，原因之一是"中方缺少具有协调不同文化能力的、合格的总经理人选。"[3]

　　以上是对中日合资企业出资比率与经营者推荐权关系的分析。其中需要说明的是，合资企业中方担任董事长比率较高还有一个原因，那就是法律上的规定。直到1990年4月《合资企业法》的修订版实施前，按照旧的《合资企业法》的规定，合资企业的董事长职务必须由中方担任。

2. 母公司对合资企业经营者的期待

1）合资企业经营环境的特异性

　　母公司的出资比率在一定程度上规定了对合资企业支配的范围和程度（例如董事会席位等）。然而，即使母公司通过多数控股取得了合资企业经营者的决定权，其支配的目的是否能够达成还要取决于派出经营者的能力。理想的合资企业经营者不仅应该能够准确贯彻母公司的支配方针，同时应该考虑到合作方的利益，通过协调双方的战略计划使双方经营资源达到最佳组合。因此有必要分析合资企业的经营者应该具备的能力，以及与其他类型企业经营者的不同点。以下分别对中日双方派出经营者应该具备的能力进行分析。

　　首先，合资企业外方派遣经营者的必要能力与本国国内子公司不同。因为国内子公司对外部经营环境比较容易把握，对内部的人事劳务管理问题可以按

① 木崎翠（1995）『現代中国の国有企業－内部構造からの試論』p.99，及第三章第五节。

② 王志乐（1998）《日本企业在中国的投资》中国投资出版社，pp.126～127。

③ 李兆熙（1994）p.126。调查者为法国国际管理学院教授W·R·Vanhonacker（1993）。

照规范的制度和规定处理。但在国外的子公司，经营者必须面对与本国不同的外部经营环境，与当地合作方母公司的协调是其中一项重要而复杂的任务。另外，还要面对企业内部不同文化的员工，探索合适的人事劳务管理方式。因此，在本国行之有效的管理方法和手段往往不能原样移植到海外的子公司。经营者必须考虑，本国的一些经营管理基本原则（management principles）是否适应于当地的经营环境。① 事实上，即使是适用于当地的经营管理方法，也要进行一定的修改和调整。另外，经营者必须对当地政府外资政策的频繁变化具有灵活对应的能力，特别是在像中国这样的发展中国家，90 年代的税制、产品当地销售比率、产品出口增值税返还、自用设备进口免税等外资优惠政策等都在不断进行调整，经营者如不能及时作出反应就会造成企业损失，因此外方经营者的这种环境对应能力十分重要。

其次，同样是外资企业，合资企业经营者面对的企业内部环境与独资企业也不一样。这是因为合资企业至少有两家母公司，而经营者必须把握好双方母公司的协调和平衡。这需要经营者具有良好的协调能力和平衡感觉。

另一方面，从合资企业中方派出经营者来看，与国内一般企业相比，他们也必须具备一些必要的素质和能力。首先，必须贯彻母公司和地方政府的引进外资基本方针，同时也要考虑到对方企业的利益。因此，他们与外方经营者一样，必须具备良好的协调能力和平衡感觉。其次，还要使地方政府理解合资企业的经营方针，协调好合资企业的经营战略与地方政府的经济发展方针以及中方母公司发展战略之间的关系。另外，合资企业内部的人事劳务管理与国内一般企业有所不同，必须具备协调和政策变化的对应能力。

合资企业的经营者虽然面临其他类型企业所没有的困难，但是他也具有其他企业不具备的有利的一面。据研究，跨国公司在发展中国家投资时，"经营者有条件灵活运用双方母公司的经营资源以及经营知识，他既可以利用跨国公司有关质量和技术的专门知识，又可以利用从当地母公司获得的有关当地经济、政治、文化等方面的知识。因此，他们常常用这种方式获得优势以战胜竞

---

① 古典管理理论中的管理过程学派（Process School）的研究方法是，首先假定存在着适用于一切组织的管理基本原则，这种研究方法的特点是不考虑外部环境对企业经营活动的影响，在一个封闭的体系中寻找最有效率的、普遍适用的经营管理原则。其后，以西蒙（Simon, 1957）为代表的组织学派从组织理论以及比较经营论（Comparative Management）的角度对其进行了批判。例如，Gonzalez = McMillan（1961）认为，"经营的思考方法受到不同文化的影响，……美国式经营管理方法不可能普遍适用于世界各地。"

争对手"（Bemeash，1990，p. 72）。

合资企业经营者必须具备的能力也就是完成母公司所要求的经营目标的能力。然而，双方经营战略的不同导致双方母公司对经营者的期待也不一定相同，进而使母公司对经营者的评价基准也会有所不同。本章的研究方法是，首先将合资企业经营者的任务进行分类，然后以此为基准分析他们的必要能力。另外，将合资企业与国有企业进行比较；将日方派出经营者与中方派遣经营者进行比较，在此基础上分析中日合资企业经营者的实际经营能力。

2）合资企业经营者的任务

Mintzberg（1980）将合资企业经营者的任务划分为三大类，对每一类进一步划分并进行了分析。比较的对象是在发展中国家设立的合资企业的经营者、独资企业经营者以及在发达国家设立的合资企业经营者的任务。①

根据他的分析，海外派遣经营者的基本任务是：与合作伙伴关系的任务（interpersonal roles），与信息有关的任务（information roles），以及与决策有关的任务（decision - related roles）。关于合作伙伴关系的任务，是指"作为企业标志的任务、联络的任务以及指导者的任务"等。这项任务在发展中国家设立的企业比在发达国家设立的企业更为艰巨，合资企业比独资企业更为复杂。这是因为，对内要实施对部下的激励和监督；对外要防止与当地政府的关系出现问题。因此他认为，当地企业的经营者作为指导者的任务更为重要。其次，有关信息的任务包括信息的收集、信息的内部传达、信息的对外公布等。作为在发展中国家设立的企业，合资方式比独资方式在完成这项任务上更为有效。在这种情况下，虽然经营者由当地母公司派遣更为有效，但也存在重要的经营信息被泄漏的风险。另外，有关决策关系的任务，就企业创新来说独资企业更为有利。因为独资企业的决策比合资企业的效率更高。对合资企业经营者来说这也是一项重要的任务，因为重要决策必须取得双方母公司以及董事会的同意。另外，关于资源的分配，对独资企业经营者来说较为简单，但对合资企业经营者则是一项非常困难的任务，因为存在着两个资源所有者和两种不同的期待。另外，Mintzberg 还分析了派遣经营者的"交涉的任务"。他认为，在发展中国家设立的企业中，合资企业的经营者比独资企业更容易完成与地方政府交涉的任务。但是，在重大问题的对应方面，由于合资企业双方母公司以及董事会的影响力

---

① Mintzberg, H. （1980）［*The nature of managerial work*］, Prentice-Hall, Englewood Cliffs, New Jersey.

的存在，合资企业经营者要完成这项任务显得更为困难。总之，有关企业内部的经营活动以及资源和利润的分配，独资企业经营者的任务较为容易完成，但有关企业外部的信息、交涉以及对职工的激励和监督等任务，合资企业经营者则更容易完成。那么，在中日合资企业，双方母公司对合资企业经营者的任务是如何规定的呢？以下对这个问题进行分析。

关于日方母公司对派遣经营者的期待，安室（1986）将日本企业母公司对海外企业派遣者的期待（expectation）整理为三项任务（同上，pp. 7~8）。第一项是作为技术转移的担当者，将母公司保有的经营手法、生产技术以及市场知识以恰当的方式向海外子公司转移，并通过研修和训练在子公司员工中普及。第二项任务是，在与本国不同的经营环境下，活用当地的经营资源，执行母公司的计划并完成经营目标，即发挥作为子公司经营者的职能。第三项是，作为母公司的海外管理机构的担当者的任务。派遣经营者应该起到母公司与子公司的连结纽带的作用，率领子公司与总公司步调一致地开展经营活动，成为一种"境界人"（boundary personnel）。然而，子公司经营者的各项任务在企业成长的不同时期有所不同。安室（1986）认为，经营者的任务应该按照海外投资地的经济、技术以及教育的发展水平等外部要因以及海外子公司的设立年数、成长速度等内部要因在不同时期确定不同的重点。例如，在发展中国家设立的子公司，初期阶段最重要的任务应该是技术转移。而当企业步入正轨时，作为经营者的职能就更为重要。当子公司成为总公司的海外据点时，作为总公司与子公司的连结纽带的任务其重要性就会上升。海外派遣经营者的任务就是这样随着子公司需求的变化而改变。虽然有程度上的差异，任何一家企业都必须完成这三项任务（同上，p. 10）。安室的以上分析得到日本在外企业协会问卷调查的证实（表3-7）。

表3-7　母公司理想的派遣经营者（对63家母公司的调查）

能　力	公司数	%
管理能力	47	74.6
实务能力	47	74.6
与当地合作方的协调能力	46	73.0
领导全局能力	40	63.5
语言能力	37	58.7
强健的生活能力	28	44.4
想象力	17	27.0
其他能力	10	15.9

资料来源：日本在外企业协会『人才育成アンケート调查报告』1997

以上整理了日本企业海外派遣经营者的任务。在中日合资企业，日方派遣经营者的具体任务是什么？日本企业派往中国的经营者可分为三种类型。第一种是，与当地中国企业合资经营的企业；第二种是母公司在中国独资设立的企业。另外还有一种是与中国企业合作经营的项目。在这三种企业中，派遣经营者的任务是否与以上安室所分析的三种任务一样呢？作者认为不完全一样。理由如下：

从第一件任务，即母公司的技术转移来看，在所有的日资企业这项任务都是必要的。派遣经营者不一定需要亲自向企业职工传授技术，但技术引进的程序、职工研修和训练计划等则是经营者必须完成的任务。为了完成这一任务，经营者必须具备适应环境的能力。因为如果把日本企业的经营管理方法无条件地拿到合资企业来，就可能与中方企业经营者产生摩擦，而如果全面迎合当地企业的管理方法以回避摩擦，合资企业就会像传统的国有企业那样产生低效率现象。企业最终无法达到预定经营目标，同时引起双方母公司的不满。比较理想的方法是适应新的经营环境同时具备创造性的革新能力。从 1998 年的问卷调查结果来看，全盘采用日本式经营管理方法的企业不到 60%，折衷采用双方经营管理方式的企业超过 30%。另外，采用独特的经营管理方式的企业仅为 4.7%（表 3 - 8）。

表 3 - 8　日资企业的经营方式

回答企业	以日本式或日方母公司经营方式为主	以中国式或中方母公司经营方式为主	折衷采用双方的经营方式	采用本企业独自开发的经营方式
443 100.0%	251 56.7%	30 6.8%	141 31.8%	21 4.7%

资料来源：日中投资促进机构『第 5 回日系企業アンケート調査集計・分析結果』1998，p. 36

从第二件任务，即活用当地企业经营资源来看，首先要明确当地企业有哪些独特资源，其次要明确如何活用当地的资源。中国企业拥有的经营资源可大致分为以下三类：其一是包括技术人员以及中层管理者的人才资源，在沿海地区的企业这类资源较为丰富。其二是质优价廉的原材料和劳动力。这类资源在90 年代主要集中在沿海地区，2000 年后向内陆地区转移。第三种资源是各地方政府的优惠政策。外资企业只要符合规定的行业、技术水平以及产品出口比率，就能够获得各种税金减免等政策优惠。但 2001 年中国加入世贸后优惠政策逐步取消，取而代之的是给予平等的国民待遇。① 例如，2005 年 1 月出现取消外资企业所得税优惠政策的提案，② 2008 年 1 月开始正式实施。另一方面，日方派遣经营者能否有效利用当地的经营资源与其能力有关。例如，合资企业的人事劳务管理是一项重要的管理工作，日本企业的人事劳务管理的大部分不适应中国企业的经营环境，因此不能照搬母公司的制度和方法。但是 90 年代的国有企业其人事劳务管理制度存在很多问题，同样不能全部采用。因此派遣经营者必须取长补短，找到适合合资企业人事劳务管理的有效方法，这就需要经营者具备一定的制度创新能力。

第三件任务是实施母公司对子公司的支配要求。在独资的情况下母公司对子公司的支配不存在障碍，但是在合资企业则是派遣经营者一项重要而困难的任务。日方经营者执行总公司的经营方针、接受总公司的指示本来没有问题，但是中方即使是少数控股，母公司也不希望失去对合资企业的支配。在双方母公司经营方针出现不一致的情况下，单纯听从任何一方的指示都会引起经营摩擦和对方的不信任。这就要求经营者充分发挥协调能力、调整能力和平衡能力。双方母公司对合资企业的期待越是不一致，经营者的这种能力就越是重要。例如，日方的战略方针是将合资企业作为海外生产基地，为了提高市场竞争能力对提高生产技术水平较为重视，中方的目标是通过扩大出口获得外汇以及改善生产管理，在这样的情况下双方的战略方针较为吻合，合资企业经营者的协调折衷以及调整能力就不是特别重要。再例如，日方母公司的目标是本地生产本地销售，中方的经营目标是战胜竞争对手扩大国内市场占有率，双方对经营者的主要期待就会集中在扩大生产能力、提高产品质量、开发国内市场等方面。然而，双方母公司的战略方针的一致性不可能长期存在，更多的情况是随环境变化产生不一致，因此，合资企业经营者的折衷、协调以及调整能力非常重要。

另一方面，中方母公司同样对其派遣经营者寄予种种期待，但是中方的期待实际上包含了母公司的期待和地方政府的期待。地方政府握有大量社会资源的分配权，在引进外资以及外企设立和经营活动中具有重要影响力。更为重要的是，如果中方企业是国有企业，则地方政府的行业主管部门（2001 年以后

---

① 当时的对外贸易经济合作部部长助理马秀红指出，加入世贸后中国将在五个方面改善投资环境，其中第二条是，"加速建立统一的、开放的、竞争的、有秩序的市场环境，分阶段给予外商国民待遇。"（人民日报（海外版）2000.6.21）

② 财政部副部长楼继伟在『中国经济形势报告会』上的讲话。人民日报（海外版）2005.1.21。

多数改组为国有资产（经营）管理委员会）握有合资企业经营者的推荐权。因此派出经营者实质上对主管部门负有责任。然而，地方政府作为行政机构主要行使政策调整、投资环境改善以及行政管理的职能，中方母公司作为企业法人是法律上的出资者，具有参与重要经营决策的权力和责任。因此地方政府与中方母公司的立场不一定完全相同，地方政府对中方派遣经营者的期待也不一定与中方母公司相同。例如，对于企业利润，地方政府希望外方将利润追加投资，而中方母公司不希望由于股权减少导致支配权的减少，因此不一定希望外方追加投资。以下对中方母公司以及地方政府对中方派遣经营者的期待以及经营者应该具备的能力进行分析。

中方派遣经营者的第一项任务是完成一系列经济指标，其中包括实现利润、扩大出口、进口替代以及增加就业等。这项任务既包括地方政府的期待也包括母公司的期待。而为了完成这些任务，中方经营者需要与日方经营者相互合作，将双方的经营资源进行整合并有效利用。由于日本企业的经营系统具有通过对话使"暗默知"和"形式知"进行循环的特点，[1] 就需要中方经营者具有对话交流能力，对日本企业的知识传递方式有一定的了解。第二项任务是消化和吸收外方的先进技术和管理方式，这也是中国导入外资的一项重要目的。引进外资一方面要通过吸收消化外国企业先进的技术和管理方式以改变国有企业体质虚弱的现状，另一方面还要促进企业的经营系统向市场经济体制转换，即改革企业的经营管理方式。它既是地方政府的期待，也是中方母公司的要求。但日方的技术引进方式和经营管理方式不一定完全适合当地企业所处的经营环境，因此合资企业的中方经营者应该对外方的生产管理方式和经营管理方式具有消化、吸收、辨别的能力。

在现实中，双方的母公司以及地方政府又是如何评价派遣经营者的能力的呢？1999年3月9日，在北京召开的"中日合资企业经营管理国际讨论会"上，原国家经济贸易委员会经济研究中心的夏德林以"有关中日合资企业发展中存在的几个问题"为题，指出了中日合资企业当时存在的三个问题[2]。他认为，第一，日本企业的对中投资缺乏对中国未来市场的把握以及对产业政策的理解，在高技术产业以及汽车产业这种现象特别明显。第二，技术转移较慢，且缺乏积极性和主动性。虽然中国的技术、管理以及熟练劳动者暂时不

---

①　野中郁次郎『知識創造の経営』1990，p. 61。
②　中国国家经济贸易委员会经济研究中心《中日合资企业经营管理国际研讨会论文集》（1999）。

足，但这不是技术转移慢的理由，真正的原因与日本企业的技术独占意识有关。第三，日本中小企业的对中投资缺乏长远观点，与欧美企业相比有过分重视短期利益的特点。例如，有些企业获得投资收益后即行撤退。同时，产品的技术水平和附加价值均不高。在同一会议上，原国家经济贸易委员会经济研究中心的李明星发表了"中日合资企业的人才培育现状和政策建议"，指出日资企业的人才培育方针是熟练工人，缺少培育创新型人才的意识。包括重视生产现场的指导但轻视技术引进；不重视研究开发和市场营销人员的培训；以及重视公司内教育但不重视面向社会的人才培育体系。另外，企业员工的研修效果没有与报酬挂钩，导致工资奖金的平均化，不利于调动职工钻研技术的热情等。但另一方面，上述研究人员对合资企业日方经营者也做了正面评价。例如，夏德林指出，日本的跨国公司多数具有长期战略眼光，值得中方借鉴。日方重视产品的制造和质量管理，有利于中方企业提高质量管理水平，增强市场竞争力。另外，重视企业全员的岗位培训（OJT），强调以人为本的管理方式，以及"义"和"利"的平衡等。另一份研究也指出，日资企业以劳动密集型为主，在一定程度上缓解了当时极为迫切的就业问题。90 年代后期国有企业人事劳务管理制度的改革导致城市失业人口大量增加，下岗职工大量出现。在此情况下日资企业吸收的大量劳动力，为国有企业改革的顺利进行提供了帮助。据统计，1997 年全国共有 10510 家日资企业处于营业状态，按照平均每家雇用规模 108 人计算，① 日资企业提供了 114 万个就业岗位（王志乐，1998，p. 140）。

表 3 - 9　对日方经营管理方式的评价

		合计（家）	非常积极		比较积极		不太积极		不积极	
			公司	比率	公司	比率	公司	比率	公司	比率
A	生产及操作管理	242	118	48.8	110	45.5	8	3.3	6	2.5
B	职工教育 一般教育	215	37	17.2	130	60.5	39	18.1	9	4.2
C	技术及管理	233	60	25.8	132	56.7	35	15.0	6	2.6
D	产品出口	194	81	41.8	59	30.4	30	15.5	24	12.4
E	环境保护	214	53	24.8	122	57.0	31	14.5	8	3.7

① 1995 年处于生产状态的日资企业为 5194 家，同年在日资企业工作的中国职工有 561990 人（中国工商企业服务中心数据），561990/5194 = 108（人）。

续表

		合计（家）	非常积极		比较积极		不太积极		不积极	
			公司	比率	公司	比率	公司	比率	公司	比率
F	技术引进	172	28	16.3	67	39.0	51	29.7	26	15.1
G	本土化管理	231	59	25.5	124	53.7	37	16.0	11	4.8
H	福利待遇	215	19	8.8	85	39.5	83	38.6	28	13.0

资料来源：国家经贸委经济研究咨询中心1997年度重点研究课题《中日合资企业经营理念调研报告》p.87

以上看法可以代表当时的国家政策研究机关的观点。按照推测，地方政府的观点应该与该观点基本一致。另一方面，中方母公司对经营者的评价又是如何？1997年的一份调查报告显示，在合资企业日常经营管理方面，中方母公司对日方的生产管理、人员操作管理、产品出口、经营本土化以及环境保护等方面评价较高，但在人事劳务管理方面，对企业的职工福利以及工资待遇评价不高（表3-9）。另外，在有关技术引进方面的评价是，日方管理者重视对现场生产活动的指导以及生产制造技术的引进。但是，对于技术图纸以及规范的书面操作规程的提供，特别是先进技术的引进方面则表现得不积极（表3-10）。

表3-10　对日方引进技术的评价

		合计（家）	非常积极		比较积极		不太积极		不积极	
			公司	比率	公司	比率	公司	比率	公司	比率
A	图纸、操作手册提供	159	45	28.3	77	48.4	25	15.7	12	7.6
B	现场指导	170	55	32.4	95	55.9	17	10.0	3	1.8
C	先进技术的转让	130	19	14.6	45	34.6	39	30.0	27	20.8
D	技术管理的导入	162	47	29.0	80	49.4	29	17.9	6	3.7

资料来源：同上，p.87

3. 母公司对合资企业经营者的评价

1）经营管理能力

经营者的能力随经营环境的变化和环境适应能力的强弱而变化。环境变化越大，经营者的环境适应能力就越重要。在合资企业，对于当地中方企业的经营者来说外部环境没有变，但是企业内部的环境与国内企业相比有很大的变化。另一方面，对于外方经营者来说，企业的外部环境和内部环境，甚至是生活环境都发生了很大的变化，因此环境适应能力影响到它们经营管理能力的发挥。

首先来看日方派遣经营者的必要能力。根据日本在外企业协会的问卷调查，日本母公司认为理想的派遣经营者应该具备以下能力（复数回答）：第1位：管理能力（74.6％）；第2位：实务能力（74.6％）；第3位：与当地企业的协调能力（73.0％）；第4位：领导能力（63.5％）；第5位：语言能力（58.7％）。① 可以看出，日方母公司所重视的能力就是一般经营能力加上海外派遣经营者所需要的能力。日本经营学者安室（1992）的分析是，第一，要具备柔韧的环境适应能力以及顽强的精神和身体；第二，要有卓越的语言能力和异文化交流能力；第三，要有危机预感能力和社会性平衡感觉，以及政治上的本能和交涉折冲能力等（同上，pp. 125～126）。可以看出，安室重视环境变化条件下的"适应能力"和"交流能力"。但是在国际合资企业中，派遣经营者必须与当地母公司的派遣经营者共同协作开展经营活动，因此协调能力也不可少。另外，在发展中国家，培育当地人才、提高职工的技术水平不仅是当地政府和当地母公司的期望，也是外方企业经营本土化的重要一环。因此总的来看，日方派遣经营者应该具备的能力是：一般经营能力、交流能力、协调能力以及人才培育能力。

其次再来看中方派遣经营者的必要能力。中方母公司派到合资企业的经营者担任副总经理职务的较多。除一般经营管理能力以外，他们还需要具备三种能力。其中，第一种是信息以及有关当地经营的必要知识的传达能力，它包含两个内容。一个是正确解释和传达当地外资政策以及经营的法律、法规，另一个是将外方总经理的经营指示正确传达给下级。外方与当地企业合作设立合资企业的动机之一，就是补充有关当地经营的知识。如果外方的投资战略是建立生产据点（当地生产当地出口），那么所需要的知识是有关中央政府的法律法规、地方政府的行政管理规定以及当地企业的雇用方式、文化传统等知识。如果外方的投资战略是建立销售据点（当地生产当地销售），那么还需要与产品销售有关的知识。另外，关于如何与企业利益相关者（顾客、社区、供应商和销售商等）之间建立良好关系的知识，在合资企业设立初期它需要中方的传授而不是传达。

然而，以上知识的传达并不容易。这是因为在中国的企业组织中，信息传

① 日本在外企業協会「人才育成アンケート調査報告」1997.2，p.5。

递的渠道与直线制组织相对应，具有单纯纵向和自下而上的特征（李兆熙1994，pp. 212～213）。因此，拥有信息的"质"和"量"依职务阶层而不同，掌握信息的多少成为地位的象征。上级的信息多于下级，信息集中在企业的上层且具有不透明性。其次，有关知识传达的内容中日双方的认识也不相同。一般来说，中方注意传达和说明宏观的、政策性的知识，而日方对一些细节性的知识更加留意。例如，关于合资企业的法律，中方经营者注重向日方经营者解释《中外合资经营法》的含义，而日方经营者对《实施条例》更为注意。他们往往对各项细则反复提问，甚至觉得无法获得必要的知识。另外，有关当地的信息和知识对日方经营者来说是开展经营活动的基本依据，对中方经营者来说就是一种经营资源。日方经营者如果得不到所期待的信息和知识，就会减少对中方经营者的知识传达的期待，转而通过其他渠道获得这些知识。90年代后，日方企业经营者获取当地信息和知识的渠道逐渐开始发生变化，日系银行和商社、周围的日资企业、当地政府等成为企业获取信息的主要渠道（表3－11）。

表3－11　日方经营者获取信息和知识的渠道（复数回答）

回答企业数	当地政府	周围日资企业	合资伙伴	日系银行、商社	日本大使馆	日方母公司	当地报纸、书籍	日本的报纸、书籍	其他
436	186	197	119	298	40	125	191	184	39
100.0	42.7	45.2	27.3	68.3	9.2	28.7	43.8	42.2	8.9

资料来源：同上

在信息和知识的传达方面，由于思考方法的不同，日方经营者对中方经营者时有不满，但是中方派遣经营者的作用依然重要。例如，根据一份问卷调查，有关经营活动上存在的问题，中日合资企业与日本独资企业的回答显示出不同。在日本独资企业，"对应外资政策和规定的变更"成为企业经营的最大问题，占全部回答的60.6%。而在中日合资企业，选择这项问题的比率仅为26.8%。这说明合资企业的日方经营者获得的信息和知识比独资企业丰富。另外，在协调与地方政府的关系上，独资企业与合资企业之间也有较大差异。认为与地方政府之间存在协调问题的独资企业占22.1%，而在合资企业这个数字只有14.8%。可见，在适应环境变化以及对应外资政策的变化、协调与地方政府的关系方面，合资企业均优于独资企业。因此可以确认，中方经营者的信息传达以及对当地经营知识的说明，起到了辅助经营活动的重要作用（表3－12）。

表 3 - 12　经营活动中存在问题的比较（复数回答）

企业形态	经营上的主要问题												
	回答企业	外资政策变化	基础设施不足	物价费用上升	汇率变动	获得贷款	资材调达	产品销售	质量、生产管理	人事、劳务管理	与母公司关系	与当地政府关系	其他问题
回答企业	413 100.0	146 35.4	87 21.1	109 26.4	120 29.1	88 21.3	128 31.0	179 43.3	52 12.6	144 34.9	59 14.3	71 17.2	11 2.7
中日合资	284 100.0	76 26.8	65 22.9	76 26.8	78 27.5	72 25.4	84 29.6	145 51.1	37 13.0	95 33.5	54 19.0	42 14.8	6 2.1
日本独资	104 100.0	63 60.6	16 15.4	25 24.0	34 32.7	11 10.6	35 33.7	25 24.0	11 10.6	36 34.6	2 1.9	23 22.1	4 3.8

（注）合作企业及其他形态企业省略。

资料来源：日中投资促进机构『第 5 次日系企业アンケート調査集計·分析』(1998) p. 230

信息传达的另一项机能是，将企业最高经营者的指示正确传达到下级直至全体员工。在中日合资企业中，不管出资比率的多少，中层干部的大多数由中方母公司派遣。日方总经理的指示一般由中方副总经理向下传达，而指示的传达方式可以概括为以下三种（图 3 - 1）。第一种方式是，即使总经理的指示不正确也不加修正地向下级传达；第二种方式是，不向总经理指出存在的问题，自行修正后向下传达；第三种方式是指出问题，与总经理讨论修正后再向下传达。

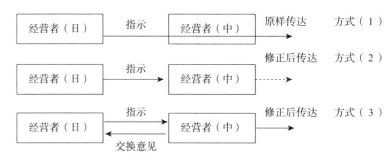

图 3 - 1　指示传达的方式

资料来源：作者制作

可以看出，最好的方式应该是第三种。日方经营者的指示可能不符合当地企业的实际情况，有必要进行修正。但是，如果不向其说明修正的理由，同样的错误判断还有可能再次发生。双方通过不断的意见交换与协商，日方经营者可以尽快把握当地的实际情况、提高判断能力，中方经营者也能从中学习经营决策的方式和手段。然而在现实中，实际情况是中方经营者采用第二种传达方式的居多。① 那么，为什么中方经营者倾向于采用第二种传达方式？这里有三种可能性。其一，认为总经理的指示与当地或本企业的一贯方式不同，加以修正是当然的事；其二，认为即使说明理由总经理也不会理解，但时间长了自然会理解，因此不如不说；其三，认为不加修正地向下传达，中方经营者的作用会受到低估。正确的方法是，总经理在作出决定前应该与副总经理沟通看法，副总经理应该积极主动地提出参考方案，双方意见一致后再向下传达。事实上，《实施条例》中也明文规定了"总经理在作出决定时应该与副总经理交换意见"。

中方经营者需要具备的第二种能力是协调能力。经营者的协调能力在古典管理理论中就受到重视，被认为是管理者的一项重要职能（法约尔《产业及其一般管理》1916），但在集中了不同的文化、不同国籍的职工、不同企业风土的合资企业中，经营者的协调能力更为重要。它包括与当地政府的协调，与母公司的协调，与企业职工代表大会的协调，以及与日方经营者的协调。从与当地政府的协调来看，很多合资企业的董事长由中方母公司的负责人担任，这种方式有利于与当地政府的交涉和协调。而在企业内部，中方经营者还需要具备与职工代表大会之间的协调能力。由于合资企业中大多没有设立类似国有企业的工会专职机构，负责人通常由中方经营者或中层干部兼任，他们必须一方面维护企业职工的切身利益，另一方面把组织之间的交涉转化为企业内部的协调关系。

中方经营者需要的第三种能力是经营管理知识的学习能力。在 90 年代，对中方母公司来说，与外国企业合作设立合资企业的一个重要目的就是学习和引进先进的技术以及经营管理的经验。在各种类型的外资企业中，中方母公司对合资企业寄予了特别的期待。中方母公司的判断是，中日合资企业采用共同经营的方式，有利于在日常工作中直接向日方管理者和技术人员学习技术和管理知识。但是，不管是技术的引进还是经营管理知识的吸收，其效果与中方经营者的学习能力都有关系。这种学习能力不仅与自身的经营管理能力有关，同

---

① 王敏：「蘇州市日系企業 9 社の経営組織及び人事労務管理実態調査」『経済学研究科紀要』第 23 号，1999.3。

时与交流能力、语言能力、理解能力也有关系。90 年代的一项问卷调查显示，在三类外资企业（独资、合资、合作）中，合资企业的中方经营者选择"感到自身学习能力不足"的占 33.3%，大大超过了平均值（20.7%）。[1] 这说明，中方派遣经营者对学习的必要性和学习能力的提高已经有了深切的感受。

2）建立信赖关系的能力

日本一桥大学教授加护野忠男认为，组织中的信赖关系之所以重要，最大的原因是其在制度性控制系统无法监督的部分，以看不见的方式支撑组织的活动（加户野，1997，p. 280）。在没有信赖关系的情况下经营活动也可以进行，但为了实行监督机能需要花费很高的费用，相反，在相互信赖的企业中就无需这笔费用。因此，信赖关系是企业的无形资产，对经营的效率有很大影响。企业内部的信赖关系一般包括上级与部下以及同事之间，但在合资企业中，由于文化的不同双方信赖关系的建立需要做出很大的努力。日本企业非常重视内部的信赖关系，但是据调查，在日本的海外企业中，当地企业的评价是"日本企业不信任当地合作伙伴的经营者和企业职工,[2] 说明日本企业的信赖关系往往局限于企业内部。在合资企业双方很容易产生经营摩擦和冲突，而信赖关系是解决双方冲突的一种重要方法。Beamish（1990）认为，"它的效果一定比利用法律或企业条款解决摩擦和冲突来的更好"（同上，pp. 90~91）。

企业之间的信赖关系一般是由双方长期良好的合作关系形成的。在中日合资企业中，有一部分企业是在设立合资企业之前，双方之间已经有过长期的技术合作关系或交易关系。在这样的企业，由于长期的合作已经奠定了相互信赖的基础，因此发生激烈的摩擦或冲突的可能性较小。而在没有经历过长期技术合作或业务往来关系就设立的合资企业中，双方信赖关系的建立必须从头开始。在这种情况下，双方合作关系的唯一保证是契约和企业章程。然而，在对契约或企业章程的认识方面，中日企业都有"契约的变更是可能的，约定不一定不能改变"这样的习惯（Min Chen，1995，日文版 1998，p. 267）。为了确认对方是否可信赖，设立合资企业后双方就会开始进行"确认对方可信赖程度"的工作。然而，由于中日企业的信赖关系的建立方法有所不同，它需要双方经营者具有建立信赖关系的能力。

---

① 中国企业家调查系统：<素质与培训：变革时代的中国企业经营管理者~1998 年中国企业经营管理者成长与发展专题调查报告>《管理世界》，1998 年 4 月。

② 上野純一译：『雇用摩擦』産能大学出版部 1993，p. 5；河谷隆司：「東南アジアにおけるマネジメント教育」『人才教育』1994，pp. 90。

日本企业建立信赖关系的特点是"多人的"、"多面的"和"细小的"（加户野，1997，p. 272）。在日本国内企业工作的外国公司职员通过观察，发现了以下特点："在日本企业，判断一个新职员是否值得信赖要经过多人的、多面的、细小的一系列考察。所谓多人，是指对于新职员，不光是上司和人事部门，周围的很多人都会试探新职员的可信赖程度；所谓多面，是指观察的方法多种多样，不仅包括工作态度，还有是否参加公司组织的慰安旅行等等；所谓细小，是指不仅通过工作中的一些小事来试探对方是否可信赖，也包括观察对方是否认真对待别人拜托的小事等等。"总之，是以多种方式来考察对方的可信赖程度。在中日合资企业，可以想象日方经营者同样会以日本式的"信赖确认方式"考察中方的可信赖性。

另一方面，在中国的企业同样存在对合作伙伴的可信赖性考察，但考察的方式与日本企业不同，它具有"公开的"、"事件的"和"感情的"等特点。首先，中国人一般不隐瞒对合作伙伴的可信赖性的考察，在合作的初期甚至通过进攻性方式，在双方发生冲突中考察对方的反应，即"不打不相识"。而冲突或摩擦的作用是可以加快完成考察的过程。其次，在突发事件中考察对方的可信赖程度。例如在发生困难时对方是否真诚相助，就是中国人考察对方的一个重要方式，即"患难见真情"。另外，考察的方式带有感情性，将对方的企业行为人格化，也是中方一些企业考察对方信赖程度的一个特点。如果通过考察认为对方有诚意，就会加倍以诚相待，相信对方的所有承诺和行为；如果通过考察认为对方没有诚意，就会对合作伙伴的一切言行概不相信。合资企业双方关系一旦陷入这样的状态，信赖关系就很难修复。

以上分析了中日企业信赖确认系统的不同特点。其中各自均存在非合理性之处。从日本企业来看，对方的可信赖性需要长时间的确认，另外，按照对象的不同确认的时间和方式也不同，对外国人、外公司的人的可信赖性确认比对本国人、本公司人更为复杂。① 在合资企业，这样的方式往往使对方不能理解，容易造成双方的摩擦和冲突。另一方面，中国企业的信赖确认系统也有不足之处。对合资伙伴一旦产生不信，就会带有感情地认为对方的所有行动均没有诚意，把对方的企业行为人格化，而这种方式往往不利于信赖关系的正确判

---

① 日本的研究认为，其理由是"人质系统的存在"，也是年功工资制度的派生制度，是职工对企业的看不见的投资。职工在年轻时贡献大而报酬少，这笔"投资"在中年后公司将以高工资补偿，而这笔本应在年轻时获得的收入就是所谓"人质"（加户野，1997，第五章）。

断。当然，随着合资经营经验的丰富，90年代后中方带有感情性的判断逐渐被理性的判断所代替，而在日方的一些大型跨国企业，与中方建立信赖关系的能力也在不断提高。

能否建立良好的信赖关系与经营者的能力有关。从中日合资企业的经营实践中可以提炼出一些通用的方法：首先是事先的预防。在经营活动中应该事先预测未来可能发生的有损信赖关系的行为，并事先做好解决问题的准备。当本国或本公司的习惯性经营方式不能得到对方的理解时，应该考虑进行适当的修正。

其次是，通过增加风险意识加快可信赖性的确认过程。换句话说，共同承担风险可以加快建立相互的信赖关系。北京松下彩色显像管有限公司（BM-CC）第一任总经理久濑善弥曾经回忆："1987年合资企业设立时，从当时的投资环境来看是幸之助（注：松下电器公司创始人）在高风险情况下作出的决断。"而这个决断向中方发出了"相信北京市政府以及当地出资的四家公司的信号，使中方感觉到受到对方信赖。在此基础上经过双方共同努力，中日合资北京显像管有限公司终于在1987年正式设立。①

另外一点是，不回避矛盾采用正面解决问题的方式。合资企业中的经营矛盾和摩擦不可避免。而回避矛盾就发现不了问题的所在，潜伏的矛盾仍然会以其他形式爆发。正确的方法是，与对方一起排除非重点，找出问题的核心并协商解决。在这种情况下即使产生冲突，有时候也比没有冲突效果更好。

最后，为了建立双方长期信赖关系，应该形成共同推进工作的环境和机制。必须在合资企业中创造经营管理者密切配合共同工作的环境。为此，应该创造交流的机会，用共同的言语互相交流，形成决策过程的公开化。例如，每个部门均由双方人员共同组成，促进双方对自身的信赖确认方法进行修正和调整。

主要参考文献

1. 岩田龍子等（1996）『现代中国の经营風土』文真堂

2. 市村真一（1998）『中国から見た日本的经营』東洋经济新报社

3. 加護野忠男（1997）『日本型经营の復権』PHP研究所

---

① ［日］《中央公论》7月号临时增刊《中国ビジネス徹底研究》1994，p. 236～242。

4. 原国家计划委员会投资研究所（1998）『中国投资报告』中国计划出版社

5. Min Chen（1995）［*Asian Management Systems-Chinese，Japanese and Korean Styles of Business*］International Thomson Business Press（長谷川啓之他訳『東アジアの経営システム比較』新評論 1998）

6. 李兆熙（1994）『发展合资企业的成功启示－公司体制和管理行为』企业管理出版社

7. 李明星（1997）「中日合资企业中存在的问题和对策」『中日合资企业经营理念调研报告』原国家经贸委经济咨询研究中心

8. 日中投資促進機構『日系企業アンケート調査・集計分析結果』第 3 次（1995），第 4 次（1997），第 5 次（1998）

9. 日本在外企業協会（1997）『人才育成アンケート調査報告』

10. 日本国際貿易促進会（1998）『日中関係企業データ』日本国際貿易促進会

11. 日本労働研究機構（1995）『中国の労働政策と労働市場』日本労働研究機構

12. 綜合研究開発機構・立教大学産業研究所（1997）『NIRA 研究報告書：中国に進出した日系企業の労使関係に関する研究』

13. 中国企业家调查系统「素质与培训：变革时代的中国企业经营管理者～1998 年中国企业经营管理者成长与发展专题调查报告」『管理世界』1998.4

14. 王志乐（1998）『日本企业在中国的投资』中国投资出版社

第四章

支配理论与支配关系的构造

合资企业中影响支配的因素有哪些？这些因素是如何发挥作用的？在中日合资企业中，双方母公司与合资企业的支配关系是一个什么样的结构？本章拟对以上问题进行分析。本章内容包括以下几点。

第一项内容是，考察母公司支配的必要性和支配的特性。国际合资企业是经营组织中一种特殊的形态，但其支配的原理与一般经营组织具有共性。因此，首先要进行理论回顾，整理企业组织支配原理的共同点。另一方面，支配的特性包括支配的定义、支配关系的分类以及支配的影响范围和程度等。关于支配的定义要回答"支配是什么"这个问题；而关于支配的分类，本章按照特性将其分为官僚制支配方式（bureaucratic type）和家族制支配方式（clan type），并分别考察其特征，另外，关于支配的影响范围，是要回答母公司的支配力主要集中在合资企业中的哪个阶层和哪些部门。

本章的第二项内容是，分析出资与支配的关系，在此基础上进一步分析中日合资企业出资与支配关系的特殊性。关于这个问题既往研究的结论有所不同。一种看法是，出资比率是决定支配关系的决定性因素，另一种看法则认为，经营资源的强弱才是决定支配关系的最重要因素。对于美国的跨国公司，比较普遍的观点是海外合资企业的所有权政策由母公司的经营战略决定（Stopford & Wells, 1972），而这种观点的前提就是"出资比率决定支配关系"。在日本的跨国公司，有一种观点认为跨国公司的所有权政策（以及与此相关的支配力）是由产品的对象市场决定的（关谷，1976），另一种观点认为，日本企业的所有权政策不仅与产品的对象市场有关，而且与行业特征有关（安室，1980，1986）。以上两种观点也是以出资比率决定支配关系为前提。而与此不同，还有一种观点认为，在日本的跨国公司，支配力的强弱不一定与出资比率有关，因为日本的跨国公司与美国的跨国公司特质不同（高仓，1979）。这种观点强调了经营资源在支配关系中的重要作用。本节在对以上不同观点进行分析的基础上，提出在中日合资企业中，影响母公司支配的因素在合资企业的决策层（董事会）和经营层（日常经营机构）有所不同的观点。

本章的第三项内容是对经营支配的类型与效果的分析。合资企业的经营支配可以分为"一方主导型支配"、"双方对等型支配"以及"自主经营型支配"等三种类型，而关于支配的类型与效果的关系一般有两种观点。一种观点认为"一方主导型支配"的效果更好，其代表人物是 Killing；另一种观点则认为"双方对等型支配"的效果更好，代表人物是 Beamish（1990）。在以中日合资企业为对象的一些调查中，日方经营者的观点多数认为"一方支配型"效果较好，即与 Killing 的观点一致；而中方则多数认为"双方对等型支配"符合中国的经营环境，即与 Beamish 的观点相近。本节在分析中把外资政策和当地政府的影响力也作为支配关系的一个影响因素，对中日双方的不同观点进行分析。

最后，本章的第四项内容是，综合以上分析对中日合资企业的支配关系进行整理，对双方母公司支配关系的构成进行分析，以及对出资比率、经营资源、支配类型的三者关系提出假设。另外，对这些假设将在第五章进行实证分析。

1. 支配的必要性与支配的特性

关于母公司为什么要取得对子公司的支配，既往研究有不同的观点。以下对其中有代表性的观点进行整理，在此基础上对支配的特性进行归纳。

1）资源依赖理论

在对资源依赖理论进行分析之前，首先要明确经营资源（managerial resource）的定义。早期的经营资源定义侧重于生产要素，其后重点转向企业的构成要素及其对这些要素的运用能力。在 T. Penrose（1956）的定义中，经营资源的定义包括"能够顺利进行生产活动的设备，开创新事业的能力，成功开发出新产业的革新，经营者的理念，经营能力，技术诀窍，以及经营者的直观判断能力等"（同上，p. 225）。

小宫（1972）在对经营资源的定义中强调了与经营有关的所有的知识、诀窍以及经验。他认为，所谓经营资源，"从实质上来看包括经营管理的知识与经验，以及以专利和技术诀窍等为中心的技术性、专业性知识；另外，还包括在销售、原料采购、资金筹措等方面的市场地位，以及品牌或信用、信息收集能力和研发能力等"（同上，p. 24）。

吉原（1980）的定义强调了对经营系统中的经营要素的活用。他认为

"……不可否认人、财、物是重要的经营资源，但是将人财物的潜在能力有效聚集，并使其充分发挥作用的经营管理系统应该是更为重要的经营资源"（同上，p. 55）。

在以上关于经营资源的定义中，共同之处是不限于人财物等一般生产要素，重点放在如何使这些生产要素发挥最大的作用的经营能力上。两家公司即使持有同样的生产要素，运用能力的不同会使双方的经营资源产生很大的差距。另外，T. Penrose 和小宫的定义较为重视经营者的能力，而吉原的定义更为重视经营系统在形成经营资源中的作用。另一方面，在国际合资企业中，经营资源的概念得到进一步扩大。这是因为经营资源就是经营活动所需要的资源，而合资企业所需要的资源有的是企业本身无法获得，只能通过合资方式从合作伙伴方获取。因此，Stopford & Wells（1972）对合资企业的经营资源说明如下："从跨国公司的实态来看，为了获得当地生产所必要的经营资源，需要与当地企业设立合资企业。例如，通过合资可以确保某些原材料的供应。另外，中小企业为了获得资金和经营能力也有可能与当地企业合作。另外，追求产品系列多元化的企业以扩大新产品销售为目标，与当地企业共同建立合资企业的事例也在增多"（同上，日文版 1976，p. 187）。因此，在发展中国家设立的合资企业中，当地企业所具有的当地经营知识、与政府的交涉力以及当地销售渠道等也属于经营资源的范围。本章中所使用的经营资源的定义不仅包括外方带来的资金、技术和经营管理方式，也包括当地企业所持有的上述能力。

下面是关于资源依赖理论的分析。为了明确国际合资企业的支配原理，首先必须回答组织中为什么需要支配这个问题。支配作为一种职能在所有的组织中都是一项基本的、必要的职能（法约尔，1958）。需要说明的是，在一般企业管理理论中这个职能称为"控制"，为了与其相区别以下一概采用"支配"一词。在此，首先说明组织中的支配职能之所以必要的两个理由：其一，组织对于成员的自主性工作行为无法完全信赖，这是因为个人与组织的目标无法达到完全一致。西蒙等人认为，组织成员的目标与组织目标只能达到部分一致，因此组织必须制订奖励和惩罚制度，使成员按照组织的规定、标准以及指示进行工作。另一个理由是，组织中存在着组织行为的理性化与组织成员行为的非理性化的矛盾，即使受到充分的激励，个人的理性也有一定限度。因此，如果不能连续获得如何达到目标的指示，组织成员的目标指向行动（goal - directed behavior）就会出现误差。综合以上理由，支配（控制）是组织的一项必要机能（Perror，1979）。

资源依赖理论认为，支配的必要性不仅是由于组织与个人之间目标的不一致，也是由于组织与其内部各部门以及个人之间具有资源的依赖关系。资源依赖理论（resource dependence approach）的一般定义是，"……内部组织以及利益集团的合作以从对方获得某种资源为目的。这个目的由于对方的参加而得到实现，而双方都各自持有自己的目的和选择权"（Pfeffer & Salancik，1978，p. 36）。资源依赖理论的基础是交换理论（exchange theory），因为交换理论的前提是，组织不可能持有所有的维持生存的资源，为了获得必要的资源它必须与持有这种资源的组织以自身资源相交换。而为了维持这种交换关系以及为了维持交换优势，组织倾向于把自身对于对方资源的依赖控制在最小，而把对方对于自身的资源依赖扩展到最大（Preffer & Salancik，1978）。因此，为了保持获得对方的资源，组织必然会产生支配的需求（图 4 - 1）。

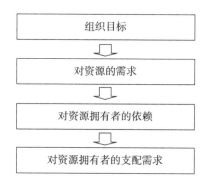

图 4 - 1　组织支配的必要性

资料来源：B，S Laureen［*International Management Control In Multinational Corporations：The Case of Japanese Consumer Electronics Subsidiaries in Southeast Asia*］UMI Dissertation Information Service，1990，p. 67

资源依赖理论的研究对象主要是组织内部机构的相互关系以及组织与个人的支配关系，但同样能说明跨国公司与其海外子公司（包括合资企业）之间的支配关系。例如，Laureen 在他的博士论文中就提出了这个观点（Laureen，1990，pp. 69～74）。他认为，跨国公司的母公司对子公司的某种特定资源存在依赖关系，而子公司也对母公司有其他资源的依赖。但是，母公司与子公司之间的支配关系除资源依赖这个原因之外还存在其他重要的原因。例如，海外子公司的产品如果是其他子公司的原料或部件，母公司就必须对子公司之间的交易进行支配。母公司制定全球战略计划时需要集中所有子公司的经营信息，因此也需要对子公司的支配。另外，子公司产品在国际市场销售，其质量和信用影响到消费者对母公司的印象和评价时，母公司也必须对子公司进行支配。

进一步分析，一个组织对另一个组织的支配的强度是由哪些因素决定的？资源依赖理论的创立者之一 Preffer & Salancik（同上，1978）提出了三个因素。第一个因素是"资源的重要性"。即对方的资源对己方越是重要，己方的支配意识就越强。而资源的重要性是由"资源交换的相对重要性"和"资源的必须性"所决定的。前者由用于交换的资源的总投入或总产出来评价，后者指的是，当无法获得对方资源时，以其他代替资源维持经营活动的能力，或者是不具备对应于总产出的市场能力时的组织对应能力。以上两个因素规定了资源的重要性。第二个因素是，其他组织对于占有或使用该资源的决定权的强度。这种决定权正是支配能力的源泉，当资源稀少时更加重要。这种决定权来源于知识或信息的占有、接近某种资源的能力以及对资源的使用及分配规则的制定能力等。第三个因素是，当无法获得某种资源时，获得其代替资源的能力。综合以上三种因素可以得出以下结论：第一，组织需要的资源越是重要则对该资源的支配意识越强；第二，其他组织对该资源的占有以及使用支配权越强，组织对该资源的支配意识就越强；第三，可以代替的资源越稀少，组织对该资源的支配意识越强。这种资源依赖与资源支配意识的关系可以用下图表示（图4-2）。

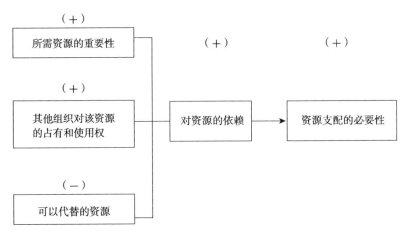

图4-2 资源依赖与资源支配的关系

（注）（+）为正相关关系，（-）为负相关关系。

资料来源：根据 B，S Laureen "*International Management Control In Multinational Corporations：The Case of Japanese Consumer Electronics Subsidiaries in Southeast Asia*" UMI Dissertation Information Service，1990，p. 69 整理

总的来说，资源依赖理论解释了组织支配产生的条件，以及决定组织支配强度的决定因素。但是，这个理论没有说明支配的方式与环境的关系，也没有涉及国际合资企业中东道国当地企业的支配力和当地政府的影响力对外方企业支配力的影响。因此，仅仅以此理论来解释合资企业的支配关系显然是不够的。

2）经营战略决定论

1972 年，Stopford & Wells 在他们的合著《跨国公司的组织与所有权政策》中，提出了"跨国公司的所有权政策由该企业的投资战略所决定"的观点。他们认为，为了达到战略目标，所有的跨国公司都有对海外子公司进行支配的意识。但是，"在某个特定战略的条件下母公司需要实施对子公司的强力支配，在另一个战略条件下可能就不需要。而需要强力支配的子公司通常选择独资形式"（同上，日文版，1976，p. 161）。这种观点的前提是，对子公司的出资比率与对子公司的支配权一致。也就是说，当子公司由母公司完全出资时，母公司拥有完全支配权；当母公司部分出资时，对子公司只有部分支配权。他们的基本观点是，企业的投资战略决定了对子公司支配是否必要，而对子公司的支配强度决定了子公司的所有权政策（即出资比率）。其逻辑关系如下图所示（图 4 - 3）。

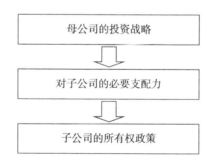

图 4 - 3　投资战略与所有权政策的逻辑关系

（注）箭头代表决定关系

资料来源：作者制作

然而，母公司对子公司的支配意图不一定能按照母公司的意图完全达到。因为子公司的所有权政策不仅受到母公司投资战略的影响，还要受到另外两个因素的影响。这两个因素分别是：1）子公司补充经营资源的必要性；2）东道国当地政府的外资政策。如果母公司为了达到某种战略目标（例如开发当地市场）必须加强对子公司的支配，就会倾向于对子公司采取完全出资的方式（即独资）；如果对东道国当地企业经营资源的需求非常必要，就会倾向于采取合资方式寻求与当地企业的合作；另外，即使在母公司对子公司的支配意识很强的情况下，如果当地政府对外国企业的独资方式有限制，例如不可独资或不可多数出资，跨国公司就有可能顺应当地政府的要求而采取合资方式（同上，pp. 222～227）。综合以上论述可以看出，Stopford & Wells 的基本观点是，母公司对子公司的所有权政策由母公司的投资战略、经营资源补充的必要性以及东道国当地政府的政策规定这三个因素共同决定。以下对这三个因素分别进行考察。

首先，从母公司的投资战略来看，可以按照所有权政策为基准划分为两种。一种是需要完全出资的战略，另一种是需要部分出资（即合资方式）的战略。前者重视母公司对子公司的支配，后者重视对当地企业经营资源的需求。需要完全出资的战略主要包括四种：第一种是产品差别化的市场战略；第二种是事业部制的国际化战略；第三种是控制原料供应的支配战略；第四种是超越竞争者的新产品开发战略。而需要部分出资的战略通常包括三种：第一种是产品多元化战略，实施这种战略需要当地的市场知识；第二种是垂直统合战略；第三种则是相对小规模企业的特殊战略。之所以称为"相对小规模"，是因为这些企业的规模只是相对的小，在他们的研究对象企业中，即使是最小的企业其销售额也超过了 1.15 亿美元，资产则达到了 9300 万美元。因此，第三种战略是指规模相对小的企业对抗大企业的战略。

另一方面，东道国的引进外资政策也影响到跨国公司对子公司的所有权政策。在 Stopford & Wells 的研究对象中，在东道国的外资政策允许外资企业采用完全出资的情况下，跨国公司选择独资的比率就较高；而在东道国的外资政策对完全出资有所限制的情况下，跨国公司选择与当地企业合资的比率就较高，这证明东道国的外资政策对跨国公司的所有权政策产生了影响。他们对这一现象的说明是，对于时常利用合资形态的跨国公司，当地政府的合资压力会使他们的合资倾向增强，而对于那些坚持采用独资方式的跨国公司，他们会放弃在外资政策严厉的国家进行投资（同上，1972，pp. 226～227）。

综上所述，战略决定论的基本观点是认为母公司对子公司的支配强弱取决于母公司的投资战略，在需要强化支配的情况下跨国公司会选择独资方式以达到强力支配；在需要获得当地企业经营资源的情况下则选择合资方式以获得合作伙伴；在当地政府外资政策限制独资的情况下则可能不得不选择合资方式。而最终支配方式的确定则取决于三个影响因素的综合作用。但是，战略决定论的不足之处在于没有分析东道国母公司对合资企业的影响力，也没有分析合资企业双方母公司的支配力的相互关系，它仅仅站在跨国公司的角度对支配的影响因素进行了分析，是一项为跨国公司海外投资出谋划策的研究。另外，他们的研究对象限定于美国的跨国公司，因此不一定适用于其他国家的跨国公司。例如，一些学者指出了日本跨国公司与美国跨国公司在经营行动上的不同。①最后，经营战略决定论的观点侧重分析了投资战略与支配行动之间的关系，但对于其他可能相关的因素②则没有涉及。

3）产品对象市场决定论

由于上述战略决定论的研究对象局限于美国的跨国公司，因而对于其他国家的跨国公司就不一定合适。对于日本跨国公司的投资战略与支配关系，日本学者提出了一些不同的观点。例如，关谷（1976）以产品的对象市场为基准提出了以下观点。他认为，对日本企业来说出口战略十分重要，日本企业海外市场战略有两种类型。一种是"当地市场战略"，另一种是"当地出口战略"。所谓当地市场战略，就是指以当地生产当地销售为目的，在当地设立子公司并开展生产和销售活动。这种战略主要应用于发展中国家的市场。而所谓当地出口战略，是指为了确保本企业在发达国家的市场份额，将生产活动从日本转移到生产成本较为便宜的国家，在当地生产后出口到发达国家。关谷认为，两种战略有本质的不同。由于当地市场战略以发展中国家的市场为对象，对产品的品质、性能、交货期等指标可以放松要求。另一方面，当地出口战略从一开始就确定了产品将出口到发达国家的目标，因此在质量、性能、交货期等指标方面必须严格执行国际统一标准（同上，1976，pp. 43～46）。因此，对于执行当地出口战略的海外子公司，母公司必须完全出资设立独资企业，以保持强有力的支配权。而对于实施当地市场战略的海外子公司，母公司可以与当地企业对等出资或少数出资设立合资企业，因为母公司可以适当放松对子公司的支配（同上，p. 109）。对于关谷的观点，其他学者提出了批评，理由是"由于没有进行严密的数据分析验证，因而在客观性上存在不充分之处"（吉原，1983，pp. 182～183）。

对于关谷的结论必须注意其若干前提。首先，他的研究仅以电机行业为对

---

① 加護野忠男他（1983）『日米企業の経営比較』日本経済新聞社。

② 例如，跨国公司进入新市场时的风险、合资伙伴之间的文化差异、产品作为生产资料或消费资料的特性、产品差别化程度以及子公司的规模与收益状态等因素。

象，没有涉及其他行业；其次，投资对象是发展中国家；另外，出资比率与支配权完全对应。在这些前提下，他得出了以上结论。从他的结论我们可以做以下推论，即：关谷的观点是，对于日本的跨国公司而言，支配的必要性由产品的对象市场所决定。在发展中国家设立的子公司，其产品的出口比率越高，则母公司支配的必要性就越高。另一方面，产品的当地销售比例越高，母公司支配的必要性就越低。这样的结论显然不符合中日合资企业的现状。

4）支配的含义

在分析出资比率与支配的关系之前，有必要明确支配的特性。以下将支配的方式按照基本构造的不同区分为"官僚制支配"和"家族制支配"，对两种支配方式的特性进行比较。另外，对国际合资企业中合作双方相互期待的内容进行整理，并提出以下论点：在合资企业中，一方的期待即是另一方的经营资源，也是支配力形成的依据之一。另外，对用词说明如下："支配"与"控制"同样对应于英语的"control"，但在本书中，为区别于经营管理的其他职能，在分析合资企业母公司与子公司关系时统一采用"支配"一词，在分析组织的内部管理职能时按惯例采用"控制"一词。

法约尔的定义：管理过程学派创始人法约尔在其 1916 年的著作《产业及一般管理》中提出了管理职能中存在"控制"的概念。他认为管理活动包含了计划、组织、指挥、协调、控制等五项职能。而控制职能的内容是确认企业各项工作的完成状态是否与计划相符，以便纠正并避免重犯。控制的方法包括事中控制、事前控制、事后控制等。法约尔的定义虽然适用于组织内部的上下关系，但不一定适用于母公司与海外子公司之间的关系。特别是当海外子公司是合资方式时，它与单纯的跨国公司内部组织有所不同。① 因为合资企业的规程和契约是合资双方共同决定的，合资企业的管理和监督也不一定由一方来执行。因此，所谓控制，其范围限定在组织内部或母公司与独资子公司之间。

Laureen 的定义：Laureen（1990）认为，组织控制是对管理活动有效性的确认方法之一，是对组织成员的思考方法和行动方式是否有利于有效地达到组织目标所进行的确认。而这种方法适用于对组织中的不同部门和不同阶层的分析。他强调，控制是一种动态的过程，它不仅是对于行动的判断，也包含活动的开始以及反馈过程（同上，pp. 60~61）。

---

① 合资企业既包含了内部组织的特征，也包含了外部组织的特征，是一种混合性组织（安室，1986，p. 79）。

吉原的定义：吉原（1980）把母公司对于海外子公司的支配称为"经营支配"，并对经营支配的含义做了如下解释："企业海外投资中有关支配的定义，是指母公司对海外子公司经营活动施加的影响力。但是，从日常用语来看，影响力与支配的含义并不相同，带有强制性的影响力才可以称为支配，……因此，经营支配就是带有强制性的影响力。即使受到合作伙伴的抵抗和反对也要将其排除，从而能够贯彻自己的决定。也只有在这种情况下，母公司的影响力才可以称为经营支配"（同上，p. 50）。在此必须注意的是，"经营支配"与"战略支配"有所不同。经营支配的目的是对支配对象的日常经营活动进行支配，支配的对象是合资企业的总经理及其经营委员会的工作。而战略支配的目的是对支配对象的战略决策活动进行支配，对象是合资企业董事会政策活动。但是从吉原的定义来看并没有具体说明支配的对象，这说明他的定义的前提是，海外子公司（不管是独资还是合资）不存在制订战略的机能，仅仅是母公司的海外生产据点，从日本企业在亚洲设立的子公司来看，在90年代生产据点的比率确实很高。

其他定义：根据研究的目的不同，关于支配还有若干定义。例如，"所谓支配，是为了保证组织目标和计划的实施所设计的结构"（Youssef 1975 p. 136）；以及"所谓支配，是指对目标以及计划的实施状况进行监视，对业绩按照一定标准进行评价和确定报酬，并进行适当的调整的一系列行为"（Ouchi 1977 p. 97）。

以上有关支配的定义存在一定的共同之处，在此整理为三点：第一，支配的目的是为了达到组织的目标；第二，支配包含若干阶段，在达到目标的情况下对支配对象进行评价和给予报酬，在目标与结果出现差异的情况下则对支配活动进行调整；第三，支配的对象不仅包括组织或个人的行动，也包括对工作的思考方法。个人或下层组织的思考方法必须与组织全体的战略目标相一致，例如对于公司的理念、精神、基本纲领等，子公司必须与母公司保持一致。第四，既往研究没有按照支配的对象对战略支配和经营支配进行区分。

5）官僚制组织与家族制组织

大体上，组织的支配类型可以按照特性分为"官僚制支配"和"家族制支配"两大类型。大多数关于组织支配问题的分析是以 Max Weber（1947）的官僚制组织（bureaucracy organization）理论为基础展开的。Weber 从理性和传统两个方面对近代官僚制组织进行了比较，作为支配正当性的依据，提出了神授性支配、传统性支配以及合法性支配等三种支配方式，并提出了合法性支配的最单纯的形式就是官僚制支配的主张。官僚制组织的研究为支配行为提供了基础性理论，但实证性研究却向着不同的方向发展。例如，Ouchi（1977）吸收了制度经济学、社会学以及经营学的研究方法，构筑了市场、官僚制以及家族制的理论（markets，bureaucracies and clans）。他认为，日本企业与美国企业的重要的不同点就在于，对于组织支配系统配置的不同，以及日本企业的丰富的资源创造力（Ouchi，1981）。成功的日本企业几乎都拥有独特的支配系统，而这个系统与美国企业所信奉的官僚制支配系统截然不同。具体来说，日本企业的基本经营支配结构具有"微妙的"（subtle）、"暗默的"（implicit）、"内部化的"（internal）等特征。而多数欧美企业的经营支配系统都具有公式的（formal）、明确的（explicit）、外部的（external）等特征。可以看出，前者具有家族制企业组织的支配特征，而后者具有官僚制企业组织的支配特征。

以上两种组织支配结构具有不同的特点。官僚制支配结构的特点是，明确确定了组织的产出、行动方式以及各种制度，个人必须接受组织权力机构设置的这些制度和规定。不仅如此，他们还要仔细理解这些制度和规定，作为自己行动的基准。而企业将根据这些制度和规定提供的信息作为决策的前提制定报酬制度，为成员完成组织目标提供刺激。另一方面，家族制支配结构的特点是，从外表上看缺少强制性，也较少采用官僚制组织中必要的制度和监督手段。但是倾向于强调共同的价值观以及组织的意义（Ouchi 1980）。在这种组织中，权力和权威的实行以象征性的报酬制度为基础。这种组织的特征是：倾向于长期雇用、强烈的集团意识、共同决策以及职务的非明确化。总之，所有的手段都指向文化的支配（Ouchi 1981）。下表是两种组织支配方式的比较（表4－1）。

表4－1　官僚制支配结构与家族制支配结构的比较

支配结构的特征	支配的类型	
	官僚制	家族制
支配结构的特点	公式化 明确性 外部化 （规则及制度）	非公式化 暗默的 内部化 （共同价值观和企业意义）

续表

支配结构的特征	支配的类型	
	官僚制	家族制
成果评价的特点	公式性的 报告制度 规范化文件	作业标准共有 经营理念共有
报酬制度的特点	重视个人能力	象征性的

资料来源：B. S Laureen "*International Management Control In Multinational Corporations*：*The Case of Japanese Consumer Electronics Subsidiaries in Southeast Asia*" UMI Dissertation Information Service，1990，p. 78

由于支配的以上特点，官僚制的跨国公司对于海外子公司的支配具有"间接支配"的倾向，而家族制跨国公司则具有"直接支配"的倾向。所谓直接支配（direct control），意味着上级直接监督下级的行动并给以具体的指导，以此推动目标的制定和计划的实施。Ouchi 将其称之为"行动的支配"（behavior control），而 Youssef（1975）则将其称之为"直接支配"。在跨国公司的海外子公司，也就是由总公司的派遣经营者直接实施支配活动。另一方面，所谓间接支配（indirect control），也就是规范化的支配。其特征是在母公司充实对海外子公司进行管理的机构，设立专门的职能部门实施对子公司的支配。而在海外子公司，采用与母公司相对应的管理系统，实现对所有海外子公司的标准化管理（Youssef 1975）。由于这种对海外子公司的管理方式必须通过派遣经营者的指导来完成，在实施间接支配方式之前必须有一个实施直接支配方式的阶段。当子公司支配系统的标准化作业完成后，派遣经营者的比率逐步减少，子公司逐步完成从直接支配方式向间接支配方式的过渡。

直接支配与间接支配的理论可以说明合资企业的日方母公司支配方式的特征，其支配结构多数倾向于直接支配方式。在日本企业，子公司的经营者大多由总公司派遣，并主导企业的日常经营活动。另外，在母公司与子公司经营者之间有报告、指示、商谈等渠道，支配活动就是通过这些渠道来进行。但是，比起规范化的间接支配方式，直接支配较难实行。因为在进行重要的决策活动时派遣经营者可以得到母公司明确的指示，但有关日常经营活动的决策必须由派遣经营者独自判断，由于没有规范化的信息所以母公司无法给以正确的指示。在这种情况下，派遣经营者的决策就有可能与母公司的目标或方针不一致。为了防止这种决策失误的出现，日本企业的方法是强调对母公司经营理念的理解和贯彻。他们认为，如果母公司的经营理念真正得到子公司全体员工的理解，那么即使在没有母公司指示的情况下，派遣经营者也能够正确地作出判断，员工的工作也不会出现背离母公司基本方针的情况。

6）合作伙伴的需求

从前面有关资源依赖理论的分析可以看出，跨国公司和东道国的企业都有可能因为经营资源的不足而寻求合资。另一方面，从战略决定论的分析则可以看出，跨国公司在经营资源不足的情况下，即使由于战略需要倾向于在东道国设立独资企业，为了获得资源的补完可能会不得不设立合资企业。因此，资源的相互依存是设立合资企业的一个重要原因。事实上，合资企业中发生的多数问题都可以从合资双方是否存在长期的相互依存关系来检讨（Beamishi，1990，p. 24）。在此，合作双方的相互需求是指有关经营资源的相互期待，也就是希望从合作伙伴获得自身不足或完全没有的经营资源的意识。而如果能够向对方提供所需要的资源，这种能力就成为支配的依据或理由。因此需要明确：跨国公司向发展中国家投资时，究竟需要获得哪些经营资源？反过来看，当地的合资伙伴对跨国公司的期待又是什么？以下对这一问题进行分析。

（1）合作双方的需求分类

如果合资企业的合作双方之间没有任何对经营资源的相互期待，那么合资企业就不可能存在（Beamishi，1990，p. 24）。这种相互需求将根据经营环境以及双方战略来决定。在此利用 Beamishi（1990 pp. 24 ~ 39）的分类方法，将双方的相互需求分为5类，每一类分为3项。①

a. 与资本有关的需求。这项需求所包含的内容是，第一，希望对方提供一定数量的资本金；第二，希望对方提供必要的原材料；第三，希望对方提供必要的技术和设备。这三个项目的共同特征是，需求的对象可以迅速资本化。

b. 与人才资源有关的需求。具体内容是包括：第一项，需要合资企业的经营责任者（general managers）；第二项，需要各部门的专业管理者，包括市场开发、制造及生产技术、财务管理等。第三项，需要获得训练有素同时价格低廉的劳动力成本。

c. 与市场营销有关的需求。首先是产品输出的需求。跨国公司为了实现当地生产当地销售，往往希望当地合作方提供快速接近当地市场的资源，而当地企业则希望开辟产品出口渠道，以开发国际市场，因此希望外方提供进入国

---

① 最初进行合作伙伴需求分类研究的是 Stopford and Wells（1972），其后，Beamish（1988）采用的分类参考了他们的方法。另外，他们的分类目的主要用于问卷调查表的设计。

际市场的渠道和技术。其次是当地生产以及销售的需求。从建立必要的原材料
进货渠道和产品销售据点来看，跨国公司与当地企业合资比设立独资企业更加
有利。最后是与进入当地市场有关的需求。跨国公司希望通过与当地企业的合
作加快进入市场的速度，因为建立市场销售据点和销售渠道往往需要漫长的时
间，而进入市场的先后往往是决定市场地位的重要因素。

d. 与政府和政治有关的需求。这些需求包括：第一，迅速对应当地政府
的外资政策的需求。例如当地政府的出资比率政策、进口替代政策、税金优惠
政策等。第二，取得政治上的优势。如果跨国公司积极配合当地政府的外资政
策，就可能获得当地政府的嘉奖和支持，另一方面当地企业密切配合当地政府
的产业政策与外资合作，同样能获得政府的政策支持，也就是政治上的优势，
包括获得银行低息贷款以及税金减免等。第三，对当地政府所有权政策的预测
和判断。跨国公司在发展中国家投资时，可能受到当地政府有关"国内化"
（domestication）、"本土化"（localization）的压力，通过设立合资企业跨国公
司可以释放这些压力。

e. 有关市场信息和经营知识的需求。合作双方往往需要获得对方所拥有
的市场信息和经营知识。这些需求包括，第一，有关当地市场和消费者的知
识。Newbould（1978）认为，这些知识包括企业经营法律和法规、劳动法、
企业设立和运营法规以及市场法规等。第二是有关外国或国际市场的知识，这
些知识往往是当地企业所需要的，它反映了当地企业产品出口的需求。第三是
有关当地经营习惯和方式的知识。总的来看，根据对跨国公司经营者的调查，
在以上知识中他们感到最重要的是，有关当地的政治经济等宏观环境的知识，
以及与经营活动有关的市场信息和经营知识（Beamishi，1988，p. 27）。以上
分类是以跨国公司在发展中国家的投资为前提，具体内容如下表所示。

从表4-2可以看出，跨国公司的资源需求超过了当地企业。而日本企业
在中国的投资这种倾向更为明显。因为直到90年代大多数中国企业都没有具
备海外投资的条件，而日本企业对中国的投资从一开始就埋下了开拓中国市场
的伏笔。至90年代前期日本企业的主要任务是建立海外生产据点，而90年代
后在中国市场销售产品的方针逐渐浮出水面，2001年后开拓中国市场则成为
日本企业的主要任务。

另一方面，以上对合作伙伴的期待也就是对方能够提供的经营资源。这些
经营资源按照目的可以划分为以下四种。

第一种：与经营环境有关的资源，包括市场信息、经营知识、与当地政府

的交涉能力等。

表 4 – 2　合资双方的需求分类

需求的种类	跨国公司的需求	当地企业的需求
1. 与资本有关的需求 2. 与人才资源有关的需求	原材料的供应 经营管理者、优质劳动力	资本、技术 经营者、专业管理者、 经营系统的导入
3. 与市场有关的需求	产品进口 当地生产当地销售	产品出口
4. 与政府及政治有关的需求	接近市场的速度 与当地政府的协调	
5. 与市场、经营有关的需求	政治上的优势 避免政治风险 当地市场的一般知识、经营 习惯	政治上的优势 有关外国市场、 国际市场的知识

资料来源：根据 Beamishi（1990），p. 27 整理作成。

第二种：与市场开拓有关的资源，包括销售权、销售渠道、市场开拓能力等。

第三种：与日常经营有关的资源，包括经营者、专业管理者以及经营管理能力等。

第四种：与技术有关的资源，包括技术专利、生产管理以及研究开发能力等。

按此分类，跨国公司在发展中国家投资时所拥有的经营资源主要是第 3 种（与日常经营有关的）资源以及第 4 种（与技术和管理有关的）资源。而当地合作伙伴所拥有的是第 1 种（与经营环境有关的）资源，以及第 2 种（与市场开拓有关的）资源。可以看出，双方的经营资源具有互补的特点。后者的主要作用是提供经营支援以及产品价值的实现，而前者的主要作用是提高日常经营活动的效率。

（2）对经营资源需求的双方向性

所谓需求的双方向性，是指多数合资企业由于资源的相互依赖而设立，双方之间既有资源的相互需求关系，又有资源的相互提供关系。而这种相互依赖关系越是紧密，合资企业经营成功的可能性就越高。如果一方或双方的需求消失，合资企业就失去存在的基础，或迟或早会解除契约关系。在此情况下合资企业或者转换为独资企业，或者发生所有权的转让。

（3）资源需求与支配关系

Stopford & Wells 指出了母公司对子公司的支配强度取决于母公司的投资

战略，而支配权又取决于子公司的所有权即出资比率。在日本的跨国公司中，至少在制造业，其支配关系的实践与以上理论相吻合（关谷，1976；吉原，1984；安室，1986）。但是，按照以上资源依赖理论的分析，在合资企业中如果一方拥有对方所需要的经营资源，就有可能成为支配合资企业的依据。因此，虽然在法律上规定了母公司的出资比率决定了对合资企业的支配权强度，但是其所掌握的经营资源对支配关系也有一定的影响力（在下一节中，将提出"所有权的作用仅仅是赋予支配权以正当性"的观点）。例如，如果跨国公司拥有国际市场的销售渠道，那么即使合资企业经营者由当地企业任命，有关国际市场的决策仍然由外方掌握。另一个极端的例子是，在一家当地企业多数持股、外方少数持股的合资企业，当地企业一般拥有经营者的决定权。但是如果当地企业没有合适的经营者人选，最终可能还是由外方派遣经营者。在此，对出资比率、经营资源这两种因素与经营支配的关系做如下分析。

首先，按照经营资源对于企业经营的作用，可以将其分为两种。一种是对企业日常经营活动起关键性作用的经营资源，另一种是起支援作用的经营资源。前者包括经营管理者、技术开发及生产管理能力、市场接近能力等，后者包括当地市场及经营知识，与当地政府的交涉能力等。如果双方所拥有的经营资源性质相同，那么合资企业的经营支配权将按照出资比率分配，即出资比率越高则支配权越大。但是，如果双方拥有的经营资源性质不同，则支配权将不一定按照出资比率来分配。在这种情况下，经营支配权将按照双方所拥有的经营资源对合资企业经营活动的重要性来分配（请参考本章第一节，资源依赖理论）。即，母公司所拥有的经营资源越是重要，对合资企业的经营支配权就越强。

另一方面，母公司的经营资源的重要性将随着经营环境以及双方母公司经营战略的调整发生变化，而经营支配权的分配也将随之改变。从这个角度来看，中日合资企业在企业设立的准备阶段，由于对经营环境的了解以及建立企业经营管理系统的工作最为重要，中方合作伙伴的经营资源处于重要地位，其支配权也相对较强。在合资企业进入正常生产状态后，生产、技术、质量等日常管理活动的重要性上升，外方母公司的支配力随之加强。而从90年代后期开始，扩大市场成为中日合资企业的重要任务，中方母公司的销售渠道和销售据点等市场能力成为重要的经营资源，因此其对合资企业的经营支配权重新得到提高。

2. 支配权与出资比率的关系

本节首先进行理论的回顾，并对代表性观点进行整理，在此基础上对支配权与出资比率的关系进行分析，并据此推断母公司支配的过程。本节的研究目的是，明确中日合资企业影响支配关系的主要因素，确认战略决策层和日常经营层的支配关系。另外，在此基础上对支配的主要类型和效果进行分析。

1）理论回顾

如前所述，Franko（1971）和 Stopford & Wells（1972）均对美国跨国公司的所有权政策进行了实证分析，并且证明了美国跨国公司的所有权政策主要取决于母公司的投资战略。然而，为什么母公司的投资战略能够决定所有权政策？他们的回答是，在一种特定的战略下母公司需要对子公司进行集权式管理，即采用强有力的支配方式，但是在另外一种战略下，母公司可能不仅不对子公司实行强有力的支配，反而鼓励子公司独立开展经营活动，包括与当地企业建立合资企业。这就意味着在不同的投资战略下，母公司需要对子公司采取不同强度的支配，而调整支配强度的基本方法就是调整对子公司的所有权政策。即：在需要对子公司采取强有力的支配时采用独资方式，在不需要时则允许子公司的合资，包括采用多数控股、对等控股或者少数控股的方式。而上述理论的前提，是认为支配的强度主要受出资比率的影响，也可以由出资比率来调整，二者之间是对应关系，因此可以把这种观点表达为"所有权政策决定支配权"。但是，母公司支配力的强弱是由其投资战略决定的，而为了达到一定的支配力，必须选择相对应的所有权政策。因此，以上观点又可以表达为"投资战略决定所有权政策"。总的来看，投资战略、支配权、所有权政策三者的相互关系是，母公司的投资战略决定了支配权的强弱，必要的支配强度规定了所有权政策。最后，所选择的所有权政策赋予母公司支配的正当性。三者关系如图 4 所示。这个理论的基本特点是，将影响支配的因素集中于所有权政策，而对其他影响因素不加重视（吉原，1984）。

Killing（1983）对美国跨国公司的所有权政策与支配的关系进行了实证性研究，他将支配的类型分为三种。这三种类型是："一方主导型支配"、"双方对等型支配"和"自主经营型支配"。他的研究结论是，在发达国家设立的合资企业中，出资比率与支配权具有一致性倾向。因为他的调查结果是，在一方主导型支配方式下有 70% 的合资企业是多数持股，在双方对等型支配方式下，有 75% 的合资企业是对等持股。[①] 但是，有学者指出，这个结论不符合日本的跨国公司的实际情况（高仓，1979）。他认为，美国的跨国公司确实具有支配

---

① Killing J. Peter, "Strategies for Joint Venture Success", 1983, p. 19.

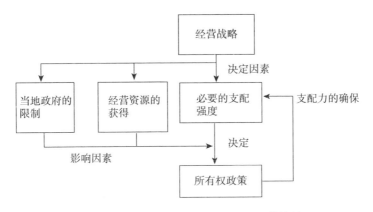

图4-4 投资战略、经营资源、所有政策的关系

资料来源：根据 Stopford & Wells〔*Managing the multinational Enterprise*〕（1972）第 8 章、第 9 章整理。

与出资比率相一致的倾向。但是在日本的跨国公司情况不一样，即使在少数持股的情况下实质上掌握了经营支配权的企业不在少数。他的观点是，经营资源才是决定支配权的决定因素。他的观点受到另外一位学者的支持。Schaan（1983）对在发展中国家设立的合资企业进行研究后认为，"母公司的支配即使在少数持股的情况下仍然有可能实行。这是因为支配结构中包含有契约的利用、政策及计划的设定、经营者派遣等设计能力在内"（Beamish，1990，p. 116）。而 Killing 在他的研究中也提到，支配权不一定与出资比率一致。因为在他的调查样本中，在一方主导型支配方式下也有对等持股的事例，在双方对等型支配方式下也有非对等持股事例的存在（Killing，1983，pp18～29）。

但多数研究者同意 Killing（1983）的基本观点。例如，吉原（1984）认为，现实中确实存在支配权与出资比率不一致的情况，但是那只是少数特例。他通过对跨国公司以及相当于跨国公司规模的 48 家企业的 351 家海外法人（制造业、发展中国家）的调查，发现日方母公司掌握支配权（决定战略并承担经营责任）的有 176 家，其中出资比率在 50% 以下的只有 33 家（19%）。另一方面，母公司少数持股的企业有 182 家，其中母公司掌握支配权的只有 29 家（16%）。因此吉原认为，"日本的跨国公司与美国的跨国公司一样，基本上出资比率与支配权是一致的，即出资比率决定了支配权的强弱。因此，经营资源决定支配权的现象只是少数事例"（同上，p. 187）。另外，吉原又在 1979～1982 年对 17 家日本大公司进行了访问调查，其中得到确认的事例之一是，出资比率是确保经营支配权的基本手段。代表性的回答是，"技术、出口渠道以及资金力固然可以作为经营支配的手段，但是根本性的手段仍然是股份的持有。"以及"我们公司的管理要想得到对方的接受，最终的依据还是股份的持有"（同上，1980，p. 45）。

关于出资比率与支配关系的另外一种观点也受到注目，即产品的对象市场决定所有权与支配的关系。关谷（1976）认为，日本设在亚洲的电机企业可以分为"当地生产当地销售"和"当地生产当地出口"两种类型，两者的所有权政策完全不一样。当地生产当地销售型企业的多数是合资企业，而当地生产当地出口型企业的多数是独资企业。因此他的结论是，日本企业与美国企业一样，也是由投资战略决定支配的强度，而支配的强度规定了所有权政策即出资比率的大小。

在1960～1970年，日本的海外投资企业中纤维产业与机电产业一样，都是海外投资的主力军。纤维企业的出资与支配关系与电机行业是否一样，或者说关谷的结论是否具有普遍性？安室（1986）对这个问题进行了分析。他首先发现，在投入与产出这两个方面，纤维企业与机电企业的所有权政策与支配权的关系恰恰相反。在机电企业，由母公司管理的原材料供应以及产品出口的比率越高，母公司的出资比率就越高，但是在纤维企业，同样的情况下母公司的出资比率反而越低（同上，pp. 199～202）。从理论上看，母公司掌握了子公司原材料以及出口业务就意味着母公司拥有强有力的支配权，为了保持这种支配权母公司应该采取多数持股或完全持股（独资）的方式，因此纤维产业的状况似乎难以理解。安室对这个问题的解释是，机电产业的特征是：当地生产当地出口－高出资比率－母公司集权支配；而纤维行业的特征为：当地生产当地出口－低出资比率－子公司自主经营支配。纤维行业正是因为子公司的自主经营使得母公司无法行使支配权，或者说支配力的丧失，导致子公司拥有自主经营的能力（同上，pp. 209～210）。

以上以日本和美国的跨国公司为对象，叙述了日美有关所有权政策与支配权关系的主要研究，这些研究可以大致整理为三种观点。第一种观点是"支配权取决于出资比率"（Stopford & Wells、吉原）。这个观点强调支配权的强度与出资比率有关。投资战略、支配权、所有权政策的逻辑关系是：确定战略目标 ⇒ 确定支配的强度 ⇒ 确定所有权政策。另外，这个观点对影响支配权的其它因素没有加以考虑。第二种观点是"支配权取决于经营资源"（高仓、Schaan）。这个观点认为支配权不一定取决于出资比率，经营资源的强弱决定了全部或部分支配权。第三种观点是"支配权取决于所有权，但是在不同行业所有权政策对支配权的影响不同"（安室）。这个观点认为不同行业的海外经营环境不同，因此出资比率对支配权的影响方向也不同。但我们还可以得出一个重要结论，即：在不同国家的跨国公司和不同的东道国，合资企业支配权的影响因素不同，在任何环境下都适用的支配权理论是不存在的。因此，对于特定的研究对象必须进行特定的研究。

在中日合资企业，出资比率与支配权的关系应该按照合资企业组织的不同层面分开研究。这是因为按照《中外合资经营企业法》的规定，合资企业内部有上下两个决策机构。上面的决策机构是决定合资企业重要问题的董事会，下面的决策机构是决定日常经营活动的总经理及其经营委员会。而母公司的出资比率和经营资源，对这两个机构的影响力是不一样的。因此，为了区分二者的不同，需要对以下三个问题进行分析：首先，在合资企业的两个决策层，决定支配权的影响因素有哪些？为此，除了出资比率和经营资源，还要对外资政策以及地方政府的影响力进行分析。其次，在合资企业的这两个经营决策机构，双方母公司实施决策活动的渠道和方式是什么？换句话说，母公司的命令、指示以及子公司的报告、请示等方式是如何规定的？最后，中日合资企业的支配关系基本框架是如何构成的？即出资比率、经营资源、当地政府的影响力如何发生作用，这些影响因素的相互关系有何特点等。

2）战略决策层的支配关系

合资企业的战略决策层就是董事会。在 Beamish（1986）有关支配的定义中，认为所谓支配力就是母公司对子公司的决策活动所具有的影响力。由于董事会的作用主要集中于合资企业重要经营问题的决策活动，双方母公司的影响力必然指向这些重要决策活动。而母公司发挥支配力的方式是通过出资比率和经营资源，前者强调与所有权相对应的权力，后者强调经营资源对经营活动的作用。另外，从理论回顾可以看出，出资比率对支配权的影响力受到多数研究者的肯定，而经营资源的影响作用似乎没有得到有力的理论支持。对于董事会的决策活动，母公司不一定能够依据多数持股获得多数支配权，也不一定能够凭借经营资源的优势获得占优势的支配权，主要原因是由于《合资企业法》以及《实施条例》的存在。

在《合资企业法》中，有关支配权的规定主要有两点。其中之一是董事会成员的任命权，另外一点是董事会的议决方式。从董事长和副董事长的任命权来看，《合资企业法》规定："董事长和副董事长的任命权由合资各方协商决定，或者是由董事会选举决定。中外双方一方担任董事长时，由另外一方担任副董事长。"（第6条）。很明显，这样的规定主要是为了防止重要决策的一方独占，同时有利于双方决策权的平衡。另外，关于董事会成员任命的规定是，"董事会成员的任命由合资各方参考出资比率协商决定。"（《实施条例》第34条）由此可见，董事会成员的分配可以按照出资比率来分配，但董事长和副董事长的任命权不一定与出资比率有关。另外，关于副董事长的任命权的规定可以看作是对一方独占支配权的制约。总的来看，法律上有关董事会的规定虽然考虑了出资比率因素，但更强调的是支配权的平衡。另外，《合资企业法》虽然规定了"董事长是合资企业的法定代表者。"又规定他"必须遵守董事会的决策。"因此在董事会中，某一方在决策上的独断专行受到了法律的约束。

关于董事会中支配关系的另外一条法律规定是董事会的议决方式。董事会的决策对象规定为合资企业的"重要决策事项"。但是，按照决策的重要性程度可以把这些决策对象划分为两类。一类是"一般重要决策"，另一类是"特别重要决策"。按照《合资企业法》的规定，一般重要决策的议决方式按照合资企业章程的规定，可以采取多数表决的方式。而特别重要决策的表决方式则"必须取得全体一致通过"（《实施条例》第36条）。一般重要决策和特别重要决策各自包含哪些内容？如表4-3所示，在《合资企业法》以及《实施条例》中规定，有关合资企业的经营战略，以及双方利益关系的重大变化的决策事项属于特别重要决策，除此以外的决策活动则属于一般重要决策。这两类决策的不同点在于，前者的议决内容具有突发性，而后者具有规范性。

表4-3　董事会中的两类决策对象

一般重要决策	特别重要决策
1）合资企业章程制定 2）长期计划、经营方案 3）收支预算、利益分配 4）劳务、工资计划 5）重要人事任命 6）其他	1）合资企业章程修改 2）合资企业中途解散 3）出资比率的增减 4）与其他组织的合并、合作 5）其他

资料来源：根据《合资企业法》（1990）和《实施条例》（1983）整理。

在董事会这个决策机构，母公司的支配首先是通过董事长任命权和董事会席位的获得实现的。而一般重要决策的议决方式按照《合资企业法》的规定是"根据合资企业章程决定。"因此可以采用多数表决的方式，也可以采用全体一致通过的方式。而多数表决方式意味着出资比率与支配权的一致，全体一致通过方式则意味着出资比率与支配权的不一致。另一方面，特别重要决策的议决方式明确规定为"必须全体一致通过"，这就意味着支配权与出资比率无关，少数出资的一方即使只有一名董事也可以行使否决权。可见，在董事会的决策活动中，出资比率的影响力受到一定的限制。从表4可以看出，在一般重要决策的议决方式上，只有在公司章程规定采用多数表决方式的情况下所有权与支配权才趋向一致，而在其他情况下二者关系均为不一致。因此，所有权与支配权的不一致是董事会议决方式的主流。换言之，多数出资的一方不一定能获得较强的支配权，而少数出资的一方也不一定处于弱势地位。在这样的法律规定下，双方母公司不一定重视董事长任命权或董事会成员席位的获得。事实上，从外资政策来看，中国政府对合资企业董事会的决策方式强调的是"相互协商、平等互利"，而不是所有权决定支配权。

表4－4　董事会中出资比率与支配权的不一致

决策种类	议决方式的法律规定		支配权与所有权的关系
一般重要意思决定	根据公司章程	①多数表决	一致
		②全体一致通过	不一致
		③协商决定	不一致
特别重要意思决定	全体一致通过		不一致

资料来源：根据《实施条例》（1983）整理。

3）日常经营层的支配关系

合资企业的日常经营层就是以总经理（general manager）为首的经营机构，负责企业日常经营活动的管理。根据1998年的调查，在中日合资中小企业，日常经营机构只有总经理一人，或由总经理加副总经理以及少数的部门长构成。而大型中日合资企业的日常经营机构较为庞大，由以总经理为首的经营委员会构成。经营委员会的成员除总经理外，还包括生产、营业、人事、财务等直线或职能部门负责人，成员一般在5～8人。[1]

关于日常经营决策层的支配关系需要讨论两个问题。其一，总经理以及各部门负责人是如何任命的（即：是按照出资比率还是按照其他基准）？其二，对合资企业的日常经营决策，母公司按照何种方式指示、决定、或认可（即：除任命总经理以外是否还有其他支配方式）？分析前一个问题是为了确认母公

---

[1]　王敏「蘇州市日系企業9社の経営実態及び人事労務管理調査」『経済学研究科紀要』1999.4。

司通过派遣经营者实施支配的方式，而分析后一个问题的目的是为了确认其他支配方式的特点。

首先，关于总经理的任命方式，《实施条例》的规定是，"总经理和副总经理由董事会通过招聘决定。可以由中国公民担任，也可以由外国公民担任。"（《实施条例》第39条）。可见，法律上总经理的任命权在董事会。而董事会确定总经理人选的基准一般有三种方式。第一种方式是按照企业章程由中方或外方推荐，经由董事会认可并任命。第二种方式是，在少数企业，总经理由中方或外方轮流担任。第三种方式是，由董事会直接对外招聘总经理。这种情况下总经理人选不一定局限在双方企业的经营者，也可以从人才市场招聘职业经理人（许晓明，1998，p.157）。但是从90年代中日合资企业的实践来看，采用第一种方式占绝大多数，采用第二或第三种方式极为少见。另外，在实践中按照第一种方式选择经营者有三种基准。一种是以出资比率为基准，由中方或外方的母公司推荐，经董事会认可并任命。另外一种是以双方所拥有的经营资源为基准，由拥有对合资企业的经营活动起关键作用的经营资源的一方提出总经理人选，经董事会认可并任命。还有一种是以出资比率为基准，同时参考所拥有的经营资源的重要性确定总经理人选。从90年代初期的调查数据来看，按第一种基准确定总经理人选的企业极为少见，而按照第二种基准确定总经理人选的企业占到多数（李兆熙，1994，p.167）。李兆熙的调查结论是，"在日常经营决策层，经营者的结构与董事会不同，实质上由日方任命总经理的比率超过了日方的出资比率"（同上，p.181）。在此可以看出，合资企业的总经理多数由日方母公司决定的原因不是出资比率，而是日方所拥有的生产、技术、质量管理以及国外销售渠道等经营资源。然而，我们还不能根据以上数据得出"总经理的任命权与出资比率无关"的结论。因为，总经理的任命权比率即使与母公司的出资比率有一定差距，也不一定表示二者没有相关关系。例如，从本书第二章第一节的调查数据可以看出，在日方少数持股的企业中日方担任总经理的比率相对较低，而在多数持股的企业中，日方担任总经理的比率也相对较高（第二章，表2－1）。另外，经营者的任命与合资企业成立时间的长短也有相关关系。一般来说，在合资企业设立的初期外方担任总经理的比率可能较高，但随着设立时间的伸长，这个比率总体上呈下降趋势。

其次考虑另一个问题。即：在日常经营决策层，支配权的影响要因除了所有权以外是否还有其它因素？可能的影响因素有两个，一个是经营资源的特质以及对合资企业经营效果的影响，另一个则是双方对支配权看法的一致性。如前所述，经营资源的补完是双方设立合资企业的一个重要原因。在中日合资企业，日方的经营资源主要集中在资金、生产管理、技术、质量控制以及综合经营力等方面。而中方企业的经营资源则主要集中在对当地市场的了解、销售渠道及销售据点、对当地政府的交涉能力以及中间管理层的技术及管理人才等方面。但是在90年代，中方的经营资源其作用主要体现在董事会的决策活动以及对于日常经营活动的支援等方面。因为在合资企业董事会的经营决策活动中，需要有关当地政治、经济、文化以及市场等方面的信息和知识。而对于劳动人事管理中方也有充分的资源和知识。在与当地政府的交涉、协调、联系等方面中方更是拥有天然优势。事实上，在90年代的中日合资企业中，有些大企业的董事长就是由当地政府主管部门的负责人担任的。① 而日方企业所拥有的经营资源要通过日常经营管理活动来发挥作用。日方即使在少数持股的条件下，这些经营资源导入和实施都需要日方母公司的支持。另外，母公司的支援活动除了派遣经营者以外还包括附着于经营资源提供活动的指示，因此这样的支援活动事实上具有经营支配的性质。因此，母公司导入这些经营资源的必要性是由合资企业经营活动的需要决定的，与出资比率并没有直接的关系。在日方多数持股的情况下，母公司对合资企业的支配由法律赋予了正当性，也符合企业的章程。而在日方少数出资的情况下，如果能获得中方合作伙伴的同意，这样的支配关系仍然能够成立。综合以上讨论，出资比率在一定程度上规定了双方经营支配权的分配，但是由双方经营资源的特质所决定的经营资源的重要性，对日常管理层的支配关系具有重要影响。推论：由出资比率决定的支配关系与由经营资源决定的支配关系越是相对称，合资企业经营组织的协调性越好。而两者之间越是不对称，在日常经营管理层发生经营摩擦的可能性就越高。

日方在少数持股或对等持股的条件下实施经营支配时，其支配的正当性是不充分的。在这种情况下实施支配活动需要获得合作伙伴的同意。因此有这样的疑问：在中日合资企业中这种支配方式能否获得中方合作伙伴的同意？笔者认为，在90年代，在一定前提条件下这种方式能够获得中方的同意，理由如下。首先，中方合作伙伴对日方导入先进的技术和经营管理方式具有强烈的期

---

① 原则上，政府官员不能兼任合资企业董事长或董事，但是在九十年代这样的事例并不少见。例如，北京松下（BMCC）的第一任董事长是由北京市副市长兼任。另外，根据作者的调查，地方政府主管部门负责人兼任合资企业董事长的比率占调查对象的42.9%（王敏，2000）。

待。90 年代中国外资政策的目标是导入国外资金、技术和先进的管理方式。在 90 年代前期，资金的导入相对重要，而在 90 年代后期，导入先进的技术和管理方式越来越重要。从技术层面来看，80 年代大多采用技术合作或购买国外先进设备的方式，进入 90 年代后随着国内市场竞争的激化，这种方式带来了较大风险。因此，中方希望通过合资的方式获得长期稳定的技术导入。另一方面，从管理方式来看，虽然在 1992 年确定了建立社会主义市场经济的目标，但是企业的经营体制仍然没有摆脱传统方式，因此很多国有企业希望通过合资转换经营方式，这也是很多国有企业希望与日本企业合资的一个重要原因。那么希望导入的经营管理方法具体包括哪些内容？根据研究者的分析主要包括三个方面。一个是企业长期经营战略的形成和贯彻，另一个是生产管理、质量管理系统等技术层面的管理方法，还有一个是包括岗位培训（OJT）在内的人力资源管理的方法和手段（王志乐，1997，pp. 126～140）。由于在这些方面日本的跨国公司积累了丰富的经验，因此是理想的合资对象。

其次，日方的经营支配能够得到中方同意的另一条理由是，中国的外资政策并不主张按照出资比率划分支配权。在《合资企业法》中没有强调所有权对经营权的决定作用，在我国政府研究机构的报告中同样可以看出政府不赞成支配权与所有权的对等关系，因为"在经营支配权问题上，按照出资比率划分权限或生硬地规定双方的权力并不好，中日双方应该相互尊重、相互学习，按照积极交流的原则相互协调地开展经营活动[1]。"相反，外资政策鼓励合资企业按照按照双方经营资源的特质进行适当的权限分配，同时按照环境的变化进行支配关系的调整，构建相互信赖的双方关系。结论是合资企业中方合作伙伴以及外资政策均倾向于按照双方拥有的经营资源的特点合理分配经营支配权。因此，即使在日方少数持股的情况下，由日方主导的经营支配仍然有可能存在。

但是，这种经营资源依赖关系以及中方对日方主导经营权的同意是有前提条件的。这些条件主要包括两点。第一，合资企业必须保持相对独立性，日方必须保持对合资企业经营活动的尊重。中方的一般观点是，合资企业不是独资企业，也不仅仅是日方母公司的海外生产据点，它是中日双方共同出资共同经营的独立经济体。在《合资企业法》中，合资企业的性质被规定为独立的企业法人。因此，合资企业必须保持经营上的相对独立性。而母公司实施经营支

---

① 李明星＜中日合资企业中存在的问题与对策＞《中日合资企业经营理念调研报告》1997。

配的目的是培育合资企业的独立经营能力，从长期的观点出发使合资企业完成双方母公司赋予的使命。而单独以某一方的利益为基准控制合资企业的经营活动就会侵害合资企业的利益，从而在双方母公司之间产生矛盾。第二，日方必须适应当地的经营环境，不能把在日本国内有效的经营管理方法不加选择地导入合资企业。在合资企业中，如果从综合经营力来评价，日方可能优于中方。特别是在生产管理、质量管理、经营理念的贯彻以及公司员工的教育训练等方面，日本企业在世界上受到广泛的好评。然而，这些受到好评的经营资源不是在日本国内经营环境下独有的，恰恰因为他们具有科学性和世界范围的有效性（安室，1992，第3章）。这些管理方法包括与生产管理有关的"看板管理"、与质量管理有关的"QC小组"、"提案制度"，以及与员工教育培训有关的"5S管理"、"OJT"、"集体主义意识"等。但是，日本的经营管理方法中也有一些被证明仅仅在日本国内有效，而在其他国家和地区无效的部分。代表性的如人事劳务管理方面的"终身雇佣制"、"工资制度"、"人事考核制度"、"每日加班"以及过度重视企业内部价值观，轻视社会共同的价值准则等。因此，日方母公司必须对导入合资企业的经营管理方法进行鉴别和判断，剔除那些不符合中国经营环境的经营管理方法。

3. 经营支配的类型与效果

以上论述说明，母公司对合资企业的支配不仅受出资比率的影响，双方所拥有的经营资源特质也是一个重要的影响因素。另一方面，根据双方母公司对合资企业支配力的强弱，支配的类型可以分为三种。即"一方主导支配型"、"双方共同支配型"以及"自主经营支配型"。对支配类型加以区分的目的是为了评价母公司战略目标达成度以及合资企业的经营效果。因为合资企业的经营效果不能仅仅从财务上的收益性来判断，母公司是否达到了预定的战略目标也是一个重要的评价指标。另外，支配的类型直接影响到合资企业的经营效果，母公司获得合资企业经营支配的主导权不一定意味着合资企业良好的经营效果。在评价支配类型的效果时应注意三个问题。其一是合资企业的经营环境。不同的经营环境下应该采用不同的支配类型才能达到有效。其二是合资企业的发展阶段。合资企业在不同的发展阶段各方所持的经营资源其重要性会发生变化。其三是对合资企业的评价角度。即双方母公司对支配类型效果的评价由于角度的不同可能不一样。这是因为双方母公司的经营战略在不同时期可能不一致，因而对合资企业的期待就有所不同。换言之，双方母公司的经营战略越是一致，对合资企业支配效果的评价就越是趋向一致。

1）经营支配的类型

为了便于下面的分析，首先给出经营支配和经营支配类型的定义：所谓"经营支配"，就是双方母公司对合资企业经营决策的影响力；所谓"经营支配类型"，就是双方母公司对合资企业经营决策影响力的基本方式。如前所述，合资企业的支配类型分为"一方主导支配型"、"双方共同支配型"以及"自主经营支配型"。对于各种支配类型的效果，既往研究已经有了一定的分析结果。以下首先对这些研究结论进行回顾和整理。

Killing（1983）率先进行了对于支配类型效果的研究。他的研究对象是在发达国家设立的合资企业。研究的方法是，首先把支配的类型分为三种类型。第一种类型称为"一方主导支配型"（dominant parent joint ventures），其中又分为"跨国公司主导型"（MNE dominant control）和"当地企业主导型"（local dominant control）两种。前者是由外方（即跨国公司）派遣经营者，并主导合资企业的经营活动，后者是由当地合作伙伴任命经营者并主导企业的经营管理活动。第二种类型称为"双方共同支配型"（shared management joint ventures），这种类型的特点是双方母公司共同参加合资企业的决策活动，互相之间是平等合作的关系。第三种类型是"自主经营支配型"（independent joint ventures），其特点是由战略决策机构（董事会）公开招聘职业经理人，职业经理人按照契约主持企业的日常经营活动，而双方母公司对合资企业的经营活动不加干预。以下进一步说明各支配类型的特征。①

在一方主导支配型的合资企业，重要的决策活动由掌握产品销售渠道、技术以及经营方法等关键性经营资源的一方主导，掌握支配权的母公司频繁地对合资企业总经理发出指示，母公司的各职能部门对合资企业对应职能部门实施指导和监督。而合资企业总经理的职能，则相当于支配方母公司设在海外的企业工厂长。在这种类型的合资企业，董事会只是一种形式上的存在，对合资企业的经营决策活动没有实质性的支配力和影响力（Killing，1983，p. 17）。一般来说，在这种支配类型的合资企业，掌握支配权的一方往往是跨国公司即外

---

① Killing 的分类方法如下：首先，将合资企业的重要决策活动分为 9 种，包括价格设定、产品开发、生产计划、生产管理、质量管理、部门负责人任命、销售管理、成本管理、成本管理。其次，将有关这些活动的决策方法分为 6 种：①由合资企业负责人决定；②由合资企业负责人与当地母公司共同决定；③由合资企业负责人与外方母公司共同决定；④由当地母公司决定；⑤由外方母公司决定；⑥由双方母公司共同决定。最后，把以上六种决策方式划分为三种类型，即一方主导支配型、双方共同支配型、自主经营支配型（Beamish 1990，pp. 18 ~ 19。

方企业，因此这种类型的支配方式也称为"跨国公司主导型"。

在双方共同支配型的合资企业，双方母公司对合资企业的经营决策活动都有一定的影响力，这是因为双方在各自擅长的领域都拥有重要的经营资源，并以其对合资企业的经营活动进行指导和监督。在支配方式上，双方母公司的职能部门与合资企业相对应的职能部门之间设有规范化的联系渠道和联系方式，各种信息、报告、指示、指导活动以规范的方式在母公司和合资企业之间有条不紊地传递。另外，在这种支配类型的合资企业，最高经营决策机构由双方母公司任命的人员构成，决策机构本身握有决定性的支配权（同上，p. 17）。

在自主经营支配型合资企业，双方母公司对合资企业的经营活动均没有一定的影响力，合资企业独自确定自身的经营战略，以自身积蓄的经营资源独自开展经营活动。关于这种类型支配方式的形成原因，可能是由于双方母公司对合资企业的设立没有确定明确的战略目标，有时仅仅是为了利用多余的生产要素。也可能是由于双方母公司与合资企业之间没有生产活动的关联性或交易关系。在 Killing（1983）的调查对象（37 家公司）中，这种支配类型的合资企业只有 4 家，仅占 11%，因此他认为这种支配方式属于极少数。

在中国，90 年代有关合资企业支配类型的调查进行了两次。一次是由中国企业管理协会研究小组在 90 年代初期进行的研究（李兆熙，1994），另一次是由复旦大学研究小组在 90 年代后期进行的研究（许晓明，1998）。在 90 年代初期进行的研究中，首先发现中外合资企业的支配类型与 Killing 的调查结果基本相似。[1] 在作为调查对象的 30 家合资企业中，跨国公司主导型和自主经营支配型均未发现，这是因为在调查期间（1989～1990），外国企业的对中投资尚未正式开始。另外，当地企业主导型只有 3 家，属于极少数。而 30 家合资企业中有 27 家属于双方共同支配型，占全体调查对象的 90%，是最普遍的支配类型。因此，调查的结论是，双方共同支配型方式与当时的经营环境相吻合。在这种支配类型的企业中，设立初期双方之间发生的经营摩擦较多，但这是建立相互信赖关系的必要阶段。应该注意的是，虽然双方共同支配型与 Killing 的调查结果相似，但影响因素是不一样的。在 90 年代初期，中方国有

---

① 这项研究以两个因素作为分类的基准。一个是，合资企业经营负责人（总经理、副总经理）是由董事会共同任命的还是由一方母公司单独任命的；另一个是，双方母公司对合资企业都具有影响力，还是只有一方具有影响力。

企业掌握的经营资源较少，外方跨国公司尚未完成试探性投资，因此不可能向合资企业投入大量经营资源，而外资政策以及地方政府的"共同经营、相互协作"方针则是促成双方共同支配型的最大影响因素。

另一方面，90年代后期进行的研究将合资企业的支配类型分为四种。第一种是一方主导支配型，在这种支配类型的企业，少数出资方在董事会也拥有席位，但是不参加合资企业日常经营活动。第二种类型是双方共同支配型，即双方均向合资企业派遣经营者，并且参加合资企业的经营决策活动。第三种支配类型是"多方共同支配型"，即合资伙伴由两家以上母公司构成。由多家母公司构成的原因有经营资源相互补完的因素，也有减少投资风险的因素。第四种支配类型是自主经营支配型。在这种支配类型的企业，总经理、副总经理以及高级职员由董事会招聘，按照契约实施承包责任制。这项研究的结论是，从现状来看一方主导支配型仍然是少数，双方共同支配型占压倒多数。但是，从经营的效果来看，一方主导型的效果并不差。而双方共同支配型支配方式在双方尚未形成信赖关系的阶段，将引发大量矛盾和经营摩擦，从而降低了经营的效率。因此，研究小组认为，双方共同支配型支配方式并不一定是最好的选择。另一方面，从提高经营效率的观点来看，最理想的支配类型应该是自主经营型。因为这种支配方式的特点是，一方面双方母公司共同参加董事会的决策活动，可以确保共同投资、共同经营的基本方针，另一方面在日常经营管理层，可以作为独立的经营主体开展经营活动，由于不受母公司的经营干扰从而避免了双方经营摩擦的产生。他们还认为，当合资企业积蓄了一定的经营资源后，就应该向这种支配类型转换。

2）支配类型与效果

有关支配类型的效果，其问题意识是究竟采用哪一种支配类型对合资企业的经营效果更好，然而既往研究并没有得出统一的结论。原因是研究的对象、研究的地域以及研究时期的不同，都有可能产生不同的结果。以下对既往研究的结果进行整理，在此基础上对90年代中日合资企业的实态进行分析。

Killing（1983）的研究对象是在发达国家设立的合资企业。他的结论是，一方主导支配型比双方共同支配型的效果更好。因为在他的调查结果中，在一方主导支配型企业中有23%的企业对支配效果感到"满足"，有54%的企业回答"较好"。与此相对应的是，在双方共同支配型的企业中，回答"满足"的企业是20%，回答"较好"的企业占25%。因此他得出了"一方主导支配型好于双方共同支配型"的结论。关于为什么一方主导支配型的效果更好？他用组织理论中有关指挥职能的统一性原理进行了解释。即："在双方对等型支配方式的企业，决策活动比较困难。"（Killing，1983，p. 28）。在此之前，Stopford & Wells（1972）的研究也获得了类似的结论。他们发现，在不同的出资比率与支配方式的组合下，合资企业的经营效果显著不同。多数持股或完全持股的一方对（合资）企业实施主导性支配，其成功率高于对等持股的合资企业。

Beamish 也进行了相同的研究，但是他的研究对象是在发展中国家设立的合资企业。他的研究结论是，双方共同支配型的效果比一方主导支配型更好。其理由是，从调查结果来看，在外方多数持股的条件下，失败对成功的比率是75：25；在对等持股或少数持股的情况下，失败对成功的比率分别是33：67和25：75（Beamish，1990，p. 76）。

一些研究者与 Beamish 持相同观点。例如，Harrigan（1986）认为，合资企业的最终目的是，通过双方企业的共同经营活动产生乘数效果。为了使合作达到这样的效果，合资双方的相互协调和共同行动极为重要。为此，双方应该共同参加合资企业的经营活动，共同对合资企业的经营决策活动产生影响。有一种观点认为对等持股使合资企业的日常经营活动变得困难，事实上对等持股是一种理想的状态。因为合资活动如果违背了任何一方母公司的期待就不可能长期维持，为了维护母公司之间的意见一致就不应该保持出资比率的不均衡状态。而"对等出资是合资精神的象征，可以保证母公司对合资企业的关心以及许诺"坂野（1991）。以日本的跨国公司为研究对象，在调查基础上分析了支配类型与经营效果的关系。他的结论是，一方主导型支配方式不利于国际合资事业的成功，而双方母公司共同参加合资企业的经营决策活动则有利于合资企业经营业绩的提高，相互之间的满足感也能得到提高（村松编，1991，pp. 120～121）。

通过以上的理论回顾可以看出，虽然有关研究的对象、地域、时期以及结论均不相同，但也存在若干共同点。其中之一，是对经营环境的重视，另外一点是支配效果的判断基准。关于合资企业的经营环境，跨国公司在发展中国家投资并设立合资企业时，其丰富的经营资源可以得到充分的发挥，成为其取得经营支配权的重要砝码。但是，在发达国家设立的合资企业，其经营资源的优势不一定能得到充分的发挥。原因在于，跨国公司的经营资源往往与发展中国家的当地企业具有异质性和互补性，而与发达国家当地企业所拥有的经营资源则往往具有同质性和可替代性。因此在后者（发达国家），出资比率对母公司的支配力具有重要的影响，但在前者（发展中国家），出资比率的作用就不是那样重要。另外，关于支配效果的判断基准，研究对象不管是在发达国家还是在发展中国家设立的合资企业，以上研究均是从跨国公司（外方）的立场进行分析，对于当地政府或当地企业的判断基准并没有进行深入分析。

另外，从以上研究还可以看出，直至90年代日本的跨国公司在海外设立子公司时倾向于合资，而且倾向于以多数持股获得一方主导型支配地位。从一项针对日本跨国公司出资比率的调查结果来看，64.1%的企业认为超过50%的出资比率是理想的出资比率，另外，还有74.6%的企业认为应该获得会长（董事长）任命权，60.1%的企业认为应该获得财务部门负责人的任命权（村松编，1991，pp. 101～103）。

对于中日合资企业的支配类型及其效果日方是如何评价的？从实际情况来看与Killing的观点基本一致，即日方倾向于采用外方主导型经营支配方式。在第2章的第3节我们看到，中日合资企业出资比率的变化经历了三个阶段。在第1阶段（1980～1991）和第2阶段（1992～1995），日方停留在少数持股和对等持股，之后就开始迅速向多数持股转变。另外，在第3章的第1节，我们看到有关合资企业的经营者任命权，日方一般倾向于获得总经理的任命权，并且期待中方决定董事长人选。因此可以判断，多数日方企业倾向于外方主导型支配方式。[1]

但是，有关支配类型及其效果的判断，中方政府及母公司持不同观点。至90年代末中国政府明确支持双方共同支配型的观点。在外资政策中也清楚地反映出这种观点。例如，在《合资企业法》中明确规定：合资企业董事会的重大决策需要采用全员一致的方法表决。非重大决策可以按照企业章程规定的方式表决，但必须在双方协议的基础上进行。另外，在日常经营管理活动中，总经理和副总经理必须由双方母公司派遣经营者共同组成，而且"总经理在决定重要问题之前必须与副总经理进行协商。"（《实施条例》第40条）另外，根据原国家经贸委经济研究中心的研究，中央政府的观点可以表述如下[2]："中日双方在经营理念上的差异必然对合资企业产生不同的影响，这样的影响

---

① 本项调查数据参考了石井昌司『日本企業の海外事業展開』1992。

② 原国家经贸委经济研究中心研究组《中日合资企业经营理念调研报告》1997。

对合资企业的经营活动和长远发展是有利还是不利，主要取决于合资双方是否能够互相学习、互相尊重，从而发挥各自的优势。合资双方不应仅仅考虑自身的利益，应该采用透明式经营和相互协调的经营方式。只有这样才能充分发挥双方的比较优势，对合资企业的长期发展起到好的效果"（同上，p. 10）。另外，关于"相互协调的经营方式"，在这项研究中也有具体的说明："关于日常经营管理的权限和责任的分担，一般来说人事、财务、总务、对外交涉等工作由中方负责较好，而生产管理、质量管理、设备管理等工作，则由日方负责较好。关键在于，这样的责任与权力的分配只是相对的，有关这些经营管理活动的重要决策，双方应该充分协商从而达到意见一致"（同上，p. 10）。从以上论述可以看出，中国政府的观点与 Beamish、Harrigan 等研究者的观点一样，主张合资双方采用双方共同支配型的方式。

中方为什么主张采用双方共同支配型的支配关系？考虑到 90 年代中国的投资环境和经营环境，我认为主要有两个理由。第一个理由是，一方主导支配型方式不符合中国的外资政策。因为所谓一方主导支配型，在 90 年代实际上就意味着由日本跨国公司主导。在这种经营支配方式下，中方派遣经营者无法参加重大经营问题的决策过程，从而无法在合资企业中真正留住跨国公司的先进技术和科学的管理方法，最终无法达到引进技术和管理的战略目标。另一个理由是，即使采用当地企业主导的支配方式同样不符合引进外资的战略目标。因为 90 年代的国有企业在经营管理上存在很多缺陷，虽然从 80 年代开始国有企业一直在探索经营管理体制的改革，但收效甚微。如果由当地国有企业主导合资企业的经营活动，那么合资企业只能走国有企业的老路，引进先进的技术和管理等目标均无法实现。

在现实中，双方共同支配性方式既有成功的案例亦有失败的案例。北京松下彩色显像管有限公司（BMCC）是一个成功的案例，这个案例在 90 年代的中日双方企业界传为佳话。BMCC 由北京市四家国有企业和松下集团两家公司（松下电子产业、松下电子工业）在 1987 年共同出资设立。在所有权政策上双方按照"平等互利"的原则采用了对等持股的方式，即中日双方各出资 50%。在支配方式上双方也相应地采用了权限和责任的共同分担，在最高经营决策机构的董事会，董事长由当时的北京市副市长兼任，日方任命副董事长，其他十名董事由双方各指定 5 人。在日常经营决策机构，总经理由日方指定从总公司派遣，副总经理则由中方派遣。制造部、技术部、计划财务部等中层部门的部长由日方任命，而人事总务部长由中方企业派出。

另外，在日常经营活动中 BMCC 按照"透明式经营"的方针进行了周到的安排。关于当时的经营管理活动，日方首任总经理蜷川亲义有如下回忆："每一件事的决定都有日方和中方经营负责人同时在场，决议的内容分别用日语和汉语记录并进行确认。每一件事都不是由一方决定，企业干部每月集中两次，对已经决定的事项要亲眼确认。这样的基本规则，在维持双方协调关系上发挥了效果。"① 可以看出，这种支配方式虽然在理论上接近理想，但是在实际操作上却是一项难度较大的工作。不难想象这样的工作方式在经营环境变化较大的情况下有一定的风险，因为它不符合管理的集中性和统一性原则。BMCC 之所以采用双方共同支配方式，很大程度上是一种尝试，也是为了给其他合资企业起到示范作用。

4. 合资企业支配关系的构造

1）问题意识与分析的方法

从到此为止的分析可以看出，在中日合资企业中存在三条支配关系的主线，一条是中方母公司与合资企业之间的支配关系，另一条是外资政策和地方政府的影响力，还有一条是日方母公司与合资企业之间的支配关系。因此，需要进一步分析这三条支配关系的活动方式，包括出资比率、经营资源以及当地政府影响力等因素。本节作为第四章的总结，提出中日合资企业支配关系的基本构造。分析的方法是，以有关支配理论的分析为基础提出三个基本假设，在此基础上提出中日合资企业支配关系的基本框架。对这些假设的实证分析将在第五章进行。

2）要点与假设

（1）要点的整理

a. 合资企业的成立依据：合资企业的设立理由主要是为了获得经营资源的补充或为了对应外资政策的限制，即母公司为了实现某种特定的战略目的，需要通过合资方式获得必要的经营资源。另外，虽然不需要获得经营资源，但是由于当地外资政策对特定行业的外方企业出资比率有限制，在可以实现战略目的的情况下外方也会选择合资方式。

b. 母公司实施经营支配的目的：经营支配的目的是为了实现母公司的战略目的。在缺少支配的情况下合资企业的经营活动可能偏离母公司的战略目

---

① ［日］『中央公論』·《中国ビジネス徹底研究》，1994，pp. 238～239。

标。为了防止这种状况的出现，母公司需要对合资企业的经营活动进行支配。支配的方式分为直接支配和间接支配（参照本章第二节），前者主要通过经营者以及技术人员的派遣实现，后者主要通过契约、规程、工作流程、指示等方式实现。在中日合资企业中，日方母公司主要采用直接支配的方式。

c. 当地政府及主管部门的影响力：当地合作伙伴主要是国有企业，在90年代国有企业受行业主管部门的管理，多数主管部门握有国有企业经营者的人事任命权。[①] 合资企业中方母公司内部没有合适的派遣经营者的情况下，主管部门有权从所辖其他国有企业中选拔并派遣。另外，与合资企业有关连的行政管理部门除主管部门外，还有各种类型的开发区管理委员会。管理委员会的权限和责任是，招商引资政策的实施以及投资环境的建设和改善。主管部门的权限和责任是，经营者的选拔和推荐、生产经营状态的把握、产业政策的贯彻等。一般情况下，合资企业与主管部门的关连比较密切。

d. 支配对象的两个阶层：母公司的支配对象是合资企业的上下两个阶层，上层是战略决策机构（董事会），下层是日常经营管理机构（总经理及经营委员会）。以下将母公司对董事会的支配称为"战略支配"，将母公司对日常经营管理机构的支配称为"经营支配"。

关于战略支配，由于董事会的成员构成一般都以出资比率为基准在双方之间分配，多数持股就意味着较大发言权。但是，董事会的多数表决方式只限于一般重要决策，重大决策的表决方式按照法律规定必须全体一致同意。另外，通过多次访问调查发现，中日合资企业董事会的决策事实上很少采用表决方式，多数以事前协商的方式使意见逐渐统一，瓜熟蒂落后在董事会一致通过。因此，在董事会层面上双方共同支配方式较为常见。另一方面，关于经营支配，按照规定总经理由一方推荐后由董事会任命，事实上母公司的出资比率以及经营资源的特质是确定总经理人选的重要影响因素。在中日合资企业的日常经营活动中，日方主要负责生产、技术、质量、进出口等方面，中方则主要负责人事、总务、市场销售以及与当地政府的交涉协调等方面。在这样的责任分

---

① 关于国有企业经营者的任命方式，1986 年公布的《国有企业厂长工作条例》规定了三种方法：①由企业主管部门或干部管理部门委任或任命；②由企业职工代表大会招聘或指名（其后仍需上级主管部门认可）；③由企业主管部门招聘或指名。根据 1998 年的调查，主管部门任命方式占全体的 75.1%，职工代表大会选举、上级任命的方式占 4.3%，招标方式占 1.3%，企业董事会（股份制企业）任命方式占 17.2%。由此可见，国有企业经营者的任命方式大部分仍然是由企业主管部门决定（资料来源：中国企业家调查系统＜素质与培训：变革时代的中国企业经营管理者＞《管理世界》1998.4）。

担状况下，日方母公司在与经营直接有关的决策活动中具有较强支配力，中方母公司在与经营有间接关联的决策活动中支配力较强。

e. 母公司的所有权政策：在合资企业的设立阶段，外方在确定出资比率时较为重视投资风险，因此这个阶段的外方所有权政策以少数持股或对等持股为主。在生产经营活动开始后，外方随着投资风险的减少以及对投资环境的了解开始调整出资比率，转向多数持股或完全持股。另一方面，90年代前期中国引进外资的基本目的是引进资金、技术和管理，90年代后期引进逐渐倾向于引进技术和管理为主，因此中方母公司的所有权政策大多倾向于双方对等持股，以利于通过共同参加经营活动达到上述目的。

（2）三个基本假设

假设（1）：关于出资比率与支配类型

出资比率决定董事会成员的席位分配，因而赋予经营支配以法律上的正当性，但出资比率不一定与支配类型相一致。出资比率对战略决策活动的支配关系有一定影响，但受到一定限制（例如重大决策必须全员一致同意）。出资比率对日常经营活动的支配类型没有直接影响，不管在什么样的出资比率条件下，日常经营管理层以一方主导支配型为主。

假设（2）：支配类型的决定因素

在合资企业的战略决策层，支配的类型主要受出资比率和外资政策的影响。在日常经营管理层，支配的类型主要受经营资源特质以及外资政策等因素的影响。母公司的经营资源对合资企业的生存和发展越是重要，主导日常经营活动的可能性就越大。在中日合资企业中，日方母公司拥有的经营资源主要与日常经营活动的效率有关，中方母公司拥有的经营资源主要与经营环境的对应以及市场销售的扩大有关。

假设（3）：两种支配类型

在合资企业的战略决策层（董事会），支配的类型以双方共同支配型为主，主要影响因素是出资比率以及中方引进外资的基本方针（相互协调、共同参与）；在日常经营管理层（总经理及经营委员会），支配的类型以一方主导支配型为主，主要影响因素是经营资源的特质以及管理的基本原则。另外，经营资源的重要性将随经营环境的变化发生变化，在此情况下，日常经营活动的支配类型将随之发生改变。

3）合资企业支配关系的框架

中日合资企业支配关系的框架如图4-5所示。这个框架的基本结构是，从纵向看包括中方母公司的支配流程和日方母公司的支配流程，以及外资政策和当地政府的影响等三个部分。从横向看则分为三个层次，分别是双方母公司之间的支配关系、合资企业战略决策层的支配关系以及日常经营层的支配关系。以下对纵向和横向的支配关系分别说明。

（1）日方母公司的支配线

首先，日方的所有权政策在合资企业的各个阶段有所不同。一般来说在设立阶段以少数持股、对等持股为主，在经营阶段逐渐转向多数持股和完全持股。从 90 年代后期开始日方的所有权政策开始转换，主要目的在于获得一方主导型支配的正当性。其次，日方对合资企业战略决策机构（董事会）的支配主要通过多数持股从而获得董事会多数席位来实现。但是在董事会的表决权方面，法律规定一般重要决策可采用多数决定方式，特别重要决策必须全员一致通过。在实际操作中很少采用生硬的投票方式，一般是事先反复协商直至意见一致，最后形成文件。在董事会，董事长一般由中方母公司决定，副董事长由日方母公司决定。因此，董事会的支配方式以双方共同支配型为主，一方主导型支配方式较少出现。另外，日方对日常经营层的支配主要通过三种方式实现。第一种方式是通过总经理等经营管理人员的派遣实现直接支配，第二种是通过母公司提供各种经营支援实现间接支配，第三种是通过技术、设备的提供、生产管理系统的引进以及经营理念、研修制度的导入、实现混合型的支配。[①] 关于第一种方式，总经理对合资企业日常经营活动负有全面责任，需要具有一定的综合经营能力。日方母公司对总经理人选的决定权非常重视，而中方母公司从经营活动的效率性出发，一般认可由对方派遣经营者。关于第二种方式，日方母公司对合资企业经营者的决策活动规定范围、内容和方式比较普遍，例如，根据决策的重要性把决策事项分为"由经营者独立判断决定"、"与母公司协商后决定"以及"由母公司按照规定决定"等。最后，关于第三种支配方式，母公司向合资企业转移的技术随着经营环境的变化需要不断更新，因此技术提供的过程也就是对合资企业进行支配的过程。另外，伴随着各种管理系统向合资企业的导入，母公司经营理念、职工教育训练方法的浸透也是不可避免的。

（2）中方母公司的支配线

根据原国家经贸委经济咨询中心 1997 年的调查，在中日合资企业中，有

---

① 所谓"混合支配方式"，是指根据具体情况采用直接支配方式或间接支配方式。

接近 70% 的中方母公司是国有企业。① 直到 90 年代，国有企业一直受行业主管部门的管辖，而主管部门作为国有资产的管理者，其职能是对国有企业的经营活动提供支援并实施监督。按照《合资企业法》的规定，合资企业中方母公司的主管部门就是合资企业的主管部门（《实施条例》第 6 条）。中方母公司的支配方式具有以下特征：首先，母公司的所有权政策在外资政策基本方针的指导下倾向于对等出资。但是，这样的所有权政策受到一定的制约。因为《外商投资产业指导目录》在一些行业对外方多数持股进行了限制，规定在一些行业中方必须多数持股或占主导地位。这些受到限制的行业大都具有技术水平高、投资规模大的特征，中方母公司不一定具有相应的筹资能力。另外一点是，中方母公司在税制面上处于不利地位。《关于中外合资企业中方利润分配及管理的暂行规定》（1987 年 5 月由国务院发布）规定了作为中方母公司的国有企业利润分配方法。文件规定，合资企业中方母公司以国家资金或银行贷款出资的，其所得利润按国有企业所得税税率（33%）上缴税金，而外方获得的利润如用于再投资，则可以减免税金。② 加上大多数外方企业本来就享有企业所得税优惠政策（17%），合资企业经营的时期越长，中方与外方在收入上的差距就越大。这种局面一直延续到 2007 年。

其次，中方母公司的支配方式，主要通过经营者派遣和各种经营支援方式来进行。在合资企业的董事会，董事长一般由中方担任，在沟通与当地政府和社区关系、改善经营环境以及协调双方母公司的方针等方面，董事长都起着重要的作用。由于董事长多数担任中方母公司的经营者职务，他们能够将母公司的经营方针和要求准确及时地传达到合资企业。另一方面，在日常经营管理机构，中方母公司的派遣经营者担任合资企业副总经理的比例较高。副总经理在日常经营活动中一般分管总务、人事劳务、财务等职能部门的工作，为经营活动提供支援和保证。由于日常经营机构的经营决策客观上需要实行一方主导型支配方式，这主要取决于经营资源的特质和重要性。例如，在产品以内销为主的企业，中方的支配力往往较强，而在产品以出口为主的合资企业，中方的支配力则相对较弱。

---

① 调查对象为 246 家合资企业，其中中方母公司为国有企业形态的比率占 68.7%。

② 根据《外商投资企业即及外国企业所得税法》（1991），中外合资企业外方将利润用于再投资时，可以返还已缴纳企业所得税的 40 ~ 100%（第 10 条）。

（3）母公司支配的相互关系

在双方母公司之间，有关支配的相互关系需要注意以下几点：其一是双方经营资源的相互关系，其二是双方经营战略的相互一致性，其三是经营管理者配置的相互关系。所谓双方经营资源的相互关系，是指经营资源的相互补充结构决定了支配类型的基础。在90年代，多数合资企业产品以出口为主。在这种状态下，掌握了生产管理、质量管理以及出口渠道的日方在支配关系上占据优势，从而形成了以日方为主导的支配关系。而在中国加入世贸后，合资企业产品转向以扩大内销为主，环境的变化使以中方为主导的支配关系成为可能。

所谓双方经营战略的相互一致性，是指双方母公司有关合资企业的经营战略需要通过相互协调取得一致。双方战略越是一致，在合资企业重要决策问题上就越是容易取得一致性意见，从而减少决策时间、提高决策的效率、同时避免战略上的摩擦。另外，在这种情况下双方母公司对合资企业经营效果的评价也会趋向一致。因此，经营战略上的相互协调也是双方支配关系中的一项长期性工作。

另外，中日合资企业在经营管理者配置的相互关系上也据有一定特点，首先是从法律上规定了经营者配置的平衡。在《合资企业法》和《实施条例》中，规定了董事会的董事长和副董事长应该由双方分别担任，在日常经营机构中也规定总经理和副总经理应该由双方分别担任，这样的规定有利于双方共同开展经营活动，防止一方在经营活动中的独断专行。但是，在董事会，董事长与董事之间在表决权上是平等的关系，而在日常经营机构，总经理对经营活动全面负责，副总经理的职责是协助总经理开展经营活动。因此，总经理与副总经理之间是上下级关系。其次，在合资企业的业务部门和职能部门，生产、技术、质量、出口等部门的部长和副部长一般由日方派遣经营者和中方干部分别担任，而总务、人事、财务等部门的部长多由中方派遣干部担任，各部门的部长对总经理负责。可以看出，这样的组织构造有利于发挥双方的各自优势，同时也有利于决策活动的共同参加。总体上看，中日合资企业的组织构造和权限责任关系在董事会和日常经营机构两个层次上有所不同。董事会的组织构造有利于实行双方共同经营和共同支配，而日常经营机构的组织构造有利于一方主导支配。双方支配关系的构造如图4-5所示。

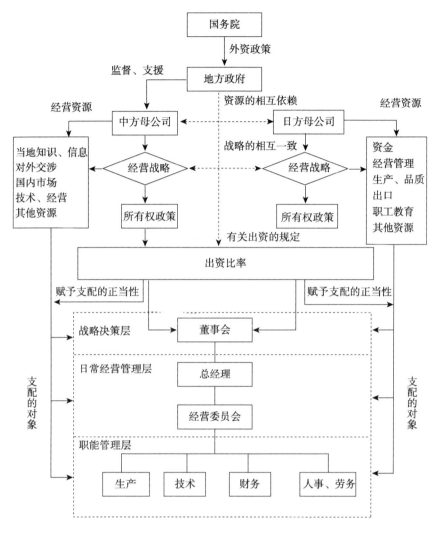

图 4 - 5　中日合资企业支配关系的框架（假设）

主要参考文献

1. Beechler, Schon Laureen (1990) *International management Control in Multi-nationnal*: *The Case of Japanese Consumer Electronics Subsidiaries in Southeast Asia*. UMI Dissertation Information Services

2. Franko Lawrence G (1971) *Joint Venture Survival in Multinational Corpora-*

tions. Praeger. New York

3. 原口俊道（1999）『経営管理と国際経営』同文館

4. Horng, Ching-Der（1991）［*Cultural Differences, Trust, And Their Relations With Business Strategy And Control.*］UMI Dissertation Information Service

5. 洞口治夫（1992）『日本企業の海外投資－アジアへの進出と撤退』東京大学出版会

6. 入江猪太郎監修（1983）『多国籍企業論の系譜と展望』文真堂

7. 石井昌司（1992）『日本企業の海外事業展開』中央経済社

8. 岩田龍子（1977）『日本的経営の編成原理』文真堂

（1978）『現代日本の経営風土』文真堂

岩田龍子他（1996）『現代中国の経営風土』文真堂

9. 市村真一（1980）『日本企業インアジア』東洋経済新報社

市村真一編著（1998）『中国から見た日本的経営』東洋経済新報社

10. John M. Stopford and Louis T. Wells, Jr［*Managing The Multinational Enterprise*］Basic Books, Inc., New York.（山崎清訳『多国籍企業の組織と所有政策－グローバル構造を超えて－』ダイヤモンド社 1976）

11. 小宮隆太郎（1972）「直接投資の理論」澄田智・小宮隆太郎・渡辺康編『多国籍企業の

実態』日本経済新聞社

12. 加護野忠男（1997）『日本型経営の復権』PHP 研究所

13. 加護野忠男他（1983）『日米企業の経営比較』日本経済新聞社

14. Killing J. Peter（1983）"*Strategies for Joint Venture Success*" Croom Helm Ltd, Provident House

15. Kathryn R. Harrigan（1986）"Management For Joint Venture Success" P. H. Heath and Company（佐伯光彌監訳『ジョイントベンチャー・成功の戦略』有斐閣 1987）

16. 小林正彬（1997）「経営近代化の國際比較－アメリカの日本研究に見る」『國際比較・國際関係の経営史』第七章（森川英正他編）名古屋大学出版社，（1999）『通産省の起源と政府－アメリカ日本研究と関連して』世界書院

17. Mayo, Elton（1946）*The Human Problems of Industrial Civilization.* Boston: Division of Research, Graduate School of Business Administration

18. 萬成博他（1997）『現代中国国有企業』白桃書房

19. 三戸公他（1973）『大企業における所有と支配』未来社

20. 村松司叙編（1991）『国際合弁戦略』中央経済社

21. 奥村悳一（1997）『経営管理論』有斐閣，（1997）『経営の国際開発に関する研究 –
現代企業を動かす経営理念の実証的研究 –』多賀出版

22. 岡本康雄編（1998）『日系企業イン東アジア』有斐閣

23. Ouchi. W. G. and M. A. Maguire（1965）*Organizational Control*：*Two Functions.* Administrative Science Quarterly，Vol. 22

24. Ouchi. W. G.（1976）*The Transmission of Control Through Organizational Hierarchy.* Administrative Science Quarterly，Vol. 21，No. 2

25. Ouchi. W. G.（1977）*The Relationship Between Organizational Structure and Organizational Control.* Administrative Science Quarterly，Vol. 22，No. 1

26. Perrow，Charles（1979）*Complex Organizations.* New York：Random House

27. Paul W. Beamish（1990）*Multinational Joint Ventures In Developing Countries.* Routledge Press

28. リチャードD. ロビンソン（1983）『国際経営戦略論』文真堂（入江猪太郎監訳）

29. 李兆熙（1994）《发展合资企业的成功启示 – 公司体制与管理行为》企业管理出版社

30. 李明星（1997）＜中日合资企业中存在的问题与对策＞《中日合资企业经营理念调研报告》原国家经贸委经济研究咨询中心

31. 関谷裕之（1976）『わが国民生用電子機器産業の多国籍化戦略』アジア経済研究所

32. Schaan，Jean-Louis（1983）*Present Control and Joint Venture Success*：*The Case of Mexico.* Unpublished Doctoral Dissertation，University of Weston Ontario，London，Ontario

33. 高倉信昭（1979）『日本の海外企業経営』東洋経済新報社

34. 丹野勲（1994）『國際比較経営論 – アジア太平洋地域の経営風土と環境 –』同文舘

35. 安室憲一（1986）『国際行動論 – 日米比較の視点から –』森山書店
　　　　　　　（1980）「日本企業の海外支配戦略と組織行動」『商大論

集』31 巻 4, 5 号

　　　　（1992）『グローバル経営論 – 日本企業の新しいパラダイム
　　　　　　 – 』千倉書房

　36. 吉原英樹(1979)「多国籍企業の経営戦略と所有政策 – 電機産業の場
合 – 」『国民経済雑誌』第 139 巻 4 号

　　　　（1980）「多国籍企業の経営資源と経営支配 – 所有政策の分
　　　　　　 析枠組み – 」『国民経済雑誌』第 142 巻 3 号

第五章

支配关系的实证分析

第四章对合资企业的支配理论进行了回顾和整理，并从不同角度进行了比较。在此基础上，结合中日合资企业的经营环境提出了支配关系的基本框架。由于这个支配框架的基础是三个基本假设，因此有必要对这些假设的正确性进行验证。本章以 55 家中日合资企业的访问调查（15 家）和问卷调查（有效回收 40 家）结果为基础，对第四章的三个基本假设进行验证，在此基础上对支配关系框架进行必要的分析和修正。

1. 55 家中日合资企业调查概要

1）调查目的

调查目的主要有两个。第一个目的是验证第四章提出的三个假设是否正确。在第四章的最后部分我们提出了有关出资比率、经营资源、支配类型的三个假设，在此再一次简述如下。第一个假设是关于出资比率与支配类型的关系。从现有调查已知，在中日合资企业中，日方母公司倾向于多数出资和一方主导型支配方式，而中方母公司（以及政府部门）则主张对等持股和双方共同经营型支配方式。然而，不管是在合资企业的战略决策层还是在日常经营层，出资比率虽然能够赋予支配权以正当性，但不是决定支配类型的重要影响因素。因此，出资比率不一定与支配类型相一致。第二个假设是关于支配类型的决定因素。支配类型的决定因素主要包括：（1）经营资源的特质及其对企业经营的重要性；（2）出资比率；（3）《合资企业法》以及《指导目录》等外资政策的规定。但是在合资企业的战略决策层和日常经营管理层，影响支配类型的因素有所不同。在战略决策层，决定因素主要是出资比率的大小；在日常经营层，决定因素则主要是经营资源的特质。同时，外资政策在这两个层次分别对独占性支配有一定的制约作用。由以上假设又可以得出第三个假设：在中日合资企业的战略决策层（董事会），由于法律规定了决策活动应双方共同参加、协商决定，所以支配的类型以双方共同支配型为主；在日常经营管理层，由于日常经营活动必须服从统一性、效率性等管理的基本原则，所以支配的类型以一方主导支配型为主。

第二个调查目的是，验证合资企业支配关系基本框架的正确性。第四章的最后部分给出了中日合资企业支配关系的基本框架，它包括三条支配线（中方母公司、日方母公司、外资政策有关规定）和三个层次（战略决策层、日常经营管理层、中层管理层）。支配关系的形成过程是，双方母公司首先按照各自的经营战略确定对合资企业的支配程度和支配范围，然后结合当地外资政策的方针和规定确定所有权政策。所有权政策不一定与支配类型相对应，但是赋予母公司以支配的正当性。其次，双方母公司按照各自经营资源的特质以及对企业生存和发展的重要性进行日常经营权限和责任的分配。当企业的经营环境发生变化时，双方母公司会进行支配关系的调整。在日常经营活动的权限与责任的分配过程中，出资比率与支配强度的相互关系有四种可能：第一种可能：拥有重要经营资源并多数持股的母公司掌握日常经营主导权；第二种可能：拥有重要经营资源但少数持股的母公司在取得对方母公司同意的前提下掌握日常经营主导权；第三种可能：拥有非重要经营资源但多数持股的母公司掌握日常经营主导权（表5-1）。最后，关于双方母公司支配活动的对象和流程是，中方母公司支配的重点集中于人事劳务、财务管理、国内销售等部门；日方母公司的支配重点则集中于生产、技术以及出口等部门。以上是关于合资企业支配关系框架的基本构想，本章通过实证分析对基本假设和支配关系的框架进行验证。

表5-1　所有权、经营资源、支配权的相互关系（假设）

		经营资源重要性	
		高	低
出资比率	多数持股	Ⅰ 主导性支配权	Ⅱ 非主导性支配权
	少数持股	Ⅲ 主导性支配权（对方母公司同意）	Ⅳ 非主导性支配权

资料来源：作者制作

2）调查概要

为了对以上假设进行验证，作者先后两次采用访问调查和问卷调查（仅第二次）的方式，对北京、上海、苏州等地的中日合资企业进行了调查。第一次调查对象为江苏省苏州市日资企业9家，其中中日合资4家、日本独资5

家，调查目的是确认日资企业的组织结构和人事管理特征，调查时间为1998年8月。第二次调查对象分为问卷调查和访问调查，其中问卷调查对象为列入日本三菱综合研究所《中国进出企业一览》（1999）的中日合资企业228家，调查表有效回收40份，回收率为18%。访问调查对象为北京市、上海市、苏州市的中日合资企业15家、日本独资企业2家以及苏州市高新技术开发区管委会、工商银行苏州分行风险资产管理处等。调查目的是确认合资企业的支配关系和支配方式，调查时间为2000年2~3月。

表5-2　调查表的发送与回收

发送份数	228份（北京80份、上海139份、苏州9份）、
回收份数	40份
回收率	18%
发送—回收时间	2000年3月10日~2000年4月30日

　　另外，本次调查的限定条件如下：①调查对象：问卷调查的对象是中日合资企业日方派遣经营者，访问调查的对象是中日合资企业中方派遣经营者。②行业：限定为制造业8个主要子行业，包括电子及电机、精密机械、汽车及部件、纤维及服装、化学及药品、金属制品、其他制造业等。③投资总额：100万美元以上（其他货币按美元基准换算）；④企业所在地：问卷调查对象主要是沿海城市，访问调查对象为北京、上海、苏州三地；⑤出资比率：日方合计出资比率为25%以上、95%以下。

　　3）调查对象企业概要

　　访问调查及问卷调查对象企业共55家的基本数据与概要如以下各图所示。

　　（1）设立时期

　　如图5-1所示，1992年~1995年间设立的企业为最多（33家），占全体企业的60%。以下依次是：1996年后设立的企业共11家，占全体企业的20%；1987~1991年间设立的企业共9家，占全体企业的16%。可以看出，55家企业的一半以上是在1992~1995年间设立的，至调查时点为止生产经营时间为5~8年。

　　（2）行业分布

　　如图5-2所示，在制造业内的八个子行业中，电子及电机行业为最多，共23家，占全体的43%。以下依次为：其他制造为9家，占16%；纤维服装

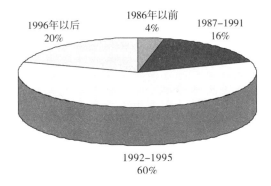

图 5 - 1　55 家公司的设立时期

为 6 家，占 11%；精密机械为 5 家，占 9%；汽车及部件为 4 家，占 7%；以及化学及药品为 4 家，占 7%；金属制品为 3 家，占 5%。可以看出，沿海城市的中日合资企业其行业分布的基本特点是以劳动力密集型制造业为主，电子及电机、精密机械以及运输用机械行业合计 32 家，占全体的 58.2%。另一方面纤维及服装的比率较低，这是因为纤维服装企业以中小企业为主，而本调查的对象设定为投资总额 100 万美元以上的企业，因此不包括中小规模的纤维服装合资企业。

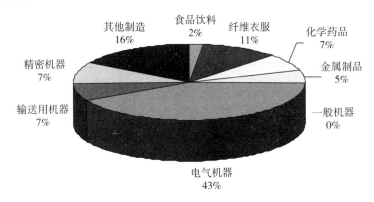

图 5 - 2　55 家公司的行业分布

（3）企业规模

如图 5 - 3 所示，投资总额呈现两边高、中间低的趋势。即 100 ~ 500 万美元的中小企业以及 3000 万美元以上的大规模企业相对较多，而 2000 ~ 3000 万美元规模的中型企业相对较少。另一方面还可以看出，90 年代后小规模投资有所减少而大规模投资有所增加。例如，投资总额在 2000 万美元以下的企业，其数量保持不变或减少，而 2000 万以上的企业数量明显增加，说明这一时期大规模企业的投资在增加。另一方面，总体来看投资总额在 101～500 万美元规模的企业虽然数量在减少但仍然占最大比率，说明中日合资企业的大多数集中在中小企业规模。

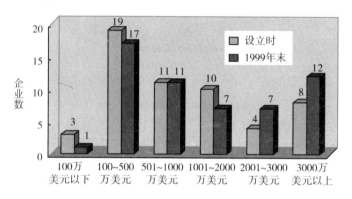

图 5－3　投资总额的变化

（4）出资比率和出资内容

如图 5-4 所示，企业设立时日方多数持股的企业占 62%，中方多数持股仅占 16%。另外，对等出资的企业比率也不高，仅占全体的 22%。这是因为大多数调查对象企业设立时间是在 1992 年后，同时调查地域为沿海经济发达的城市，此时日方多数持股的倾向已经形成。另一方面，从图 5－5 可见，尽管变动不大但日方母公司的出资比率仍在上升，对等持股的企业进一步减少，较为明显的倾向是，对等持股的变化较大，从设立开始至 1999 年末，中日对等持股的比率从 22% 减少到 18%。值得注意的是，对等持股曾是中方倡导的出资比率，主要理由是有利于共同管理和责任分担，但调查结果不支持以上理由。

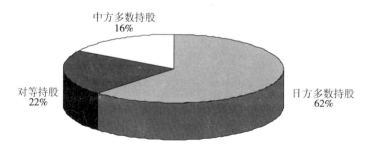

图 5－4　设立时的出资比率

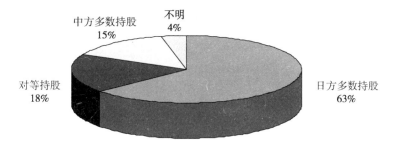

图 5 – 5　1999 年末的出资比率

　　由于图 5 – 5 的数据无法反映出每个企业出资比率的变化，为此对 55 家企业出资比率的变化状况进行统计。如图 5 – 6 所示，出资比率未发生变化的企业占全体的 71%，日方出资比率上升的企业占 25%，而中方出资比率上升的企业一家也没有。这说明出资比率正在发生变化，基本趋势是日方的出资比率在上升，而中方的出资比率在减少。

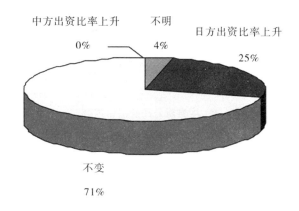

图 5 – 6　出资比率的变动倾向

　　关于出资内容，如图 5 – 7 所示，日方企业以现金出资为最多，占全体的 70%（39 家），其次分别为现金加机械设备（13%，7 家）、现金加专利、技术（9%，5 家）。中方出资的主要内容也是现金，占 37%，以下分别为土地使用权及厂房建筑（22%，12 家）、现金加土地使用权加厂房建筑（18%，10 家）。因此现金是双出资的主要方式。除此以外，日方以机械设备及专利技术出资较多，中方以土地使用权、厂房建筑出资较多（图 5 –8）。

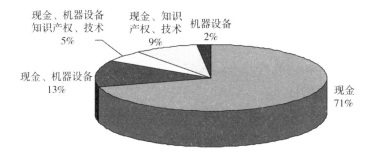

现金、机器设备
知识产权、技术
5%

现金、知识
产权、技术
9%

机器设备
2%

现金、机器设备
13%

现金
71%

图 5 - 7　日方母公司的出资内容

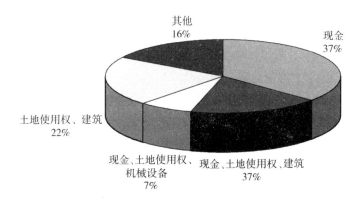

其他
16%

现金
37%

土地使用权、建筑
22%

现金、土地使用权、
机械设备
7%

现金、土地使用权、建筑
37%

图 5 - 8　中方母公司的出资内容

（5）产品主要市场及企业经营状态

如图 5 - 9 所示，调查对象企业的产品市场主要在中国国内，所占比率为64%，说明多数日本企业的基本投资战略是扩大或保持中国市场。其次是出口到日本市场，占 22%，这部分企业的主要目的利用中国质优价廉的劳动力市场。其他为出口到亚洲以及欧美市场。因此可以看出，日方母公司的主要战略目标是在中国建立生产据点和销售据点，而合资可以获得一定的国内销售权，也可以获得中方的市场资源，是达到战略目标的较好方式。但在 2001 年中国加入世贸以前，由于国内市场还没有完全对合资企业开放，因此出口比率仍然较高。

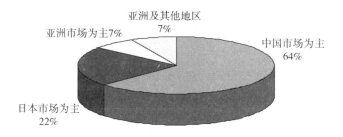

图 5 – 9　产品的销售市场

如图 5 – 10 所示，55 家企业中以从赤字（亏损）转向黑字（盈利）为最多，占全部企业的 40%。以下依次为：一贯黑字占 28%（15 家）、一贯赤字占 26%（14 家）、黑字转赤字占 6%（4 家）。以上经营状态说明，处于盈利状态的企业约占全体的 70%，大多数企业经过数年经营活动均可以从亏损转为盈利。而处于亏损状态的企业可能是设立时期较短，也可能是市场的原因或经营的原因。

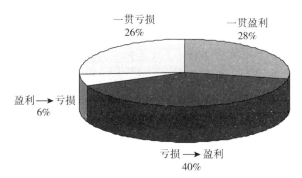

图 5 – 10　经营状态

2. 中方母公司的支配方式

在 90 年代，中日合资企业中方母公司的大多数是国有企业。而当时的国有企业正在进行现代企业制度的改革。例如，1998 年末的国有企业为 23.8 万家，比 1997 年末的 26.2 万家减少了 2.4 万家（《人民日报》海外版，1999.8.7）。另外，从 1999 年的国有企业全体来看，企业规模趋于扩大。在 1999 年 8 月，国有大中型企业的数量为 16874 家，其中大型企业为 9357 家，中型企业为 7517 家（同上，1999.8.7/1999.8.4）。其中，大型企业的总资产达 7.6 万亿元，占国有企业总资产的 56.4%。

表 5－3　访问调查企业概要（17 家）

公司名称	行业	主要制品	设立时间	职工人数（中/日）设立时	职工人数（中/日）1999年末	投资总额 设立时	投资总额 1999年末	出资内容 日方	出资内容 中方	主要市场	出资比率（日：中）设立时	出资比率（日：中）1999年末	当地母公司所有形态（1999年）	经营状态（设立-1999年）
北京沃姆松光子技术有限公司	电子电机	光电变换元件	88/3	16/1	45/1	3000万美元	3000万美元	现金	现金、建筑	全世界	50：50	70：30	国有1家	赤字→黑字
松下电器（中国）有限公司	电子电机	集团企业投资及经营支援	94/9	850/	773/24	38000万人民币	38000万人民币	现金	现金	国内：40%、日本：60%	60：40	86.7：12.3	集团内37家中28家赤字	赤字→黑字
北京爱眼眼镜有限公司	精密机械	眼镜、太阳镜、隐形眼镜等	94/5	120/1	120/1	120万美元	295万美元	现金	现金	国内	45：55	45：55	国有3家	赤字→黑字
首钢日电电子有限公司	电子电机	IC、LSI等大规模集成回路	87/9	100/7	4346/6	5亿人民币	5000万人民币	现金	现金、土地使用权、无形资产	亚洲	40：60	51：49	国有4家	黑字
北京松下彩色显像管有限公司	电子电机	彩色显像管、日光灯	91/12	700/20	840/16	385亿日元	395亿日元	现金	现金	国内	50：50	50：50	国有1家	黑字→赤字
苏州福田金属有限公司	金属制造	配线板用电解铜箔	94/10	260/9	260/8	6200万美元	6200万美元	现金	现金	亚洲	70：30	80：20	国有1家	赤字→黑字
苏州松下电工有限公司	电子电机	打印机配线板	88/5	200/3~4	250/2~3	100万美元	100万美元	现金、设备	现金	日本、美国	55：45	59.3：40.7	国有2家	一贯黑字
苏州横河电机有限公司	精密机械	模拟指示、携带式电表	94/1	200	500	4490万美元	4490万美元	现金	现金	国内、亚洲	85：15	97：3	国有1家	赤字→黑字
合贸塑胶（苏州）有限公司	化学品	家电用塑料制品、模具	93/12	100/3	200/3	1200万美元	1200万美元	现金、土地使用权	现金、土地使用权	国内	84.8：15.2	84.8：15.2	国有1家	赤字→黑字

续表

公司名称	行业	主要制品	设立时间	职工人数(中/日)		投资总额		出资内容		主要市场	出资比率(日:中)		当地母公司形态	经营状态
				设立时	1999年末	设立时	1999年末	日方	中方		设立时	1999年末	(设立)	(设立-1999年)
苏州沙迪克电子有限公司	电子电机	小型电切割机	94/5	400/3	200/0	450万美元	450万美元	现金	现金、土地使用权	国内100%	25:50(香港25%)	25:50(香港25%)	国有1家	一贯黑字
三光机电刀有限公司	一般机器	旅行用刀具,家庭用金属器具	92/3	15/1	23/0	50万美元	50万美元	现金	现金	国内,日本	55:45	60:40	国有2家+新区开发公司	赤字→黑字
苏州大雄制机有限公司	电子电机	电话交换机	94/6	100/5	632/20	2990万美元	2990万美元	现金	土地使用权、建筑物	日本:90% 其他:10%	65:35	65:35	集体所有1家	一贯黑字
苏州江苏富士通通信技术有限公司	电子电机	电子切割机	93/1	200/3~4	600/3~4	230万美元	230万美元	机械设备	土地使用权、建筑物	日本:100%	25:75	25:75	集体所有1家	一贯黑字
苏州养有服装有限公司	纤维服装	妇女服装	93/1	18/2~4	35/2~4	160万美元	160万美元	现金	现金	日本:100%	66.7:33.3	73:27	国有1家	一贯黑字
苏州中京服装有限公司	其他	电子陶瓷	92/9	100/7~8	140/5	91万美元	900万美元	现金	现金	日本:80% 其他:20%	80:20	80:20	集体所有公司	一贯黑字
苏州沙迪克陶瓷有限公司	电子电机	电子切割机	94/11	—	—	900万美元	900万美元	现金	现金	台湾:100%	80:20	80:20	国有公司	一贯黑字
欧姆龙特种和设备有限公司	电子电机	电子控制装置	94/8	270/	270/	1270万美元	1270万美元	现金	—	台湾:80% 其他:20%	100	100	—	一贯黑字
欧姆龙(上海)有限公司	电子电机	电子血压计,电子脂防计	94/8	270/	270/	10亿日元	10亿日元	现金	—	全世界	100	100	—	一贯黑字
欧姆龙(大连)精密机械有限公司	精密机械	电子血压计,电子脂防计,电子体温计	91/12	400/5	1200/3	10亿日元	10亿日元	现金	—	—	100	100	—	一贯黑字

(注)欧姆龙(上海)有限公司和欧姆龙(大连)有限公司是独资公司,因此其数据不作为分析的对象。

表 5 - 4　大中型国有企业的所有形态（1998 年调查）

	传统国有企业 （国有独资企业）	国有控股企业 （公司制国有企业）	调查对象全体
调查对象数量	278	222	500
（％）	55.5	44.5	100%

（注）500 家调查对象企业中，特大型企业占 8.4%，大型企业占 59.4%，中型企业占 31.9%。

资料来源：课题组＜国有企业管理现状调查报告＞《管理世界》1998.3

另一方面，国有企业的所有形态也发生了变化，传统意义上的国有企业不断减少，一部分国有企业改制为公司制企业。例如，1998 年末，在 23.8 万家国有企业中，国有独资企业①减少为 21.4 万家，占 89.9%，转换为公司制的国有企业为 2.4 万家，达到 10.1%。另一方面，转换为公司制的国有企业均具有大规模的特点。据 1998 年调查，调查对象 500 家国有大中型企业中，有 44.5% 已经转换为公司制，接近调查对象的一半。② 而在全国 23.8 万家国有企业中，转换为公司制的比率仅为 10.1%，可见改制企业多为大中型国有企业。

1）合资企业中方母公司的经营特征

（1）主管部门行政干预的转换

至 90 年代国有企业的经营活动一直受到政府机构主管部门的指导和控制。主管部门不仅对下属国有企业具有计划管理权和行政管理权，同时拥有国有资产管理权。按照 1992 年公布的《全民所有制工业企业经营机制转换条例》，主管部门的上述权力具有法律上的正当性。③ 但是，1992 年后随着市场环境的激烈变化和公司制的推进，国有企业独自按照市场规律开展经营活动越来越必要，而主管部门的管理方式已经不能适应企业的这种需要。在这样的背景下，90 年代后期开始了主管部门与企业之间关系的改革。至 1999 年，国务院各部委所属的国有企业与行政机构解除了所属关系，成为独立的企业法人（朱镕

---

① 在此，国有独资企业包括传统的国有企业和转换为公司制的国有独资企业。另外，国有企业中不包括国有金融企业。

② 课题组＜国有企业管理现状调查报告＞《管理世界》1998 年第 3 期，p. 91。

③ 《全民所有制工业企业经营机制转换条例》（1992 年 7 月实施）对主管部门的责任和权限规定如下（第 55 条）："主管部门对企业下达统一的指令性计划，确保企业完成计划所需要的物资；对企业提出的基本建设和重大技术改造项目进行审查和许可。另外，决定工厂厂长的任免以及由工厂厂长提名的副厂长等企业干部的任免以及评价。"

基总理《政府工作报告》1999.3）。而在地方，重新调整主管部门职能的改革也紧接其后展开。主管机关改革的方向是将国有资产管理职能与政府行政管理职能分离，因此一般改革方式是撤销主管部门，按行业设立国有资产经营公司，其主要职能是对国有资产的管理以及运用。原有的行政职能则由政府其他部门（如经济委员会）统一管理。因此，资产经营公司对下属企业的经营活动有一定指导权，对下属企业经营者的任命也拥有一定权力。当下属企业与外方设立合资企业时，资产经营公司对其重大决策活动具有一定影响力，而作为国有资产的管理者，这种影响力也具有正当性。

（2）母公司的决策方式

国有企业的决策方式具有信息传递的单方向性和决策的集权性特点。所谓信息传递的单方向性，是指企业内部以及与企业外部的资产经营公司之间的信息传递只有纵向联系而没有横向联系。其原因是由国有企业的组织结构特点所决定的。大多数国有企业的组织结构采用了直线职能制，① 其特点是正式信息的传递只能自下而上或自上而下。企业的生产和经营信息按照规定的渠道向上集中于经营管理层，经过整理后向上汇集于资产经营公司；而企业的决策机关将各种内部信息和外部信息整理后形成指示及决定，通过部长会议、职工代表大会、公司内部通知等方式向下传递至最下层管理机构（图5-11）。

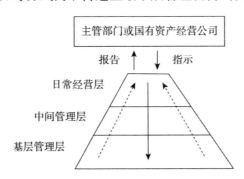

图5-11　国有企业的信息传递方式

（注）点线为原始信息，实线为加工后信息。

资料来源：作者制作

其次，国有企业的决策方式具有集权的特点。在传统的国有企业，日常经

---

① 　根据1998年的调查，大中型企业的组织机构采用直线职能制的比率为68.3%（课题组＜国有企业管理现状调研报告＞《管理世界》1998年第3期，pp. 87～88）。

营的权限、责任以及监督职能均集中于厂长或总经理。由于承担了决策的责任，他倾向于实行集权式管理方式。另一方面，在公司制的国有企业，虽然在法律上总经理受董事会的制约，但在实际中由于总经理兼任董事长的比率较高，① 事实上仍然易于采用集权方式。另外，直线职能制的组织构造也易于导致集权方式的管理。因此，有关日常经营的决策权仍然集中在总经理手中。另一个理由是，国有企业的决策活动较多采用个人拍板方式，较少采用制度以及规范的决策方法，这造成企业的经营状态往往与经营者的个人能力、人品、体力等因素有关。最后，集权式决策方式的存在与权威主义也有关系。中国的企业无论是国有企业还是民营企业，在管理方式上采用集权方式多，采用分权方式少。国外学者的评价是，"其一般特征是与欧美企业一样，权力倾向比较强烈"（岩田龙子，1997）。因此，"权力的下放非常有限，多数决策权集中于企业最高经营责任者，或少数总经理以及党组织的负责人"（Chen Min，1988，p. 172）。

（3）企业的合资战略与所有权政策

国有企业的合资战略以政府的方针政策为基础。它既包含国家的产业政策和外资政策，也包含地方政府的地区经济发展目标。但是，在不违反以上框架的前提下，国有企业也可以按照行业、规模、市场环境以及自身的经营能力，制定自身的合资战略。一般来说，国有企业的合资战略包括以下目的。第一，引进资金、技术和管理；第二，促进企业经营机制的转换；第三，获得政策上的优势。其中，所谓政策优势就是获得优惠政策。从 1998 年开始国有企业在所得税方面与外资企业适用同样的税率，但是实际上相差很大，其原因就是由于外资企业享有优惠税率。例如，在经济特区以及高新技术开发区设立的合资企业，最低所得税率为 10%，但是国有企业无法享受这一优惠政策。② 另外，在 90 年代合资企业的形象也比国有企业为好，在市场销售、银行贷款等方面处于有利地位。

因此，为达到这些目的，国有企业的合资战略是制定大项目计划，以此吸引外资共同设立合资企业开展经营活动。另外，在合作伙伴的选择上，大型企

① 根据对 100 家公司制企业的调查，总经理兼任董事长的比率高达 65%（田志龙等 < 我国股份公司治理结构的基本特征研究 > 《管理世界》1998 年第 2 期，p. 135。

② 例如，在苏州高新产业技术开发区，基础税率设定为 15%，制造业从获得利润年度开始享受"两免三减"。另外，被认定为"高新技术"的企业可继续享受三年半减优惠，产品出口企业可享受最低 10% 的所得税优惠（《苏州新区投资要览》）。

业、高技术领域、高出口比率、劳动集约型等成为理想的选择，而以上所有条件都具备的企业只能是外国大企业或跨国公司。在本次访问调查中，为确认中方母公司的合资战略，对合资企业中方经营者提出以下设问：当初设立合资企业的理由是什么？从所获得的回答来看有以下特征：第一，多数中方经营者选择"引进先进的技术和经营管理方式"（13 家，66.7%）以及"引进先进的经营管理系统"（9 家，60.0%）。第二，有近一半的企业选择了"活用外资优惠政策"（7 家，46.7%），说明企业希望利用合资企业优惠政策减少税收负担，增加利润所得。另外，多数中方经营者强调，"当初的目的是为了引进先进技术，提高国有企业的技术水平，其后随着经营活动的发展逐渐设定了其他目的。"第三，回答"由于资金不足，希望引进资金"的企业仅有 4 家。这可能是因为当初设立合资企业时需要引进先进的技术，为此需要外汇购入设备或材料等。第四，选择"通过设立合资企业减少行政干预"的企业没有一家，而选择"设立合资企业是政府的要求"的企业有 3 家。这说明地方政府希望通过行政资源的支援促进企业与外商合作，而国有企业在寻找合作伙伴、项目审批、银行贷款等方面也需要政府的支持。

在出资比率方面，90 年代后日方多数持股已成趋势。在本次调查中发现，首先，合资企业设立时的出资比率以日方多数持股（8 家）为主，至 1999 年 15 家合资企业中有 8 家的出资比率发生了变化，而变化的方向全部是日方母公司上升中方母公司下降。关于出资比率变化的原因可以概括为两个，一个是当地中方母公司撤回了一部分投资，或者是多家中方母公司中出现撤资母公司。另一个原因是，日方母公司的行动正好相反，或追加投资，或有新的日方母公司参加进来。两种原因中以第一种原因占大多数（5 家，63%），因此，出资比率发生变化的主要原因是中方的部分或全部撤资。问题是，部分中方母公司为什么要减少投资或退出合资？概括中方经营者的回答有以下几个原因。其一是由于国有企业经营者的任期责任制。国有企业经营者的任期大多为 3 ~ 5 年，在这样不长的时期内经营者不得不重视企业经营的短期收益，而合资企业在设立的最初几年发生赤字的可能性较大，如收益性低于预期则中方母公司就有可能部分或全部撤回投资转向收益高的项目。例如在北京的一家合资企业，设立当初双方商定对等出资，但其后中方母公司撤回了部分投资，理由是"设立合资企业时双方共投入 3.8 亿日元，对中方来说有一定资金压力。虽然在设立一年后企业开始盈利，但利润率与银行贷款利率相比并不高，因此中方选择了撤出部分投资。"另一个理由是由于引进技术的需要。在一些高技术行业，合资企业设立时双方按照外资政策的规定选择中方多数持股或双方对等持股。但是项目建成后需要外方技术上的持续投入，而中方多数持股或对等持股不利于连续性的技术引进和消化，在此情况下中方母公司选择减少出资比率。北京的一家大型合资企业经历了这样的过程。这家大型合资企业的双方母公司分别是中日大型企业，1991 年设立时的出资比率是中方占 60%，日方占 40%。其后，随着规模的扩大和技术的不断引进需要追加投资。但日方母公司强调，所引进的技术包含从另一家企业购入部分，如日方不能多数持股，今后与提供技术的公司之间可能产生知识产权纠纷。而另一方面，还有一些原因诸如这家合资企业的产品客户就是日方母公司、中方母公司在资金安排上亦有困难等。由于以上原因，中方母公司的出资比率降为 49%。第三个理由是为了回避外资政策的限制。在《合资企业法》中有外方出资不得低于 25%，在《外商投资行业指导目录》中，对部分行业规定了中方最低出资比率。但是当项目投资金额很大时中方母公司可能无法筹措到巨额资金，在此情况下一些中方母公司采用了先按照规定拆借资金，合资企业设立后再撤回一部分的对应方法。例如，在苏州市的一家合资企业，企业设立时投资总额确定为 6200 万美元。按照当时的《行业指导目录》的规定，中方出资比率应超过 30%。但中方母公司无法筹措这笔资金，于是首先借款出资，之后撤回部分资金还款，出资比率降到 20%。最后一个理由是由于当地母公司的经营战略发生了转换，现以实例说明如下。

松下电器（中国）有限公司是一家中日合资投资公司（注：2002 年 12 月转为独资）。该公司在 1999 年末由中方三家公司和日方一家公司合资设立。其中中方两家母公司原属国家计委，另一家原属对外经济贸易部。90 年代后期三家中资公司先后与所属行政机构脱钩，成为独立的企业法人。独立后的三家公司分别对自身经营战略进行了调整，其中两家判断对合资公司的投资已经没有必要，2000 年 3 月一家公司撤出全部投资（图 5 - 12）。

基于以上原因，作者认为，国有企业在设立合资企业中所期望的所有权政策是对等持股或少数持股，因为对等持股最有利于实现合资的目的。为了确认这一点，在访问调查中设定了以下提问："与现实的出资比率相比，你认为理想的出资比率应该是多少？"从回答来看，中方经营者的回答集中于中方少数持股，以下是回答比率和企业背景。首先，选择"理想的比率为双方对等持股"的企业有两家（13%），回答企业的特征是：1）设立以来一直保持对等持股；2）产品主要市场在国内；3）经营业绩较好。其次，回答"理想的比率为中方少数持股"的企业为 10 家（67%）。最后，回答"出资比率与经营

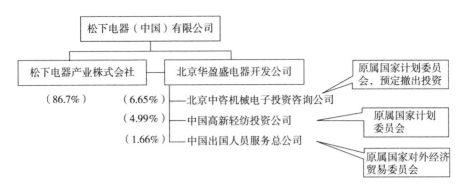

图 5 – 12   松下电器（中国）有限公司出资比率的变化（2000 年 2 月）

资料来源：《CMC 概要》松下电器（中国）有限公司）

效果基本无关"的企业为 3 家（20%），这三家企业的特征是，其中一家在经营和技术上以自主经营为主，与母公司基本没有生产和技术上的关联。另外一家属于集团投资公司性质，该公司的主要任务是对集团内企业实施广告促销、人员训练、信息提供、法务支持以及财务监督等经营支援和经营监督活动。另外还有一家企业，其经营重心已经从生产活动转向进口产品和国内市场销售。

关于理想的出资比率，为什么大多数中方经营者选择了"中方少数持股"？是由于中方资金不足吗？从中方经营者的回答来看没有人提出这个理由，反之，技术、经营、市场这三个因素是大多数人的回答。以下对中方经营者的说明进行整理。

第一个理由是有利于引进国外先进技术（如前所述，此处省略）。

第二个理由是，为了导入跨国公司的经营机制有必要排除其他干扰因素。一些中方经营者认为，如果中方多数持股，当地母公司有权向合资企业派出更多经营干部，这会导致国有企业中的一些传统经营方式带入合资企业，而一旦形成传统的经营方式，其改革成本比国有企业更高。因此中方少数持股有利于阻止传统经营方式的不利影响。

第三个理由是，因为中方母公司不拥有出口市场的营业权。如表 4 所示，主张"对等持股"的企业其产品出口比率均为零，主张"出资与经营效果无关"的三家企业出口比率分别为 60%、30%、0%。而主张"中方少数持股"的 10 家企业中，有 7 家企业的产品出口比率为 100%。这些企业的产品出口渠道和市场均由日方母公司掌握，有的日方母公司就是合资企业的主要顾客。因此，中方经营者认为，在不掌握出口渠道也没有出口权的情况下，中方多数持股不利于外方企业发挥积极性，坚持多数持股反而会影响合资企业的经营效果。

表5-5　产品出口比率与"理想的出资比率"的比较

公司代号	理想的出资比率（合资企业中方经营者的观点）				产品出口比率（%）
	对等持股	少数持股	出资比率与经营效果关系不大	出资比率与经营效果基本无关	
A				○	60
B				○	35
C			○		0
D		○			100
E	○				0
F		○			65
G		○			100
H		○			100
I		○			0
J	○				0
K		○			100
L		○			0
M		○			100
N		○			100
O		○			100
合计	2	10	1	2	-

2）中方母公司的支配方式

（1）通过经营者派出和评价实施支配

a. 派出经营者的任命方式

中方母公司派往合资企业的经营者的任命主要有两种方式，一种是"由中方母公司推荐"（7家），另一种是"由企业主管部门推荐"（11家）。另外，大型合资企业的中方经营者任命方式是"由当地政府人事局和党委组织部门联合推荐"（3家）。而由猎头公司介绍以及由社会招聘的方式尚无一家。另外，根据中方经营者的介绍，中方经营者的推荐程序有两种。第一种是方式：中方母公司推荐⇒主管部门许可⇒董事会任命，但是，如果母公司中没有合适的人选，母公司的主管部门就会从所管辖企业中物色合适的人选，经董事会任命产生，这就是第二种方式。根据中方经营者介绍，一般采用第二种方式的较多。另外，在合资企业规模较大以及当地政府较为重视的情况下，经营者的决定方式往往采用当地政府推荐⇒董事会任命的方式。典型的例子是松下电器（中国）有限公司以及北京松下彩色显像管有限公司。

但是，中方母公司推荐以及当地主管部门推荐这两种基本方式正在发生变化。这是因为从90年代末开始，企业的主管部门正在进行改革，按行业划分的企业主管部门的多种管理职能将重新划分，其国有资产管理职能将移交给国有资产管理（经营）公司，而行政管理职能将收缩到其它政府机构进行统一管理。因此，合资企业中方经营者的任命方式将转化为国有资产管理（经营）公司推荐⇒董事会通过并任命的方式。

b. 中方派出经营者的担当职务

中方派出经营者在合资企业中担当什么职务？如表5所示，在董事会，15家企业中有10家企业的董事长和6家企业的副董事长由中方担任。但是，除松下电器（中国）有限公司外，所有合资企业的董事长和副董事长均为兼任。另一方面，在日常经营层，中方担任总经理的企业为两家，担任副总经理的企业为13家。这意味着只有13%的中方经营者担任合资企业总经理，而87%的中方派遣经营者担任副总经理职务。最后，从合资企业中层管理部门来看，部门长的任命一般采用母公司推荐⇒总经理同意⇒董事会通过的方式。中层管理层的负责人担任职务有以下特点。首先，中方管理者担任人事劳务部门负责人的企业较多（13家），而日方担任技术和质量部门负责人的企业较多（11家、12家）。第二个特点是，财务部门的负责人中方与日方大致相当（中方6家、日方8家）。最后，第三个特点是，在小规模的合资企业（3家），日方派遣经营者虽然担任总经理，但是并不常驻合资企业，每年仅来几个月或几次。因此日常经营工作实际上由中方副总经理担任。但总经理与副总经理之间多以电话、传真等方式频繁联络。

c. 中方派出经营者的作用

在第四章分析了中日合资企业日常经营活动中的权限与责任。提出的假设之一是，日方主要在与日常经营直接有关的决策活动中拥有较强支配力，而中方主要在与经营活动间接相关的决策活动中支配力较强。但是，作为中方派出经营者，他的职责包括按照母公司的合资战略，保护和活用母公司的投入资本，引进先进的技术与管理方法，以及调整母公司与合资企业在利益上的平衡等。为了确认中方经营者在日常经营活动中贯彻母公司方针的方式和手段，在调查中向中方经营者提出了"在日常经营活动中，你如何与中方母公司进行联系与沟通?"的设问。下面是他们的回答（根据录音整理）。

A公司中方经营者（副总经理）：

"我不是由中方母公司推荐，而是由我市机械工业局推荐后，由董事会任命的。关于我的责任，来合资企业前机械工业局的领导与我有过一次谈话。他的要求是，在日常经营活动中不存在中方利益或日方利益，那是董事会讨论的问题。你作为合资企业的副总经理，应该配合日方总经理的工作。合资企业经营得好，你的工作就能受到好的评价。因此，关于日常工作我当然要向机械工业局汇报，但是并没有感觉到有关利益方面的压力。在日常工作中我按照合资企业总经理责任制的规定，日常工作对总经理负责。我现在最重要的任务就是，改变职工传统的工作方式，使他们接受日方生产管理方式中好的东西。"

B公司中方经营者（副总经理）：

"我来到这家合资企业已经7年了。7年里我们中方母公司的领导没有过问企业的日常经营问题，我也没有听到领导说过要维护母公司利益这样的话。但是，来合资企业前公司领导确实给了我两点指示。一点是要跟日方总经理搞好关系，还有一点是为了合资公司努力工作，争取尽快实现利润。我觉得与其说我是母公司派来的，不如说我就是合资企业的经营者，这一点更重要。在日常工作中，一般小事由我独立决定处理，但重要的事都要与总经理商量后决定，因为他要对合资企业的经营负责任。"

C公司中方经营者（副总经理）：

"我们中方母公司对合资企业的日常经营活动没有什么指示或指导，因为有两个原因。一个原因是，我们公司的店铺销售工作比生产重要。因为产品从日本进口，技术和销售方面基本上依靠日方母公司提供。所以虽然我们中方母公司出资比日方多，但是在日常经营活动方面母公司无法提供帮助。还有一个原因更重要，因为我是合资企业的副总经理，所以对企业负责就是对总经理负责任。我们公司的职工都是从母公司转过来的，我也要求他们对合资企业负责任。因为我们中方母公司的利益跟合资企业的利益是连在一起的，合资企业没有利润那么母公司也就没有利润。在日常工作中，我的工作主要是跟市政府以及主管部门联系与沟通，另外担任有关企业内部的管理。重要问题都要与总经理汇报并相互商量。"

D公司中方经营者（副总经理）：

"我们中方母公司当然重视合资企业的利润，但是对其它问题不太关心。我们母公司是国有企业，现在正在进行体制改革和组织调整。我们合资企业的董事长是由中方母公司的总经理担任的，但是合资企业成立以来母公司的总经理换了五次，所以合资企业董事长也换了五人。另外，我们合资企业是订货生产，总经理并不常来，所以实际上企业日常管理工作由我这个副总经理负全部责任。"

E公司中方经营者（副董事长）：

"我作为中方经营者现在面临几个问题。第一个就是如何把集团企业的中方经营者的资源整合在一起。我们这家合资企业下面有35家子公司，大多数是合资企业，而且中方多数是几家企业与日方合资，因此集团实际上是一百多家中方企业与松下一家企业合资。但是中方企业虽然数量多，在技术、销售、经营等方面关联性很弱，所以我在考虑如何把他们的经营资源集中起来。第二个问题是，我们公司是一家重视长期利益的跨国公司，但中方一百多家企业规模较小且多数重视短期利益，这样双方在战略上就有分歧，如何让双方战略趋向一致也是一个重要问题。第三个问题是如何让国有资产保值增值的问题，要达到这个目标就要加强对中方经营者的教育和培训。最后，在我们的很多子公司，日方要求中方推荐总经理人选，但中方往往没有合适的人选。因此要加快中方经营型人才的培训以及培养国际化人才，就需要一个总体性的人才开发战略。"

以上是部分中方经营者关于合资企业管理者与母公司关系的说明。通过他们的谈话可以明确以下两点。第一点，中方母公司对合资企业日常经营活动的指导和支援较少，其原因是为了引进先进的技术和经营方式，他们采用尽量不直接干预企业日常经营活动的方式。另外，很多中方母公司无法提供合资企业必要的经营资源，如技术管理、质量管理、国际销售渠道等，因此很难实施对合资企业日常经营活动的支配。其它如国有企业正在进行组织变革和体制转换等，也造成了对合资企业日常经营活动缺少支配力的现状。

另外一点可以明确的是中方派遣经营者的作用。在合资企业中，多数中方派遣经营者担任副总经理，他们的主要工作包括人事和劳务管理、财务管理、对外交涉等。按照合资企业总经理负责制的规定，他们的工作对总经理负责。而他们所起到的作用也可以确认为以下几点：第一是通过人事劳务管理、总务管理等工作对经营活动起支援作用；第二是通过对内以及对外交涉、信息的分析和传达等起到协调的作用；第三是促进职工意识变革，以及技术和管理方法的引进；最后一点是通过人才选拔、职工培训等方式提高职工素质。

表5-6 15家中日合资企业的经营组织构成（2000年2月）

公司代号\职务	董事长		副董事长		总经理		副总经理		财务		人事·劳务		制造		品质		技术		营业	
	日	中	日	中	日	中	日	中	日	中	日	中	日	中	日	中	日	中	日	中
A	○			○	○			○	○			○	○		○		○		○	
B		○	○		○			○		○		○		○	○		○		○	
C		○	○		○			○	○			○	○		○		○		○	
D		○	○		○			○		○		○	○		○		○		○	
E		○	○		○			○		○		○	○		○		○		○	
F		○	○		○			○	○			○	○		○		○		○	
G		○	○		○		○		○			○	○		○		○		○	
H	○			○	○		○			○		○	○		○		○		○	
I	○		○		○			○	○			○		○		○	○			○
J		○		○		◎		○		○		○	○		○			○		○
K	○			○	○		○		○			○		○	○		○			○
L		○	○			◎		○		○		○	○		○		○		○	
M		○	○		○		○		○			○	○		○		○		○	
N		○		○	○		○			○		○		○	○		○		○	
O	○	○		○	○		○		○	○*	○		○		○		○			○
合计	5	10	9	6	13	2	6	15	8	6	2	13	9	5	11	3	11	3	11	6
%	33	67	60	40	87	13	29	71	57	43	13	87	64	36	79	21	79	21	79	21

（注1）「◎」表示副总经理2人。（注2）「*」表示仅为劳务负责人。（注3）产品既有内销又有出口时，销售部门负责人由中方和日方共同担任。

（2）通过提供市场信息和当地经营知识实施支配

与市场有关的信息一般包括市场规则、市场规模和结构、竞争对手状况等。另一方面，与企业经营有关的当地知识包括相关法律、投资手续、人事劳务政策、财务会计制度、纳税制度等。至 90 年代前期，上述政策及制度变化较快，而且缺少一定的透明度。因此中方母公司提供的市场信息和经营知识较为重要。但是，在这次访问调查中发现，中方母公司的上述作用大部分已经消失。主要原因包括以下几点：一个原因是，在沿海城市，有关外资投资和经营的政策、法律和制度已经基本实现制度化和透明化，外方企业可以按照一定程序获得这方面的信息和知识。另外一个原因是，在这些城市设立的各种经济开发区，大都设置了提供当地投资信息的机构，外企可以通过面对面咨询以及各种投资指南等印刷物获得必要的信息。另外，在这些城市已经出现了法务、税务等专业投资中介机构，可以为外企提供咨询服务和指导。最后，日系银行在中国的分支机构开始为日企提供市场和经营信息以及项目咨询服务。此外，日企在很多城市设立的商会，也起到企业会员之间交流信息的作用。总之，在投资适应期结束后，日企已经不再需要一般性的市场信息和经营知识，他们对合作伙伴的需求逐渐转向与市场销售和市场开发有关的经营资源。

（3）通过报告制度实施支配

与合资企业日方经营者一样，中方经营者也要向母公司汇报合资企业的经营状况。但中方不仅有母公司还有主管部门，在此情况下汇报的内容有何不同？另外，汇报的方式是定期的还是随机的？是书面的还是口头的？通过对 15 家合资企业中方经营者的访问调查，对以上问题进行了确认。以下，以公司章程变更等项目的比较对中方的报告方式进行整理。

关于章程变更：合资企业章程变更包括出资比率的变化等重要事项，在向母公司报告和向主管部门报告两种方式中，"事先获得许可"方式的比率较高，而"事后汇报"方式几乎没有（有一家公司向主管部门报告时采用这种方式）。另外，"向母公司报告"比"向主管部门报告"为多。

关于重要人事变动：重要人事变动是指公司部长以上干部的人事变动，调查结果是，有 9 家公司采用"由母公司决定"和"母公司事先同意"方式，有 5 家公司采用"通过董事会报告"方式。另外，没有一家公司选择"事后报告"方式。因此可以看出，中方母公司在合资企业重要人事变动中，具有决定和认可的权力。而主管部门虽然不直接做出人事变动的决定，但是其中有 6 家和 5 家企业分别采用"事先许可"和"事后报告"方式。另外，有八家企业采用"不向主管部门报告"的方式。

关于生产计划：这项工作合资企业一般不需获得母公司许可，所有企业均采用"事后报告"方式（向董事会报告相当于事后报告）。而没有一家采用"向主管部门报告"方式。这说明，中方母公司基本不参与合资企业的生产计划的制定，主管部门亦不加干预。结论是，主管部门不干预企业日常经营活动符合企业经营的原则，而母公司对生产活动提供支援较少的主要原因是缺少必要的经营资源。

关于利润分配方案：访问调查结果显示，利润分配方案事先不向中方母公司报告的企业仅有一家，不向主管部门报告的企业有十家，大多数企业的利润分配方案需要得到母公司的事先认可。可以认为，中方母公司非常重视合资企业的利润分配，而主管部门基本不过问。

关于价格设定和质量标准：中方母公司基本不过问合资企业产品的价格设定，仅有一家企业向母公司事后报告，另有一家企业向主管部门事后报告。前者的产品价格由合资企业自己决定（国内销售部分），后者的产品价格由日方母公司决定（国外订单生产）。另外，关于产品的质量标准，所有的企业都回答"由日方母公司规定"。原因在于产品出口占多数，即使是国内销售产品，多数也是作为其他日资企业的零部件组装后出口。

关于招聘与解雇：所有企业回答完全一致，即招聘和解雇工作既不向中方母公司报告，也不向主管部门报告，完全由合资企业独自决定。

另外，关于报告的方式，总体来看可以分为正式和非正式两种方式。正式的报告方式主要是通过各种资产报表、财务报表以及统计报表等方式在规定时间上报母公司和主管部门，属于事后认可。非正式报告没有确定的方式，主要是电话、访问、会议等。以口头方式为多，书面方式较少。

（4）中方母公司支配方式的整理

中方母公司对于合资企业的支配方式主要集中于经营者派遣和报告及许可制度等方面。关于经营者派遣，中方母公司的主要经营者或主管部门的负责人担任合资企业董事长的比率较高。但是，董事席位基本按照出资比率在双方之间进行分配。另一方面，在合资企业日常经营机构，中方派遣经营者担任副总经理职务较多，担任总经理职务较少。中方经营者有一部分负责制造、技术、财务等部门的管理工作，但更多的是担任对总务、人事、财务、国内销售等部门的管理工作。另外，在与母公司之间的关系方面，多数经营者认为母公司与合资企业利益相关，因此在日常经营管理活动中履行对总经理负责的制度。但是，事实上中方经营者负有实施母公司合资战略的任务，对中方派遣经营者的评价以及职务的升降最终要由母公司或主管部门决定。因此在日常工作中他们要以各种方式接受母公司和主管部门的指示及指导。另外，在规模较大的合资企业，各职能部门的中方管理者主要担当人事劳务、总务或财务等工作。其中财务部门的工作特别受到重视，很多合资企业强调：财务部门的工作要直接对总经理负责。

表5-7　中方经营者向中方母公司报告的方式

报告方式　　重要事项	章程变更	人事变动	利润分配方案	生产计划	价格设定及质量标准	聘用与解雇	合计
母公司决定	3	4	2	–	–	–	9
事先同意	6	5	2				13
经董事会传达	3	5	8	1	–	–	17
事后认可	–	–	–	5	1		6
不进行正式报告	2	–	1	7	13	14	37
合　计	14	14	13	13	14	14	82

表5-8　中方经营者向主管部门报告的方式

报告方式　　重要事项	章程变更	人事变动	利润分配方案	生产计划	价格设定及质量标准	聘用与解雇	合计
主管部门决定	1	–	–	–	–	–	1
主管部门事先同意	9	6	4				19
主管部门事后认可	1	3	1		1		6
不向主管部门报告	4	8	10	14	13	14	63
合　计	15	17	15	14	14	14	89

　　关于报告的渠道，向母公司及向主管部门的报告渠道包括三种方式。第一种方式是：（副）总经理⇒母公司；第二种方式是：合资企业职能部门⇒母公司对应职能部门；第三种方式是：（副）总经理⇒董事会⇒母公司。一般来说一时性的、突发性的、较为重要的事项通常采用第一种方式报告。而财务、会计、劳务等相对规范化的事项通常采用第二种方式报告，并具有定期性、事后性特点。另外，有关日常经营的总体性、重大性事项则通常采用第三种方式，由总经理向董事会报告。

关于影响力的重点，即母公司的影响力集中于合资企业的哪一个层次，在第四章的最后部分做出了"中方母公司的影响力集中于合资企业董事会"的假设。但是从访问调查的结果来看，董事会平均每年只召开 1－3 次，而且董事席位均按照出资比率分配。另外，董事会的决策方式大多数采用事先商量、反复沟通的方式，事实上多数采用了全体一致同意的方式。① 因此，"中方对董事会有较大影响力"的假设不能成立。其次，在合资企业日常经营管理机构，在生产、技术、质量以及销售等方面，多数合资企业得到中方母公司的支援较少，其影响力也相对较弱。另外，在派遣经营者的决定权方面，主管部门改组为国有资产经营管理公司后，母公司的决定权将进一步减弱。因此从总体上看，中方母公司的支配重点限于两点，其一是重要决策活动的参与，其二是有关经营者任命的部分推荐权和调整权。

另一个问题是，中方母公司为什么在合资企业筹备阶段支配力较强，进入生产经营活动后支配力逐渐减弱？在访问调查中，发现有以下几点因素比较重要。其中之一是，中方母公司在战略上有短期化倾向。多数中方母公司对合资企业的期待是尽快收回投资和获得利润。当然，这是银行贷款负担较重以及经营者任期过短的后果。同时，在获得利润后中方母公司不愿以利润再投资。另外一点是，母公司倾向于将自身在经营活动中的作用定位于"支援"。由于认识到自身缺少重要的经营资源，在与合资企业的关连上往往停留于对外交涉方面的支援、定期回收各种经营报表以及派遣经营者的推荐与调整等方面，缺少积极主动的经营支援活动。第三点是中方母公司经营资源的相对不足。中方在生产管理、质量管理、国际市场等方面与日方相比有较大差距，在合资企业进入生产经营活动后恰恰是这些经营资源起到重要作用。最后一点是母公司与主管部门在权限上的分工不明确。由于本次访问调查正是行业主管部门机构改革期间，即将消失的行业主管部门与即将成立的国有资产经营管理公司正处在过渡阶段，因此中方母公司与主管部门之间在有关合资企业支配的权限和责任等方面存在一定混乱，从而影响了母公司对合资企业的支配活动。因此，对母公司在正常情况下的支配力的客观评价，应该在主管部门的改革完成后进行。

---

① 例如，访问调查中一位中方经营者举例如下："董事会的决议各方都不愿采用投票表决方式。我们公司最近调整了出资比率，董事会全员通过。但几个月前日方就开始做工作，因为中方有一家公司不太愿意日方增资，多次协商均无效。其后多次沟通，几个月后终于意见一致，此时才召开董事会，全员一致通过。"

3. 地方政府的管理方式和影响力

在市场经济体制下，政府对企业的影响力越小越好，市场对这样的环境评价也最高。但是在1999年的中国，这样的结论并不能成立。一方面，政府对企业的过分干预确实对企业的正常经营活动造成阻碍，另一方面，由于经营环境的不完善等原因，没有当地政府的支援企业的经营活动也很难正常进行。因此，对合资企业来说，最理想的投资环境是政府不干预企业正常的经营活动，同时又能在企业发生困难时提供及时有效的经营支援。在实际中，合资企业碰到的投资环境不完善问题，以及突然出现的市场环境变化等问题使地方政府的支援活动成为必要，而地方政府所拥有的外资政策调整权、合资企业经营者推荐权以及对各种社会组织的巨大影响力，使其对合资企业的出资及支配关系具有一定的影响力。

为了明确地方政府对合资企业经营活动的影响力，需要明确两个问题。第一个问题是，地方政府对合资企业进行管理的组织，其构造特点和管理方式有哪些？另一个问题是，如果地方政府确实具有一定影响力，那么影响的方式有哪些？以下对这两个问题分别考察。

1) 地方政府管理机构的构成

中国最早成立的对外资企业进行管理的组织是1979年8月设立的"外国投资管理委员会"。1982年3月作为精简行政机构的一项措施，这个委员会与对外贸易部等行政机构合并，成立了对外经济贸易部。其后，伴随一系列调整，在1992年改编为对外经济合作部，在2003年改称为商务部。商务部作为对内及对外直接投资的主管行政机构，担任与外资政策有关的一系列法规及制度的计划和实施，以及大型外国投资项目的审查和认可。另外，作为外资导入的综合管理机构，国家计划委员会以及国家经济贸易委员会（2003年改组为国家发展改革委员会）也起到宏观管理的作用。

与中央政府的行政管理机构相对应，地方政府也设置了主管部门。这些主管部门的机能不同，但是可以划分为三种类型。第一类是综合主管部门，第二类是按职能划分的主管部门，第三类是按行业划分的主管部门。上述三个机构属于第一类，工商行政管理局、财政局以及劳动、税务、统计、审计等机构则属于第二类。另外，第三类包括机械、纺织、电子等行业的行政主管部门。按照法律规定，合资企业的主管部门属于行业主管部门。行业主管部门的基本任务是，对所辖企业实施支援、行政管理和监督职能。具体来看，首先是通过行业产业政策的制定和调整，促进企业的发展。其次是监督国有资产的使用，促进资产的保值增值。另外，提供与企业经营有关的信息和咨询服务，建立行业内企业间的协调关系。最后是完善企业经营所必要的基本建设及公共设施（马成三，1995，p. 198）。

　　主管部门对合资企业的行政管理方式依所在地区、企业规模、出资比率以及地方政府对企业的重视程度而不同。但其对合资企业的经营干预在90年代前期表现为三种基本方式（李兆熙，1994，p. 103）。第一种方式是"过度干预型"。即主管部门按照过去管理国有企业的方式对合资企业的经营活动直接干预。其影响力的强度按顺序为：合资企业利润再投资；产品价格设定；产品出口、工资制度以及生产规模，其特点是同时具有经营干预与经营支援的性质。第二种方式称为"放任自流型"，即地方政府主管部门对合资企业的经营活动既不干预也不实施必要的行政管理和支援。这种类型表面上看起来是尊重合资企业的自主经营权，在经营环境不完善的情况下实际上对合资企业并非有利。而这种方式多见于主管部门与中小规模合资企业之间的关系。第三种称为"行政支援型"。以上第一和第二种管理方式多见于80年代主管部门与合资企业之间的关系，这种方式对于合资企业经营活动的不良影响逐渐被认识到。其中，大规模合资企业对第一种方式即过度干预提出了意见，而中小规模合资企业对第二种方式多有不满。

　　1992年后，为使外商投资的审查及认可手续更有效率地进行，在各种经济特区及经济开发区，第一类和第二类主管部门合二而一，综合办理合资企业设立的各种手续。企业的生产经营活动中的管理，则由各行业主管部门和开发区的管理委员会进行管理。但是，这两个行政管理机构的管理方式有所不同。行业主管部门的管理方式是，对行业内企业实行产业政策的贯彻和调整，以及专业性管理和监督，即所谓"条"的管理。而开发区管委会的主要职责是企业经营环境的建设和改善，以及提供日常经营活动的支援，即所谓"块"的管理。在《实施条例》中，关于合资企业主管部门职责的规定是，"除特殊情况外，中方出资者的主管部门就是合资企业的主管部门。如中方为两家公司以上并且分属不同行业或不同地区，由各部门或地区协议，决定一个合资企业主管部门。"（第6条）。一般认为，行业主管部门的存在理由是对不完善的市场机能的补充。合资企业同样需要主管部门的支援，因此行业主管部门有其存在的合理性。但是，随着市场经济体系的形成，政府与企业之间在经营活动上的联系需要打破，这就意味着行业主管部门的职能需要重新改组。至1999年3月，中央机关实现了与下属企业的脱钩。其后，地方政府的行业主管部门改革也拉开序幕。

2）从行政干预转向经营支援

大多数中日合资企业设在经济特区以及各种类型的经济开发区。本次调查的重点是位于江苏省苏州市的苏州高新产业技术开发区（苏州新区）。经济开发区的一般职能规定如下①：首先是制订和修改开发区的经济发展计划，经过当地政府许可后具体实施。第二是制订和发布各项管理细则。第三是在权限范围内审查和许可区内的投资项目。第四是负责区内的环保、土地、工商行政管理、公共设施和公益事业。最后是实施地方政府授予的其他职权。但是，苏州新区是国家级高新产业技术开发区，其管理和运营体制均按照市场经济体制和国际通行规则设置，因此与普通的行政管理机构有其不同之处。它的经济职能主要由两个机构构成。一个是作为经济开发主体的"苏州新区投资公司"，另一个是作为管理主体的"苏州新区管理委员会"。前者负责区内的经济开发，后者则对区内企业实施行政管理和经营支援职能。其行政管理职能包括公用设施、公益事业、社会治安、社会保障的内容，而针对区内企业的法律、会计、税务等专业服务则委托给律师事务所、注册会计师事务所等专业服务咨询机构办理。企业开工投产后的经营支援则是管委会的一项重要工作。在高新区，外资企业经营支援制度包括五项，分别是项目跟踪责任制、开工投产例会制、企业服务走访制、重大事项协调制以及政策信息反馈制。另外，为了防止在企业经营支援活动中产生行政干预，管委会还确定了"四管四不管"的基本方针，即"管宏观不管微观"、"管规划不管计划"、"管市场不管企业"以及"管服务不管事务"。另一方面，这种企业经营支援活动同时具有产业政策引导功能，即经营支援活动以及优惠政策向与高新区发展方向一致的企业倾斜。将上述企业支援制度与行业主管部门的职能相比较可以看出，行业主管部门侧重于对企业经营活动的管理甚至行政干预，而开发区则走出了一条服务、支援、引导的新路。

3）地方政府影响力分析

以下考察行业主管部门和开发区管理委员会对合资企业经营活动的影响。按照《合资企业法》的规定，行业主管部门对合资企业"负有指导、支援以及监督的责任"（《实施条例》第6条）。所谓"指导和监督"，是指政府机构的行政职能，所谓"支援"，是指市场机能不完善状况下的行政职能的补充。

---

① 马洪主编《中国经济开发区投资指南》中国统计出版社，1993，pp. 12～13。

而开发区管理委员会的职能同样包括对区内企业的支援、管理和监督。与以上职能相对应的就是对合资企业经营活动的影响力，其中，支援职能直接影响到影响力的大小。以下对两个机构的各项职能进行分析。

第一，由派遣经营者产生的影响力（行业主管部门）

从 80 年代开始行业主管部门行使对国有企业经营者的任命权，这种任命方式同样适用于当时的合资企业（韩福荣等，1997，p. 171）。如果合资企业中方主管部门属于部级，中方派遣经营者可以从该部管辖企业中选拔并向董事会推荐，如果属于厅级，则可以从该厅管辖企业中选拔和推荐。但是，在同等条件下，一般优先从中方母公司经营者中选拔。派遣经营者的经营业绩以及职务升降主要取决于主管部门的考核和评价。另外，在合资企业中很多中方母公司负责人或主管部门负责人担任合资企业董事长职务，他们对当地政府经济发展的基本方针或母公司的市场战略必然对合资企业的经营方针有所影响。

第二，由外资优惠政策调整权产生的影响力

地方政府的这种影响力主要集中在两个方面。一个是对合资企业出资比率的影响，另一个是对合资企业支配类型的影响。如前所述，从《合资企业法》的规定来看，法律抑制了外方母公司的独占型支配，原则上提倡共同经营型支配方式。另外，《指导目录》对一部分行业规定了外方不得完全出资或多数持股。地方政府必须执行外资政策的规定，但可以在此范围内根据本地区实际情况行使一定的调整权。例如对于《指导目录》中某一行业"中方必须多数持股或掌握经营主导权"的规定，地方政府可以在 25% ~49% 的范围内进行调整。

第三，由选择性支援方式产生的影响（开发区管理委员会）

由于 90 年代的市场环境尚未完善，合资企业在经营活动中对开发区管理委员会必然有请求支援的需求，这种支援请求在硬环境上包括水电交通等基础设施的建设和改善，但随着经营活动的开展对软环境上的改善要求更多。由于当时市场上的不规范交易行为较多，包括市场交易的非公式化、销售款无法回收（三角债）、一些地区的市场保护主义以及投资审查手续的复杂化等，开发区管委会对合资企业的这些需求能够在一定程度上给以解决或支援，但是支援的对象和程度有所不同，是一种有选择的支援方式。选择的基准一般包括企业的规模大小、技术水平、产品出口比率、与地方支柱产业的关联度以及吸收劳动力就业程度等。按照这些基准，跨国公司、大规模合资项目、高新技术企业以及出口比率高的企业更容易得到开发区的经营支援。另一方面，从经营支援的方式来看，经济开发区的支援可分为规范性支援和非规范性支援两种方式。

前者具有常见性、可预测性和可计划性，可以通过制定规范的支援措施解决问题，而后者具有不可预见性和急迫性等特点，因此难度较大。例如，在青岛经济技术开发区，1997 年亚洲金融危机发生后公布了"对受到亚洲金融危机影响的外资企业实施支援的办法"（《人民日报》海外版，1999.9.21）。在天津经济技术开发区，美国摩托罗拉公司的手机生产规模最初只获得每年 2.7 万台的生产许可，通过开发区管理委员会与原对外经济贸易部交涉，终于获得 800 万台规模的生产许可（《人民日报》海外版，1999.11.19）。另外，按照《实施条例》的规定，合资企业外方以知识产权出资时，其比例不能超过注册资金的 20%，但青岛高科技工业园区的一家合资企业总投资额为 3000 万美元，其中外方知识产权出资比率占 35%，通过开发区的努力终于通过了审查（《人民日报》海外版，1999.9.18）。开发区的这些支援活动为合资企业的正常经营提供了强有力的支持，但另一方面这种选择性的支援方式从市场角度来看也有不公平和不规范的一面，是 90 年代特殊投资环境下的产物。

由于地方政府的行政管理活动中包含了对企业的经营支援，而这种经营支援对于合资企业的经营活动往往具有重大影响，因此合资企业把与地方政府建立良好关系作为企业对外关系的一个重要任务。很多合资企业的董事长由中方母公司负责人兼任，正是完成这个重要任务的最佳选择，而一些大型合资企业的董事长由主管部门或地方政府的负责人兼任，更是给合资企业创造了良好的经营环境和经营优势。因此不难解释以下事实：为什么合资企业的中方担任董事长的比率在内陆地区比沿海地区高，在北方比南方高（参见第二章第一节的统计数据）。[①] 这在很大程度上是因为当时内陆地区和北方地区的市场经济体系的进展落后于沿海地区和南方地区，因此合资企业对地方政府的经营支援的需求更加强烈。

4. 日方母公司的支配方式

以下利用问卷调查获得的有效回答（40 份）对合资企业日方母公司的支配方式进行分析。调查表的回答者均为合资企业日方派遣经营者，多数职务为总经理。另外，在必要的情况下同时引用对中方派遣经营者的访问调查数据。

1）支配方式的现状

日方母公司对合资企业的支配方式受自身投资战略和中国当地经营环境的

---

① 合资企业中方担任董事长的比率是，华南地区为 69.4%，华东地区为 65.3%，华北地区为 69.8%，东北地区为 73.3%，内陆地区为 88.2%。

影响多种多样，但在报告与指示的传达方式以及决策方式上有一定的相同性。日本在外企业协会在 1997 年对 105 家公司进行了调查，发现总公司与设在亚洲的子公司之间在支配方式上具有如下特点。①

首先，派遣经营者是母公司对子公司实施支配的基本手段（81.9%）。其次，很多企业使用管理手册规定子公司经营者的权力范围和报告责任（67.5%）。第三，有的企业通过组织设计，对海外子公司实行统一管理（例如设立海外地区总部）。第四，通过在子公司贯彻母公司的经营理念，使海外子公司的经营行动与母公司保持一致。最后，通过对财务、技术、研发活动的统一管理实现对子公司的支配。可以看出，日本企业十分重视母公司对子公司的支配，已经开发出一系列的支配方式和手段。

在本调查中，对于"日方母公司如何保持对合资企业的支配权"这个设问，40 家合资企业的日方经营者的回答如表 8 所示。其中，选择"总经理任命权"项目的回答者最多，这与日本在外企业协会的调查结果相吻合。其次是"培训当地干部候补者"，第三是"母公司经营理念的贯彻"，以及"中层管理者、技术者的派遣"。第四才是"通过多数持股实现支配"。从总体来看可以得出如下结论：首先，日方把直接派遣经营者作为支配的基本手段，其目标是总经理职务。说明日方对日常经营支配更为重视。其次，培育当地人干部候补已成为实现支配的重要手段，说明日本总公司惯用的对海外企业的直接管理方式开始向间接管理方式转换。最后，选择"多数持股"项目的并不多，说明日本企业更重视经营资源对支配力的影响，而多数持股可能不是保持经营支配权的直接原因。

表 5-9　日方确保经营支配权的方式（复数回答）

设问	回答企业数	设问	回答企业数
1）董事长任命权	10	6）母公司统一进行研发活动	4
2）总经理任命权	27	7）设立地区总部	0
3）多数持股	15	8）培养当地干部候补者	26
4）派遣管理者和技术者	18	9）加强职工教育	9
5）贯彻母公司经营理念	18	–	–

---

① 日本在外企業協会「ASEANにおける日本企業の子会社経営と人的資源管理のあり方」『日外協 Monthly』1997.6。

另外，为了确认经营者派遣的重要性，设计了以下问题："为了使日常经营活动顺利进行，你认为日方应该担任哪些职务？"对于这个设问，日方经营者的回答统一而明确：第一重要为总经理（30 家），其次重要为财务部长以及生产、技术、质量部门长（23 家）。另一方面，选择"营业部长"职务的仅为 10 家，选择"人事部长"的仅为 5 家。这说明，日方最重视的是日常经营的支配权，同时，对资金运用和生产管理也较为重视。而对于营业职能，由于产品平均内销比率超过 60%，所以他们认为由中方负责更为合适。人事职能同样如此。

表 5 - 10   日方经营者认为合资企业中日方应该担任的职务（复数回答）

设问	回答企业数	设问	回答企业数
1）董事长	16	4）财务部长	23
2）总经理	30	5）营业部长	10
3）人事部长	5	6）生产、技术、质量部长	23

2）日方母公司的主要支配方式

至此，可以明确日方母公司的支配方式包括以下几种。其一是通过派遣经营者和技术人员进行支配；其二是通过多数出资进行支配；其三是通过报告制度进行支配；其四是通过设立地区总部实施支配；最后，其五是通过母公司经营理念的贯彻进行支配。以下结合调查数据具体讨论这几种支配方式的范围和程度。

关于派遣经营者和技术者实施支配：这是日本企业管理海外子公司的传统方法。日本学者认为，"与美国的跨国公司相比这是一种分权的管理方式。"（加户野等，1993，p. 34）但是，"它并不是为了尊重子公司的自主经营，而是意味着占据子公司负责人职位，通过直接管理的方式对母公司集权管理的不足进行补完。"（安室，1986，p. 127）这个结论也适用于中日合资企业。在中日合资企业中，日方多数担任总经理和副董事长，中方则多数担任董事长和副总经理，这样的结果在 15 家访问调查企业中同样得到证实。

表 5 – 11　40 家中日合资企业经营者的构成

职　务	日方（单位：名）	中方（单位：名）
董事长	8	31
副董事长	33	12
総经理	33	5
副総经理	31	41

（注 1）有未记入。

（注 2）有的公司副总经理为 2 人以上。

　　另一方面，在合资企业的业务部门和职能部门的职务分配中也能看到这种支配方式的存在。各部门的职务分担可以分为三种类型。一种是主要有日方管理者担任负责人的部门，生产、技术、质量等部门。另一种是主要有中方管理者担任负责人的部门，包括人事、劳务和总务等部门。第三种是主要由双方共同担任的部门，主要集中在财务和营业两个部门。为什么这两个部门需要双方共同负责？在访问调查中，中方派遣经营者做了如下说明：在财务部门，日常业务的处理必须依据中国的会计税务制度，但日方管理者很难理解这一套复杂的制度，特别是有关增值税的退税、"三项基金"的积存以及工资、津贴、奖金的区分等。因此必须有中方管理者同时担任负责人。另一方面在销售部门，90 年代后期由于外资政策不断放宽，很多合资企业积极准备扩大中国市场销售比例。在这种情况下，很多企业采用了海外市场由日方管理者担任，而中国国内市场由中方管理者担任的方式。

表 5 – 12　合资企业各部门的责任分担（复数回答）

项目	财务	人事	制造	质量	技术	销售	劳务	合计
日方担任	26	12	28	29	34	22	5	156
中方担任	24	33	19	15	11	25	36	163
合计	50	45	47	44	45	47	41	319

　　关于通过多数持股实现支配：将 15 家访问调查企业和 40 家问卷调查企业的统计数据合计后可以发现，在合资企业设立时日方多数持股的比率已经超过60%，但是，至 1999 年 12 月，55 家公司中又有 15 家的日方增加了出资比率，占全体的 27.3%。另外，日方增加出资比率的理由集中在"中国市场将会扩大"以及"为了导入先进设备"等。这说明出资比率与市场销售有一定关系，

市场越是重要，日方就越是倾向于多数持股。

表 5 – 13 同时反映了日方经营者对理想的出资比率的看法。有超过一半的经营者选择了"多数持股"（55.0%），有 27.5% 的经营者选择了"完全出资"。以上两项相加的比率是 82.5%。这反映了日方经营者对出资比率的重视。另一方面，"对等持股"的选择只占 10%，比现实的出资比率（15%）还要低。这说明作为日常经营活动的负责人，他们明确不赞成对等持股。由此可以得出结论，合资企业的多数日方经营者主张多数持股或独资。由于以上数据包括 15 家访问调查企业的中方经营者，因此可以得出结论，多数中方经营者也主张日方多数持股。这是否意味着经营者的观点是：合资企业的出资比率应该与双方经营资源的对比一致？即拥有重要经营资源的一方应该多数持股。但表 5 – 9 又显示，经营者们并不认为多数持股是保持经营支配的决定因素。因此可以说，多数持股是保持经营支配的条件，但不是产生经营支配力的源泉。

表 5 – 13　现实的出资比率与理想的出资比率（日方经营者复数回答）

	设立时的出资比率		1999 年末的出资比率		理想的出资比率	
	回答	%	回答	%	回答	%
日方多数持股	34	61.8	35	66.0	22	55.0
对等持股	12	21.8	10	18.9	4	10.0
日方少数持股	9	16.4	8	15.1	1	2.5
日方完全所有（独资）	–	–	–	–	11	27.5
其它	–	–	–	–	2	5.0
合计	55	100.0	53	100.0	40	100.0

（注）选择"其他"的理由全部是"根据合作伙伴的情况确定"。

另一方面，多数持股的效果在合资企业的战略决策层和日常经营层有所不同。在第二章的统计数据中可以看出，出资比率对日常经营层的经营者构成有影响。即出资比率越高担任总经理和部门负责人的比率就越高。另一方面，从董事会的决策议决方式来看，议决的方式根据内容的重要性而不同。"章程、规程的修订"以及"出资比率的变动"等特别重要的决策必须获得全员同意，而"组织结构变化"、"利润分配方案"以及"重要人事变动"等一般重要决策则采用多数表决的方法。由于董事会席位按照出资比率分配，多数持股就意味着在一般重要决策中拥有较强的表决权。因此结论是，多数持股的意义不在于能够实施经营支配，而在于赋予支配方以法律上的正当性。

表 5-14　合资企业董事会的议决方式（复数回答）

议决方式	多数通过	全体通过	董事长判断
1）章程、规则的修改	13	27	0
4）出资比率变动	9	29	0
3）利润分配方案	21	15	1
2）组织结构变动	26	6	2
5）重要人事变动	32	5	1
合　计	101	82	4

关于通过报告制度实施支配：合资企业的一部分决策必须采用一定的方式向母公司报告并接受母公司的指示，但报告的方式按决策内容的重要度有所不同。本次问卷调查发现，日方经营者向母公司报告并做出决定的方式主要有四种。第一种是由母公司决定；第二种是母公司事前认可；第三种是母公司事后认可；最后一种是根据情况决定。其中，第一种的特点是由母公司绝对控制，第二种的特点是母公司重点控制，第三种是母公司必须了解，最后一种的特点则是由合资企业日方经营者自己决定。从内容来看，报告事项从章程变更等重大决策到职工的聘用和解雇等日常经营决策活动共设定为六个项目，40 家企业的回答结果如下表。可以看出，董事会的决策内容多数属于由母公司决定和母公司事前认可，其中的重要人事变动由于设问不明确的原因回答呈分散状态。但是在一部分调查表中，回答者特意注明：各方的重要人事变动分别由各方母公司决定。因此，重要人事变动可以看作由母公司决定。另一方面，日常经营活动中的报告和决定方式多数属于母公司事后认可以及根据情况决定，这些决策事项主要包括生产计划、价格设定和质量标准以及聘用与解雇等内容。因此可以认为，对于合资企业重要的决策活动，母公司主要采用间接支配的方式；而对于日常经营决策，母公司主要采取直接支配或放权的方式进行管理。

表5－15　日方有关决策的报告和决定方式

	章程变更	利润分配计划	重要人事变动	生产计划	价格设定、质量标准	聘用和解雇
母公司决定	13	9	10	0	0	0
事前许可	21	20	7	4	4	1
事后认可	0	1	11	17	14	16
根据情况	5	7	14	15	15	17

（注）"根据情况"包括"不报告"和"经由董事会报告"两项内容。

关于通过设立地区总部实施支配：1995年4月中国公布了《关于外商投资企业举办投资性公司的暂行规定》，允许外国企业在中国设立地区总部。投资公司又称为"伞形企业"，其定义是"外国投资者在中国设立的百分之百出资，或与当地企业合资设立的从事直接投资的公司，企业形态为有限责任公司。"（第1条）投资公司的作用包括：统一进行下属企业的投资管理、向下属企业提供经营管理指导和经营支援、发挥经营资源的合成效果，通过财务基准、人事任命、技术转移、品牌使用权等方式对下属企业的经营活动进行监督等。地区总部通过这些方式实施支配活动。根据本次问卷调查，合资企业日方母公司在总公司中的位置有以下几种类型。一个是总公司中的某产品"事业部"（24家），其次是总公司中的"国际事业部"（9家），以及"其他组织"（6家）、"地区总部"（1家）。即多数合资企业的母公司是总公司中的一个产品事业部或国际事业部。而在当时，地区总部的主要管理类型属于"支援型投资公司"，[1] 即主要工作是对下属企业提供信息、培训、技术、法务等方面的服务，但对下属企业的投资以及经营支配均较少。本次访问调查的对象之一，松下电器（中国）有限公司就是支援型投资公司的一例。在2000年，松下电器的经营内容由"科学"、"工业"、"贸易"三部分构成，关于对下属企业的支配活动，中方副董事长的说明如下。

"松下（中国）有限公司的作用定位于，为下属企业提供综合性经营支援服务。现在35家下属企业中有33家是合资企业，中方平均出资比率是38%。关于对下属企业的经营支配问题，公司确实制定了向下属制造企业投资的计划，但到目前为止仅投资三家（注：1999年末）因此公司不干预下属企业的

---

① 刘翼生、谢浜＜跨国公司全球制造网在中国运行的主要特点＞《中国外资》2000. 2，pp38～41

经营活动，主要是在信息系统、物流、知识产权、法务、广告等五个方面提供经营支援。但是，在财务体系和监察体系方面，按照公司统一基准实行统一管理和严格控制。"从以上说明可以看出，松下电器（中国）有限公司对下属35家子公司没有采用派遣经营者等直接支配的方式，但是通过提供经营资源和实施财务监督，实现了对下属企业的间接支配。

关于通过经营理念的贯彻实施支配：长期以来，中国国有企业一直把"企业精神"作为企业经营管理的一项任务，在80年代，企业精神的内容主要强调的是企业的民族性（国家性）。在日本，至20世纪60年代企业精神的内容以及之后的转换与中国企业有相似之处。[①] 在新的形势下，很多中国企业注重民族性与企业个性的结合，寻求建立反映企业终极目标和价值准则的企业理念。例如，北京松下彩色显像管公司曾经引入日方总公司的"松下精神"，加以修正并增加三条后，形成了"BMCC十精神"。[②]

在访问调查和问卷调查中，40家合资企业的日方经营者回答了经营理念的形成、经营理念的方式以及经营理念的贯彻等问题。关于经营理念的形成，主要方式是双方协商形成和修改日方母公司原有内容形成；而在经营理念的贯彻方式上，以"在日常生产活动中贯彻"、"去母公司参观学习"以及"制定企业精神和员工守则"为多。可见，由于合资企业的经营理念受日方母公司的影响较大，合资企业可能在无形中形成对母公司基本理念的认同。另外，在中方母公司企业规模较小以及设立时间较短的企业，直接采用日方母公司经营理念的企业较多，而在中方母公司规模较大或设立时间较长的企业，双方通过共同研究最终决定的企业较多。

表5-16　经营理念的形成方式和贯彻方式（40家企业日方经营者回答）

形成方式	企业数	贯彻方式	企业数
1）直接采用日方母公司的经营理念	5	1）制定企业精神和员工守则	13
2）修改日方母公司的经营理念	17	2）学习创业者事迹和企业发展史	2
3）双方研究决定	18	3）参观日本母公司	15

---

① 从战后到20世纪60年代，日本企业的经营理念的基本特征是强调国家性。在这一阶段，"丰田、松下、索尼等企业固然有其独特的个性，但是总体上看除了国家性以外没有别的特征。"（小林，1995，p. 158）

② "BMCC十精神"包括："工业报国、实事求是、改革发展、友好合作、光明正大、团结一致、奋发向上、礼貌谦让、自觉守纪、服务奉献"等10条内容。

续表

形成方式	企业数	贯彻方式	企业数
4）直接采用中方母公司的经营理念	0	4）早会、公司社歌	8
–	–	5）在日常生产活动中贯彻	27
–	–	6）参加社会公益活动	2
–	–	7）其它方式	1

（注）"其他方式"的具体说明是"没有贯彻"。另外，关于"早会、公司社歌"，多数企业回答"只有早会"。

5. 研究结论与今后的课题

在中日合资企业，母公司的出资比率和经营资源与支配类型之间是什么关系？本书以此为问题意识展开了分析。第一章对合资企业的经营环境进行了比较和分析，第二章和第三章对母公司出资比率的特征以及与经营者任命权的关系进行了分析。第四章以上述分析为基础，对出资比率、经营资源、支配类型的相互关系进行了理论回顾，分析并提出了假设。本章通过 55 家合资调查的实态调查，对三者关系进行整理并提出结论。以下对第四章提出的有关支配关系的三个假设进行证明，最后提出未完成的研究课题。

1）出资比率、经营资源、支配类型的相互关系

在此对中日合资企业支配类型的主要决定因素进行整理。由于母公司对合资企业的支配分别集中于战略决策层和日常经营层，以下对这两个层次的支配类型分别进行分析。

（1）经营资源的分类与测定

首先分析日方母公司所需要的经营资源。日方母公司选择合资形态的原因之一，就是需要获得东道国当地企业经营资源的补完。另一方面，在当地企业所能提供的经营资源中，日方母公司具体需要获得哪些性质的资源？问卷调查的结果显示，日方需要补充的经营资源主要集中在三个方面（表 5 – 17）：第一，当地企业的销售渠道（17 家），第二，有关当地市场和经营的知识（17 家），第三，当地企业的对外交涉能力（17 家）。以上三项回答企业数相同，说明日资企业需要补充的经营资源指向明确：所需经营资源集中在与市场有关的资源上，即需要获得尽快接近市场的资源，需要获得开展市场活动所必要的经营资源，以及需要获得与供应商、销售商、地方政府进行交涉的资源。

表 5 - 17　日本企业选择合资形态的理由（复数回答）

项目	回答企业数	项目	回答企业数
1）减少投资风险	6	6）获得对外交涉能力	17
2）确保原材料供应	9	7）获得当地企业的技术和设备	3
3）获得产品销售渠道	17	8）合资是当地政府的建议	6
4）获得长期合作关系	9	9）外资政策的限制（独资不可）	9
5）获得当地市场和经营知识	17	10）其它原因	1

　　其次，对经营资源进行分类。母公司的经营资源按其作用可以分为两大类，其中一类是对经营活动起辅助作用的资源（以下称为 B 类经营资源），另外一类是对经营活动起推动作用的资源，（以下称为 A 类资源）。两类资源中，前者的作用是辅助日常经营活动的进行，后者的作用则是保证日常生产经营活动有效率地进行以及实现产品价值。从表 5 - 16 来看，第一类属于 A 类资源，而第二类和第三类则属于 B 类资源。一般来说 A 类资源对经营活动所起的作用比 B 类资源更为重要，但是在合资企业的不同发展阶段两类经营资源所起的作用有所不同。在合资企业的设立阶段，B 类经营资源中的大部分较为重要，在生产经营阶段 A 类经营资源的作用更为重要。按照这个思路，以下将母公司的经营资源分为两大类十个项目（表 5 - 18）。按以上项目请 40 家合资企业的日方经营者和 15 家合资企业的中方经营者分别评分，得到的结果如表 5 - 18 和表 5 - 19 所示。

表 5 - 18　按经营资源特质的分类

A 类经营资源	B 类经营资源
1）原材料及部件供应能力	7）经营环境的配置能力
2）技术与设备的提供能力	8）对外交涉能力
3）资金筹措能力	9）当地市场及经营知识
4）销售渠道的建设能力	10）员工教育培训能力
5）制造技术和质量保证能力	
6）派遣经营者的经营能力	

　　表 5 - 19 是合资企业中方经营者对双方经营资源的评分。从总体来看有以下特征。首先，中方经营者认为，日方母公司的经营资源（448.5）从总体上

优于中方母公司（434.0）。第二，从 A 类资源的合计来看日方（302.5）优于中方（229.0），但从 B 类资源来看中方比日方更强。以上结果与第四章的分析相一致。第三，中方经营者认为，日方经营资源中最强的项目是"技术与设备的提供"（61.0），而最弱的项目是"对外交涉能力"（15.5）。对中方自身，经营者则认为最强的经营资源是"对外交涉能力"（63.5），而最弱的经营资源是"技术与设备的提供"（25.5）。在此可以清楚地看出，中日双方母公司的经营资源具有较强的相互补充特征，为合资企业的成立提供了基本的依据。当然，这种相互补充的特征是基于 90 年代的经营环境。以上是合资企业中方经营者对双方经营资源的评价。

表 5 – 19　中方经营者对双方经营资源的评价

日方较强	中方较强
1）原材料及部件供应　（49：33） 2）技术与设备的提供　（61：26） 4）销售渠道的建设　（53：35） 5）制造和质量保证能力　（57：39） 6）派遣经营者的经营能力　（56：53） 9）当地市场及经营知识　（56：43）	3）资金筹措能力　（28：44） 7）经营环境配置　（30：48） 8）对外交涉　（16：64） 10）员工教育及培训　（46：52）

（注）括弧内数字为日方得分对中方得分。

另一方面，对 40 家合资企业的日方派遣经营者对双方经营资源的评分也进行了统计（表 5 – 20）。从评分结果来看，日方经营者认为日方 A 类资源较强。对于 B 类资源，除"对外交涉能力"以外日方也认为自身的经营资源较强。可见双方在对经营资源的评价上意见并不完全相同。其意见分歧主要集中在"资金筹措"、"经营环境的配置"和"员工教育与培训"等项目上。这三项内容都属于 B 类经营资源，说明日方经营者对中方提供的经营资源不完全满意。

表 5 – 20　日方经营者对双方经营资源的评价

日方经营资源很强	中方相对较强	日方相对较强
1）原材料及部件供应（137：89） 2）技术及设备提供（165：75） 3）资金筹措（143：98） 5）制造及质量保证（154：95） 9）当地市场及经营知识（142：101）	8）对外交涉能力（113：132）	4）销售渠道建设（112：107） 7）经营环境配置（135：104） 6）经营者能力（151：127） 10）员工教育与培训（128：106）

（注）括弧内数字为日方得分对中方得分。

（2）支配类型的确定

首先确定支配类型的划分基准。按照 Killing（1983）的分类方法可以将支配的类型分为三类。即"一方主导支配型"（其中又分为"外资主导型"和"当地企业主导型"）、"共同支配型"和"自主支配型"。这三种支配类型的特征已经在第四章进行了分析。

在既往研究中、对于支配类型的分类都是基于日常经营活动的决策方式，但本书作者认为，中日合资企业的支配类型应该分为两个层次，一个是战略决策层（即董事会），另一个是日常经营管理层（即总经理及其管理委员会）。理由是，在这两个决策层中存在着不同的决策方式。以下将战略决策层的支配定义为"战略支配"，将日常经营管理层的支配定义为"经营支配"，在此基础上分别对两个层次的决策类型进行分析。

董事会的战略支配类型：母公司的战略支配集中于董事会。为了判断调查对象企业的战略支配类型，按照决策的方式设定六项选择问题,[①] 如表 5 - 21 所示，"1）"为自主支配型，"2）"为共同支配型，"3）"和"5）"为中方母公司主导支配型，"4）"和"6）"为日方母公司主导支配型。从表 5 可以看出，董事会的决策方式以"董事会协商决定"为最多（27 家），占全体的51%。其次是"主要以总经理与日方母公司协商决定"（15 家），另外，"由日方单独决定"和"由中方母公司决定"基本为零。总体上看，董事会的决策方式主要是"主要由董事会协商决定"和"主要由总经理与日方母公司决定"两种方式，两者合计占全体的80%。这就意味着，董事会的战略支配类型主要为"双方共同支配型"和"日方主导支配型"。另外，在访问调查中还确认了两个事实。一是即使由总经理与日方母公司协商决定的事项，也要通过董事会的最终决定。二是一些小规模合资企业大多为生产据点型，在这样的企业，董事会的议决仅仅是走过场，没有起到对重要经营问题互相协商的目的。

表 5 - 21　董事会对重要问题的决策方式

选择问题	回答企业数	选择问题	回答企业数
1）主要由总经理决定	8	4）主要由总经理与日方母公司协商决定	15
2）主要由董事会协商决定	27	5）主要由中方母公司决定	0

① 选择问题的设计参照 Beamish（1990）。

选择问题	回答企业数	选择问题	回答企业数
3）主要由总经理与中方母公司协商决定	2	6）主要由日方母公司决定	1

（注）访问调查对象14家回答，问卷调查对象39家回答。合计53家。

日常经营管理层的经营支配类型：日常经营管理层的经营支配类型可以按照总经理的决定权来决定。即：如果总经理由中方母公司决定，同时生产、技术、质量、营业、财务等管理部门的负责人基本由中方派遣，其经营支配类型就属于"中方主导支配型"，反之即称为"日方主导支配型"。另外，日常经营管理层虽然存在双方权力和责任的分担，但是最终的经营责任必须由总经理承担，因此在日常经营管理层不存在"双方共同支配型"。以下具体说明理由。

第一个理由是由于"总经理负责制"。大多数合资企业采用了总经理负责制。这种制度的特征是，明确规定总经理在日常经营活动中的权限和责任，副总经理和各部门负责人的工作必须对总经理负责。因此，如果总经理由中方派遣，这种支配类型即属于"中方主导经营支配型"，反之则属于"日方主导经营支配型"，而共同经营支配型并不存在。第二个理由是由于总经理与主要部门负责人的关联性。在55家合资企业中，在总经理由中方派遣的情况下，主要部门负责人基本由中方母公司派遣，而总经理由日方派遣时，主要部门负责人也是由日方母公司派遣。这说明总经理的决定方与部门负责人的决定方具有一致性。第三个理由是由于职业经理人阶层的不存在。如果存在职业经理人市场，总经理可以由董事会从职业经理人市场招聘。而职业经理人只对董事会负责，不代表某一方母公司的利益。在这种情况下，日常经营活动中的一方主导型支配方式也不会存在。但是在90年代，国有企业的经营者与职业经理人之间不能划等号，他们的主要身份是由政府人事部门管理的"国家干部"。另一方面，在日本企业的海外子公司管理中很少出现招聘职业经理人的事例，因为这不符合日本企业对海外子公司的直接支配方式。但是，当母公司不向子公司提供经营资源，重要决策由总经理独立判断时，可以认为合资企业的支配类型属于"自主经营支配型"。因此，可以认为日常经营管理层的支配类型包括"中方主导支配型"、"日方主导支配型"以及"自主经营支配型"三种类型。

以下对支配方式现状进行评价。为了判断支配类型是否符合经营管理活动的要求，有必要对经营者的判断进行确认。如果现在采用的支配类型不符合经营管理活动的要求，就意味着这种支配类型难以长期存在。本调查设计了"对现在采用的支配类型的评价"和"理想的支配方式"两个问题要求双方经营者回答。调查结果见表 5 – 22。首先来看日方 40 家派遣经营者的回答。关于现在的支配方式，50% 的日方经营者表示"非常满意"和"基本满意"。关于理想的支配方式，日方经营者的回答集中在"经营管理的责任和权限基本上归于日方较好"（47.5%）和"按双方经营资源进行责任分担较好"（35.0%），两项合计超过 80%。联系前面分析过的日方经营者对双方经营资源的评价可以看出，日方经营者的观点是，理想的支配方式就是以经营资源的特质为基准进行权限和责任的分担，在中日合资企业则应该采用一方主导型经营支配。

表 5 – 22　对现在的支配方式的评价以及理想的支配方式（双方派遣经营者的回答）

现在的支配方式	回答		理想的支配方式	回答	
	家	%		家	%
非常满意	2 (1)	5.0 (6.6)	经营管理的权限和责任全部由日方负责较好	5 (0)	12.5 (0.0)
基本满意	19 (13)	47.5 (86.7)	经营管理的权限和责任基本由日方负责较好	19 (4)	47.5 (26.7)
觉得一般	9 (1)	22.5 (6.6)	按照经营资源特质进行权限和责任的分担较好	14 (10)	35.0 (66.7)
觉得不满意	7 (0)	17.5 (0.0)	经营管理的权限和责任基本由中方负责较好	1 (1)	2.5 (6.7)
觉得非常不满意	3 (0)	7.5 (0.0)	经营管理的权限和责任全部由中方负责较好	1 (0)	2.5 (0.0)
合计	40 (15)	100.0 (100.0)	合计	40 (15)	100.0 (100.0)

（注）括弧中的数字是中方经营者的评价值。

　　现在来看中方 15 家派遣经营者的评价。对于现在的支配方式，有 13 家企业经营者认为"基本满意"，占全体的 86.7%。而剩下的两家做出了不同的评价。其中一家认为非常满意，另一家却认为"觉得一般"，明显带有不满意。在访问调查中我们了解到，认为"非常满意"的这家企业有如下特点：中方少数持股、产品全部国内销售、劳动力密集型、经营状态较好、双方信赖关系较好。另外，总经理由日方派遣，副总经理两人由中方派遣，分管生产和销售。另一家企业（对支配关系的评价"觉得一般"）的特点是：中方多数持股、产品全部出口日本、劳动力密集型、日方只担任技术、质量和销售、经营状态不好、双方信赖关系不太好。另一方面，关于理想的支配类型，有10家企业的中方经营者回答"按经营资源进行权限责任分担较好"，有4家企业的中方经营者则认为"基本上由日方负责较好"，两项合计占90%。事实上，可以认为这4家企业的中方经营者也赞成"按经营资源进行权限责任的分担"。因为在这4家企业中，虽然出资比率不同（一家少数持股，一家多数持股，一家对等持股），但对双方经营资源的评价均为"日方经营资源较强"。最后，中方还有一家企业的经营者对理想的支配类型的评价是"基本由中方负责较好"，这家企业的特点是，虽然总经理和管理部门的负责人全部由中方担任（日方副总经理基本不来企业），但是这家合资企业与双方母公司的关联性都较小。双方母公司既不向合资企业提供经营资源，也不干预企业的经营决策。因此，这家企业的真实观点是，由合资企业经营者独立开展经营活动较好。这意味着这家企业的支配类型属于"自主经营支配型"。

从以上分析得出以下结论：合资企业的支配类型可以分为战略支配型和经营支配型两大类。战略支配型是对于董事会重要决策活动的支配，经营支配型是对于总经理和经营委员会的日常经营活动的支配。战略支配型包括四种支配类型，经营支配型包括三种支配类型。对15家合资企业的分类结果如表5-23所示。在董事会层面，"日方主导支配型"（7家）和"双方共同支配型"（5家），占全体的80%。合资企业规模较大时"共同支配型"较多，而在中小规模的合资企业，"日方主导支配型"较多。另一方面，在日常经营管理层，除"自主经营支配型"（一家）和"中方主导支配型"（一家）外，其他13家均为"日方主导经营型"。

表5-23 出资比率、经营资源、支配类型的相互关系（访问调查对象15家）

公司代号	出资比率（日：中）		经营资源评分A+B（A）		支配的类型	
	设立时	1999年末	日方母公司	中方母公司	以重要决策方式为基准	以日常经营管理责任为基准
A	50：50	70：30	31.0（21.0）	31.0（16.0）	自主支配型	自主支配型
B	60：40	87：13	–	–	–	日方主导型
C	45：55	45：55	33.0（17.5）	19.0（10.0）	共同支配型	日方主导型
D	40：60	51：49	37.5（26.0）	23.0（10.0）	共同支配型	日方主导型

续表

公司代号	出资比率（日：中）		经营资源评分 A＋B（A）		支配的类型	
	设立时	1999 年末	日方母公司	中方母公司	以重要决策方式为基准	以日常经营管理责任为基准
E	50：50	50：50	33.0（20.0）	29.0（14.0）	共同支配型	日方主导型
F	70：30	80：20	33.5（23.0）	30.0（14.0）	共同支配型	日方主导型
G	55：45	59：41	28.5（19.5）	27.0（15.0）	日方主导型	日方主导型
H	85：15	97：3	36.5（20.5）	27.5（14.5）	日方主导型	日方主导型
I	85：15	85：15	28.0（18.0）	39.0（24.0）	日方主导型	日方主导型
J	25：50＊	25：50＊	21.0（15.0）	44.5（26.5）	中方主导型	日方主导型
K	55：45	60：40	32.0（22.0）	22.0（9.0）	日方主导型	日方主导型
L	65：35	65：35	32.0（22.0）	37.0（20.0）	日方主导型	日方主导型
M	25：75	25：75	26.5（20.0）	41.0（24.0）	日方主导型	日方主导型
N	67：34	73：27	40.0（30.0）	31.0（13.0）	共同支配型	日方主导型
O	80：20	80：20	36.0（24.0）	33.0（20.0）	日方主导型	日方主导型
合计	57.1：42.9	63.5：36.5	448.5（302.5）	434.0（229.0）	－	－

（注 1）「＊」：剩下的 25% 为香港某公司出资。（注 2）A 为 A 类资源；B 为 B 类资源

表 5－24　现实的出资比率和理想的出资比率（访问调查对象 15 家）

公司代号	现实的出资比率		出资比率变化的原因	中方经营者关于理想的出资比率的观点					
	设立时（日：中）	1999 年末（日：中）		中方多数持股（75%以上）	中方多数持股（51～75%）	对等持股（50:50）	中方少数持股（50%以下）	出资比率与经营效果关系不大	出资比率与经营效果完全无关
A	50：50	70：30	中方部分撤资						○
B	60：40	87：13	中方 1 家撤退						
C	45：55	45：55	－					○	
D	40：60	51：49	中方部分撤资				○		
E	50：50	50：50	－			○			
F	70：30	80：20	中方部分撤资				○		
G	55：45	59：41	日方追加投资				○		
H	85：15	97：3	中方部分撤资				○		
I	85：15	85：15	－				○		

续表

公司代号	现实的出资比率		出资比率变化的原因	中方经营者关于理想的出资比率的观点					
	设立时（日：中）	1999 年末（日：中）		中方多数持股（75%以上）	中方多数持股（51~75%）	对等持股（50%：50%）	中方少数持股（50%以下）	出资比率与经营效果关系不大	出资比率与经营效果完全无关
J	25：50	25：50	—			○			
K	55：45	60：40	中方部分撤资				○		
L	65：35	65：35	—				○		
M	25：75	25：75	—				○		
N	67：33	73：27	日方1家参加				○		
O	80：20	80：20	—				○		
合计	—	—	—	0	0	2	10	1	1

（3）出资比率、经营资源、支配类型的比较

出资比率与经营资源的关系：

出资比率反映了母公司的权限与责任，而经营资源则反映出母公司的支配能力和支配的程度。为了考察出资比率与经营资源对支配类型的影响，有必要分析权限、责任、能力的相互关系。在15家访问调查对象企业，有7家出资比率没有变化，剩下8家企业的出资比率则发生了变化，变化的方向全部是日方出资比率上升、中方出资比率下降。出资比率发生变化的原因可以分为三种：第一种原因是中方部分撤资或一家撤退，第二种原因是日方追加投资，第三种原因是日方新的公司参加进来。在此有两点值得注意，一点是，在发生变化的企业，出资比率的变化均指向与双方经营资源的比例相同的方向。即：日方经营资源（特别是A类资源）的评分高于中方时日方出资比率上升，反之亦然。另一方面，在出资比率没有发生变化的7家企业，其共同特征是日方经营资源（特别是A类资源）评分值高于中方。另外，虽然出资比率不一定与经营资源的相互关系相对应（有的对应，有的不对应），但是，关于"理想的出资比率"，7家企业全部选择了"中方少数持股"。这显示出，经营者们下意识地以双方经营资源的相互比较为基准，以此作为出资比率的依据。因此，在出资比率与经营资源的相互关系上，从长期来看，是经营资源的相互关系影响出资比率，而不是出资比率影响经营资源。进一步来看，出资比率如果与经

营资源的相互关系不相对称，就会逐渐发生变化直至基本对称。这就说明，出资比率不仅要受母公司经营战略的影响，也与经营资源补充的必要性相关。这与 Stopford and Wells（1972）的基本观点是一致的。[1]

但是，仅仅以中方母公司需要获得日方母公司的技术和管理等经营资源为理由，得出中方赞成日方的多数持股的结论是不充分的。因为如果由于多数持股导致日方全面控制合资企业的生产经营活动，合资企业就成为外资的生产据点或出口据点，中方所期待的合资企业的效果也不会出现，那么引进外资又有多少益处？因此必须对外方由强势经营资源带来的独占支配效果进行一定的抑制。事实上，在第四章的理论分析和本章的实证研究中已经确认，在现实中《合资企业法》等法律规定可以起到抑制独占支配权的作用。例如，《合资企业法》规定，合资企业的特别重要的决策必须董事会全员通过，它抑制了多数持股带来的独占支配的效果。在日常经营层，《合资企业法》也规定了总经理做出经营决策前必须与副总经理协商等。因此，即使在日常经营层是日方主导型支配，在战略决策层中方仍然有重大决策的发言权。这种方式既能够获得合资的效果，又能避免在重大决策上一方独占支配权。因此，在战略决策层坚持以双方共同支配型为主，在日常经营管理层按经营资源的重要性分配权限和责任，这体现了中方合资战略的灵活性。事实上，在访问调查中一些中方派遣经营者认为，现行《行业指导目录》（1998）有关出资比率的规定不一定符合合资企业的实际情况，原因是"缺少灵活性"。

在第四章中，通过分析提出了"中方母公司主张双方对等持股"的假设，这与本次调查的结果不相符合，因为事实上多数中方企业经营者的看法是赞成中方少数持股。主要原因之一就是因为中方拥有的与日常经营活动有密切关系的 A 类资源相对较弱。而另一个原因是，即使对方多数持股，在合资企业重大决策问题上表决权并不与出资比率挂钩，中方拥有与外方同样的表决权，这种权力受到《合资企业法》的保护。

出资比率与支配类型的关系：

关于出资比率与支配类型的关系，第四章已经对既往研究进行了回顾与分析。结论是，大多数研究者（Stopford and Wells（1972），Killing（1983），Beamish（1990），吉原（1984））认为母公司的出资比率决定了对合资企业的

---

[1] Stopford and Wells（1972）认为，出资比率的基本影响因素是 1）母公司经营战略，2）经营资源补充的必要性，3）当地政府的外资政策。

支配权。但是笔者以资源依赖理论为基础提出了不同的看法。即：出资比率不能决定经营支配的类型，但是能够赋予支配行为以法律上的正当性。母公司提供的经营资源对于合资企业经营活动的重要性，才是决定支配类型的主要因素。表5－23显示了15家合资企业的出资比率与经营资源的相互关系，也证实了笔者提出的观点。下面再以40家问卷调查对象企业的数据相加，对55家企业的数据进行综合分析，对二者是否确实具有对称性进行进一步分析。

55家合资企业的出资比率与支配类型的对称关系如表9所示。二者之间的关系具有如下特点，即出资比率与支配类型的对称关系在战略决策层和日常经营管理层不相同。在日常经营管理层，55家合资企业中有40家的出资比率与支配类型有对称关系。但是，在战略决策层，在53家企业中只有19家的出资比率与支配类型相对称。从这个结果来看，在日常经营管理层，出资比率与支配类型具有对称关系的较多，而在战略决策层，出资比率不一定与支配类型对称。这与第四章的分析结论是一致的。因为第四章的分析结论是，关于战略决策层的支配类型，出资比率的影响力有一定限度，而经营资源并没有直接的影响力，真正起到重要影响作用的是《合资企业法》等法律法规等因素。另一方面，对于日常经营管理层的出资比率与支配类型的关系，第三章分析的结论是，"在中方母公司同意的前提下，日方母公司即使少数持股也可能获得经营支配权。"这个结论与上述55家企业的实际状况不符。因为实际情况是，多数合资企业的出资比率与经营支配类型之间具有对称性。

经营资源与支配类型的关系：

以上的分析证明了出资比率具有与日常经营管理层的经营支配类型趋向一致的特征。下面进一步分析支配类型的形成原因。即：为什么是这一种支配类型而不是那一种？在55家合资企业的调查结果中，关于这个问题中日经营者们有比较一致的回答。即，多数经营者认为，母公司经营资源的特质及其重要性，是决定支配类型的重要因素。因此，拥有A类资源的企业主导企业经营活动的可能性更大。但是应该看到，在经营活动的两个层次上，经营资源的影响力是不同的。以下结合15家访问调查对象的回答，对经营资源与支配类型的关系进行分析。

在15家访问调查对象中，有14家企业的中方经营者对两者关系问题进行了打分评价。在14家企业中，评价中方经营资源较强的有4家，评价日方较强的有9家，另有1家的评价是双方大致相同。那么战略决策层的支配类型是否与经营资源的强弱相一致呢？回答是不相一致。因为在14家企业中，"日方主导支配型"为7家，"双方共同支配型"为5家。另外，"自主经营支配型"和"中方主导支配型"各1家。这说明，经营资源的特质及其重要性对战略决策层的支配类型没有直接的影响。这个结果与第四章的假设是一致的。至于为什么经营资源不具有直接影响支配类型的作用，是因为在战略决策层，影响支配类型的重要因素是以《合资企业法》为主的各类法律和法规，另外出资比率也具有有限的影响力。与以上结论不同的是，在日常经营管理层，经营资源对支配类型具有重要影响。在14家企业中，有12家企业是"日方主导支配型"，另外两家分别是"自主经营支配型"和"中方主导支配型"。问题是，日方经营资源评价得分较高的有9家，而"日方主导支配型"是12家，二者似乎不相一致。事实上，在经营资源中与日常经营活动直接相关的A类资源是决定支配类型的更为重要的因素。在14家企业中，日方A类资源相对较强的有11家，因此，在日常经营管理层，经营资源与支配类型具有基本对称的特征。以上结论与第四章假设相符合。

表5-25 出资比率与支配类型的对称关系（15家访问调查对象和40家问卷调查对象）

		支配对象的两个阶层	
		战略决定层	日常经营管理层
出资比率与支配类型的对称性	相对称	8 + 11 = 19	11 + 29 = 40
	不对称	6 + 28 = 34	4 + 11 = 15

（注1）所谓"对称"，是指少数出资情况下对方主导支配权，对等出资情况下为双方共同支配型，多数出资情况下为己方主导支配权。除此以外的状态即为"不对称"。

（注2）战略决策层为53家有效回答。

（注3）表中的"8+11=19"，是指访问调查对象8家和问卷调查对象11家。其他栏的数字亦同。

2）结论与今后的课题

（1）出资比率与支配类型的关系

第四章对出资比率的作用进行了分析，结论是，出资比率在战略决策层决定董事会席位的分配权，在日常经营管理层则赋予支配行为以法律上的正当性。但是，在第四章的分析中，也得出如下结论：在日常经营管理层，出资比率对支配类型的影响较小，拥有重要经营资源的母公司即使是少数持股，在合作伙伴同意的前提下，仍然可能主导合资企业的日常经营活动。但是，访问调查和问卷调查的结果均显示，即使拥有重要的经营资源，母公司仍然有多数持股的强烈需求，这说明出资比率对获得支配行为的正当性有重要作用。而不拥有重要经营资源的一方往往也不希望获得多数持股，双方在追求出资比率与支配类型的对称性上持有基本一致的看法。

第一个结论：在合资企业的战略决策层，出资比率对支配的类型具有有限的影响。

在合资企业的战略决策层（董事会），外资政策以及当地政府的引资方针是影响支配类型的重要因素。但按照《合资企业法》的规定，出资比率可以决定董事会席位的分配。而董事会的议决方式分为一般重要决策和特别重要决策。由于一般重要决策的议决方式是多数通过，特别重要决策的议决方式是全员通过，因此，出资比率对支配类型有限定性影响力。在本次调查中，55 家合资企业的日方多数持股比率为 63%，但日方主导型支配仅为 27.3%，双方共同支配型占 49.1%。

第二个结论：在合资企业的日常经营管理层，出资比率赋予支配行为以正当性。

在日常经营管理层，出资比率虽然不是决定支配类型的决定性因素，但是赋予支配行为以正当性。因此，获得主导经营活动的一方希望获得多数持股权，而未获得主导权的一方则并不希望获得多数持股权。正因为如此，在出资比率与经营资源基本对称的合资企业，出资比率变化的可能性较小，而在出资比率与经营资源不对称的企业，出资比率变化的可能性较大，其变化的方向是趋向于与双方经营资源的重要性相对称。因此，出资比率变化的背后，存在着双方对于支配行为正当性的一致看法。

（2）经营资源与支配类型的关系

第三个结论：在合资企业的战略决策层，经营资源对支配的类型没有直接影响；在日常经营管理层，经营资源是影响支配类型的重要因素，特别是其中的 A 类经营资源。

第四章的分析认为，在合资企业战略决策层，经营资源对支配类型没有直接的影响。但是，在日常经营管理层，经营资源的重要性是支配类型的重要影响因素。特别是 A 类经营资源，对经营支配类型有决定性影响。在 55 家合资企业中，日方的经营资源评价值较高，但战略决策层的日方主导支配型并不多。另一方面，在日场经营管理层，支配类型以日方主导支配型为主，与双方经营资源的相互关系基本相对称。

（3）母公司的所有权政策

第四个结论：在中日在合资企业，日方母公司追求多数持股，中方母公司追求少数持股。

第四章对母公司所有权政策分析的结果，认为中方母公司的所有权政策是对等持股。主要理由是对等持股反映了外资政策中"共同经营、平等互惠"的方针。但是，调查结果显示，多数中方派遣经营者倾向于中方少数持股。其原因在于，首先，中方拥有的经营资源特别是与日常经营活动有直接关系的A类资源较弱；其次，中方的资金筹措能力相对较低；另外，中方较为重视合资企业的短期收益。

另外，第四章的分析认为，日方母公司追求多数持股，其直接原因是为了获得赋予支配行为以正当性。这与实证分析的结果相吻合。但日方追求多数持股的战略目的，则是为了获得中国市场。这与 Stopford & Wells（1972）的结论是一致的。即子公司的战略意义越是重要，母公司就越是倾向于多数持股或完全持股。另一方面，日方母公司追求多数持股的目的与关谷（1976）的研究结论不一致。关谷认为，日本跨国公司的海外子公司如果产品在当地销售就会追求低出资比率，而如果出口就会追求高出资比率。本次调查的结果是，调查对象的平均当地销售比率为 64%，但多数日方母公司仍然追求多数持股，而且目的是扩大中国市场，因此关谷的结论与中日合资企业的实际情况不符。

（4）合资企业支配关系的基本框架（修改后）

在第四章的最后给出了合资企业支配关系的基本框架，它包括纵向的三条支配线路和横向的三个层次。本章通过实证分析已经发现其中有需要修正的部分。以下以实证分析的结果为基础，对基本框架的修正进行说明。

关于日方的支配路线，日方母公司的投资战略主要是扩大或维持中国市场，其所有权政策指向多数持股。另一方面，日方拥有的经营资源主要集中于与日常生产经营活动密切相关的制造、技术、质量、出口等方面，对于当时的中日合资企业而言，这些资源具有"A类资源"的特性。因此，在合资企业的战略决策层虽然有追求"日方主导型支配"的动机，也能接受"共同经营支配型"支配方式。但在，日方在日常经营管理层上追求"一方主导型支配"的倾向很强烈。为了实现主导日常经营的目的，日方非常重视总经理派遣权以及财务、营业、制造、技术、质量等主要管理部门的管理权。另一方面，从中方的支配路线来看，当地母公司拥有的经营资源主要与经营环境的建设以及国内市场销售有关。前者属于B类资源，后者属于A类资源。其中A类资源与企业经营活动密切相关，B类资源虽然也是生产经营活动必不可少的环节，但是对企业经营的重要性相对较低，因此支配力也较弱。正是由于经营资源相对较弱，中方母公司倾向于少数持股。在支配类型上，在战略决策层中方的基本方针倾向于

"双方共同支配型"，但在少数持股的情况下一般重要决策的议决权相对较弱。在日常经营管理层，多数中方企业派遣副总经理协助总经理的工作，即认同日方主导的经营支配。在中层管理部门，中方担任人事、总务等部门负责人较多，但在财务部门，双方管理者共同负责的情况较多。而营业部门的负责人取决于当地市场销售和国际市场销售的比率，双方管理者共同负责的方式正在增加。

最后说明外资政策以及地方政府的影响力。外资政策的影响是通过《外资企业法》等法律法规，对合资企业的出资比率、董事会的决策议决方式以及经营者决定权等做出原则性规定。另一方面，地方政府的影响力主要集中在合资企业的战略决策层，对日常经营管理层没有直接的影响。地方政府的影响要因主要表现在具有外资政策的调整权、能够提供经营支援职能以及在地方政府的有关部门负责人兼任董事长情况下，对合资企业的决策产生的影响。

总括以上说明，对第四章的中日合资企业支配关系基本框架作如下修正（图 5 – 14）。

（5）今后的课题

关于合资企业的成功要因：

在合资企业，出资比率赋予支配以正当性，对董事会的"一般重要决策"有一定影响。经营资源则主要在企业的日常经营管理活动中发挥作用。拥有重要经营资源且多数持股，一般情况下可以取得合资企业的经营支配权。但是，取得支配权并不代表合资企业经营的成功，不考虑合作伙伴的利益一方独占经营支配权的做法不仅不利于经营活动的效果，反而容易导致合作关系的失败。因此，在分析合资企业的支配关系时，有必要考虑合资企业的合作关系。本次调查对支配关系与合资企业的成功要因之间的关系进行了设问。如表 5 – 26 所示，在 11 个选择项目中，日方经营者最重视的是"总经理与副总经理的相互信赖关系"，中方经营者最重视的则是"双方母公司的长期信赖关系"。这说明信从合资企业取得成功的角度来看，建立双方信赖关系比取得支配权更重要。另外也可以看出，以上两项是双方都认为重要的项目，具有共同点。另一方面，双方的不同点是，中方比较重视"经营资源的相互补充"，而日方更加重视"母公司的经营支援"。这说明中方强调双方各有优势应该互相协作，而日方强调了母公司经营资源的优势。最后应该注意的是，中日双方均没有一家企业选择"日方母公司主导经营"和"日方母公司多数持股"。说明经营者们均意识到，尽管一方主导型支配是日常经营管理活动的基本原则，但是它必须建立在相互信赖和互相协作的基础之上。

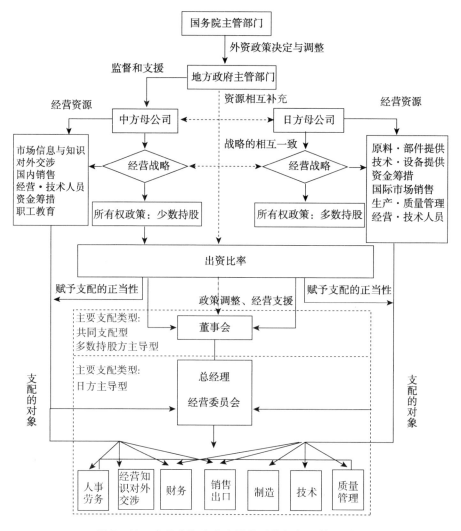

图 5 – 13 中日合资企业支配关系的框架（修正后）

表 5 – 26 合资企业取得成功的要因（复数回答）

项　　目	日方经营者的回答（40 家）		中方经营者的回答（15 家）	
	回答	%	回答	%
1）经营资源的相互补充	5	4.7	12	16.7
2）日方母公司主导经营	8	7.5	5	6.9

续表

项　目	日方经营者的回答 （40 家）		中方经营者的回答 （15 家）	
	回答	%	回答	%
3）日常管理的责任分担与重要决策的相互协议	14	13.2	8	11.1
4）对董事会的重要决策进行充分的协商	11	10.4	7	9.7
5）总经理的经营能力	13	12.3	2	2.8
6）总经理与副总经理的相互信赖关系	21	19.8	10	13.9
7）日方多数持股	3	2.8	1	1.4
8）双方经营战略的协调一致	3	2.8	6	8.3
9）双方母公司的长期信赖关系	12	11.3	13	18.1
10）地方政府官员兼任董事长	1	0	1	1.4
11）双方母公司的经营支援	15	14.2	7	9.7
合　计	106	100.0	72	100.0

关于派遣经营者的条件：

合格的合资企业经营者需要具备什么样的条件？从不同的立场出发有不同的要求。双方母公司对派遣经营者的要求不一定完全相同，中方经营者如果是由地方政府指定，那么地方政府对其也有特定的要求。从日方母公司的角度来看，根据一项调查，母公司对派遣经营者的经营能力并没有特别强调（原因可能是当时日本的海外子公司以生产据点为主），但对于经营者的管理能力和协调能力都特别重视。[①]　而中方母公司对派遣经营者的要求更侧重于从政府角度出发。例如，90 年代的一项调查显示，中方母公司对派遣经营者的基本要求是，第一，具有使命感。作为改革开放政策的实践者，要深刻认识到这项工作的历史责任；第二，具备必要的专业知识，熟知经营管理的基本知识和常用手段；第三，熟悉经营法律法规和外资政策，履行企业的社会责任。第四，具

[①]　1997 年对 63 家母公司进行的调查显示，母公司期待的派遣经营者应该具备以下能力：1）管理能力（74.6%），2）实务能力（74.6%），3）与当地伙伴的协调能力（73.0%），4）领导能力（63.5%），5）外语能力（58.7%），6）强健的生活能力（44.4%），7）创造力（27.0%），8）其他能力（15.9%）（日本在外企业协会『人才育成アンケート调查报告』1997.2）。

有与合作对方进行协调的能力，对下属能够知人善任；最后，具备管理者的基本素质，能够公平合理地处理问题。①

另一方面，在经营管理活动中，合资企业的经营者们对互相之间的经营能力是否满意？在对中方经营者的访问调查中，中方经营者对日方经营者的经营管理能力提出了以下期待。第一，"环境对应能力的强化"（9家，60.0%）。具体的理由包括，日方经营决策的方式比较僵硬，对生产现场操作方式的改进不许可，对市场反映不灵敏，以及市场营销活动中缺乏灵活性等。第二是"加快导入先进技术的速度"（8家，53.3%），第三是"加强互相信赖关系"（7家，46.7%）；最后是"增加互相交流"（7家，46.7%）等。

关于经营资源的相互补充：

由于经营资源的差异性，中日企业之间的经营资源具有相互补充关系，但是这种补充关系的性质正在发生变化。90年代后，很多合资企业发现自身需要的经营资源部分或完全不再能从对方获得。例如，日方母公司希望获得的市场信息以及销售渠道，中方母公司希望获得的持续引进先进技术的能力以及国际市场销售渠道等，而由于信赖关系不足产生的经营摩擦不断增大。另一方面，中日合资企业在三资企业中仍然占有一定的比例。除部分政策规制行业（如汽车整车制造业）以外，大部分是由于经营资源的相互依赖而设立或长期延续下来的，这说明中日企业之间的经营资源相互补充关系依然存在。但是，2001年中国加入世贸后，合资企业的经营环境发生了重大变化，这导致双方的经营资源的相互补充结构发生了变化。对于日方母公司来说，首先是为提高市场竞争能力需要加快引进技术，其次是随着市场信息和当地经营知识的积蓄对合作方的需求已经减少，但是对于中方母公司的对外交涉能力和市场销售能力的需求进一步加大。另一方面中方企业公司制改革已经完成，经营实力不断增强，所拥有的A类资源也越来越丰富。这种变化意味着双方异质性经营资源的减少和同质性经营资源的增加。在这种情况下，合资企业日常经营管理层的支配类型受经营资源的影响将会减少，而受出资比率的影响将会加大。

关于地方政府的影响力：

在90年代，由于投资环境不完善的原因，对于合资企业来说地方政府的影响力是必要的，因为它可以使企业获得必要的经营支援。随着经营环境的不断改善，90年代后期投资环境有了很大改进，在沿海城市，有关运输、通讯

---

① 许晓明，1998，pp. 159~161。

以及水电供应等基本投资环境的建设已经初步完成，与此同时地方政府对合资企业经营活动的干预也逐渐减少。但是另一方面，规范的市场环境尚未形成，外资企业对地方政府的要求从提供经营支援转向建设公开透明的市场环境上。从合资企业来看，对地方政府的期待主要集中在"外资政策的完善"、"放宽政策限制"、"完善与外资企业有关的法律与制度"等方面。①

主要参考文献

1. 洞口治夫（1992）『日本企業の海外直接投資』東京大學出版会

2. 市村真一（1998）『中国から見た日本的経営』東洋経済新報社

3. 加護野忠男（1997）『日本型経営の復権』PHP 研究所

4. 加護野他（1993）『日米企業の経営比較 − 戦略的環境適応の理論 −』日本経済新聞社

5. 川井伸一（1996）『中国企業改革の研究 − 国家・企業・従業員の関係 −』中央経済社

6. 季崇威（1999）《中国利用外资的历程》中国经济出版社

7. 木崎翠（1995）『現代中国の国有企業』（財）アジア政経学会

8. 小林正彬（1995）『政府と企業 − 経営史的接近 −』白桃書房

（1999）『通産省の起源と政府 − アメリカ日本研究と関連して −』世界書院

9. 原国家计划委员会投资研究所（1998）《中国投资报告》中国计划出版社

10. 塩次喜代明（1997）『地域企業のグローバル経営戦略』九州大學出版会

11. 鈴木滋（2000）『アジアにおける日系企業の経営 − アンケート・現地調査に基づいて −』税務経理協会

12. 日本貿易振興会（1999）『進出企業実態調査アジア編 − 日系製造業の活動状況 −』

13. 万成博・丘海雄（1997）『現代中国国有企業』白桃書房

14. 村山元英・大泉光一（1985）『日本型経営の現地資源化』白桃書房

---

① 日中投資促進機構『第 5 次日系企業アンケート調査集計・分析結果』1998，p. 250。

15. 牛丸元（1997）『日本企業の国際経営行動』同文館

16. 原中国国家经济贸易委员会（1997）《中日合资企业经营状况调查报告》

17. Geoffrey Jones（1995）"*The Evolution of International Business An Introduction.*" International Business Press（日文版：桑原哲也等译『国際ビジネスの進化』有斐閣，1998）

18. 井上隆一郎（1993）『グローバル企業の盛衰 – 歴史に学ぶ繁栄の条件・滅亡の原因』ダイヤモンド社

19. Killing J. Peter（1983）*Strategies for Joint Venture Success.* Croom Helm Ltd. , Provident House

20. 土屋守章（1984）『企業と戦略 – 事業展開の論理 –』リクルート

第六章

中国加入 WTO 后的中外企业合作方式

　　90 年代后期，中日合资企业日方母公司的投资形态不断向两个方向转移。一个是在新设企业中，合资形态的减少和独资形态的增加。另一个是在已设立的合资企业中，日方母公司多数持股比率的增加和少数持股、对等持股的减少。这种倾向在 2001 年 11 月中国加入 WTO 后愈发明显，进而出现日方收购中方所持股份的状况。根据日本贸易振兴机构的调查，在 1999 年以前进入中国投资的日本企业中，独资企业占全体的 48%，2000 年以后这个数字增加至 76%。[①] 在日本的跨国公司这种现象更为明显。例如，2000 年以前松下电器产业在中国设立的 40 多家企业绝大部分为合资形态，但 2000 年后全部转型成为独资企业（《人民网》日语版，2005.2.2）。一般认为，中国加入 WTO 后外资政策的大幅放宽，是导致外商投资形态急速变化的主要原因，而大多数外资企业当初选择合资形态也并非出于本意，主要是由于外资政策的限制。不可否认，外资政策的放宽是独资企业比例增加的重要原因，但是 1986 年发布的《外资企业法》中已明确认可外资以独资形式在制造业的绝大多数领域投资，为什么直至 90 年代前期大多数日资企业依然选择了合资形态呢？另外，2002 年修订的《外资企业法》取消了关于独资企业"产品出口义务"的规定，但是大部分日资企业原本就是把中国作为生产基地和出口基地，所以产品出口比例一直居高不下。因此，关于日资企业投资形态的变化，笔者不同意仅仅是由于"外资政策的放宽"这种观点。实际上，在 2001 年后的中国投资环境中，日本企业可以自由地选择投资方式，独资并非唯一的选项。另外，日本企业在中国开展经营活动需要补充自身所缺少的经营资源，这种国际合作战略对于日企将来的中国市场战略具有重要意义。因此，如何在充分展开母公司的中国市场战略，以及充分获得当地经营资源两个目标中掌握平衡，是日本企业当前最

---

　　① 日本貿易振興機構『貿易投資白書』2003，p. 23。

重要的课题。本章重点分析探讨以下两个问题：第一，日资企业的投资形态由合资为主转向独资为主的原因；第二，今后日本企业将以怎样的投资形态在中国开展经营活动。本章内容分为三个部分：首先，对中国加入 WTO 后包括日资企业在内的外资企业的投资形式变化进行考察，并概括其特征。其次，对导致外资企业投资形式变化的原因进行分析，并找出主要原因。最后，阐明中日企业相互协作的必要性，并推荐一种选择合作模式的思路。

1. 外资企业投资形态的变化

2000 年中国加入 WTO 成为定局后，世界对中国的直接投资开始迅速增加。1999 年对中直接投资总额（合同金额）为 412.2 亿美元，而到 2000 年后的各年迅速上升至 623.8 亿美元（2000），692.0 亿美元（2001），827.7 亿美元（2002），1150.7 亿美元（2003），1534.8 亿美元（2004）。另一方面，投资形态的变化也出现加速。如表 6-1 所示，2000 年以后，合资形态在三资企业中的件数、合同金额、实际投资额所占比例大幅下滑，而独资形态的各项指标不断增加。从 2000 年到 2003 年，合资形态形式由 35.8% 下降至 28.8%，而独资形态从 46.9% 上升至 62.4%。

表 6-1　加入 WTO 后外资企业对中投资各种形式所占比例（%）

时期	形式	数量	合同金额	实际投资额
2000	合资	38.0	32.0	35.8
	独资	54.1	54.3	46.9
	合计	100.0	100.0	100.0
2001	合资	34.0	25.4	33.7
	独资	59.8	62.1	51.0
	合计	100.0	100.0	100.0
2002	合资	30.4	22.4	28.4
	独资	64.9	69.2	60.2
	合计	100.0	100.0	100.0
2003	合资	30.5	22.2	28.8
	独资	65.6	70.9	62.4
	合计	100.0	100.0	100.0

资料来源：根据中国商务部外资司《统计资料》的数据整理。

（注）合资与独资形式外，省略了合作、合作开发、外商股份公司等投资形态的数据。

在日资企业，投资形态的变化也大致相仿，并可以从以下几个调查结果看出其特征。首先，从整体来看日资企业与所有外资企业相同，投资形态呈现独资增加、合资减少的趋势。日中投资促进机构 2001 年问卷调查的结果显示，在接受调查的 403 家企业中，独资企业为 170 家，占 42.2%，合资企业为 221 家，占 54.8%。[1] 两年后，日本贸易振兴机构的调查结果显示，在调查对象中独资企业上升为 53.2%，合资企业则下降为 37.8%。[2] 另外，日本三菱综合研究所出版的《中国进出企业一览》（2003～2004 年版）的数据则显示，在 2001 年新设立的日资企业中，独资企业占全体的 64%，2002 年这个数据上升到 68.5%。以上调查数据虽然不完全相同，但是结论是一致的。那就是，日资企业的独资增加、合资减少的趋势已成定局，同时说明日本企业与其他外资企业在投资形态上的变化方向相同。以下再来看日资企业投资形态变化的特征。第一个特征是，在 2000 年后新设的日资企业中，独资企业所占比例大大高于之前设立的日资企业。日本振兴贸易机构的调查将 1999 年以前设立的日资企业和 2000 年后设立的日资企业分为两组，前者独资企业占 47.8%，而后者的独资企业占 75.5%（资料来源同上）。第二个特征是，很多 90 年代设立的合资企业已经完成了由合资形态向独资形态的转换。据 2005 年 2 月中国媒体的报道，日本三菱、日立、松下等跨国公司已经拆除了合资形态这座投资中国市场的桥梁。自 2002 年起，松下电器等大型企业已经逐步把旗下的众多合资企业转换为独资企业。对跨国公司而言，合资形态仅仅是投资中国市场的权宜之计（《人民日报》海外版，2005.2.17）。另外，据日本振兴贸易机构的调查，在日资企业中，独资企业占多数的行业具有以下特征：在行业上以制造业为多（2001 年为 79.8%，2002 年为 86.4%），在规模上以中小企业为多（1999 年以前的企业中占 56.3%；2000 年后新设的企业中占 86.2%），在对象市场上以当地生产当地销售型企业为多（1999 年以前的企业中占 31.43%，2000 年后设立的企业中占 70.7%，资料来源同上）。

从以上变化可以看出，中国加入 WTO 是日资企业转换投资形态的一个契机。当然，同样的趋势在其他外资企业中也相当明显。但是，外资企业如此迅速地转换投资形态并非仅仅是由于外资政策的放宽。至 2004 年，中日合资企业数量依然占日资企业总数的 45.8%，超过独资企业的 39.2%（《中国进出企業総覧》2003～2004 版，p.47）。这说明，仍然有一些企业需要继续保持合资形态。另外，2001 后又出现了一些新设的中日合资企业，如家电行业中的上

①　日中投資促進機構『第 7 次日系企業アンケート調査集計・分析結果』2002.10。

②　日本貿易振興機構海外調査部「中国進出日系企業の実態と地域別投資環境満足度評価」2003。

海松下等离子显示器（松下电器产业，2001），上海日立家用电器（日立，2002），东芝洗衣机无锡（东芝，2003）等。另外，东芝与中国的 TCL 集团在家电生产及销售方面实行了一揽子合作计划，于 2005 年设立合资企业（2008年 8 月，东芝出资 2 亿日元购买 TCL 手中股权，成为独资企业）。由此可见，在新的时期并非所有日资企业都倾向于独资方式，部分日本跨国公司正在摸索更加合适的中日企业合作方式。另一方面，中国政府对日资企业的独资化倾向给予充分的理解和积极的评价。中国商务部跨国企业研究中心的报告指出，日资企业的独资化并非意味着他们已经不需要中国的合作伙伴，而是根据自身经营战略自由选择中方合作伙伴的一种方式，它意味着日资企业希望以更加灵活的方式与中方企业合作，构建更加有效的合作关系。[1] 以下，以第二章有关合资企业出资比例影响因素的结论为基础，分析导致日资企业独资化的主要原因。

2. 变化方向与原因分析

外资企业投资形态由合资转向独资的原因有以下几种可能性。首先是投资环境的变化。中国市场对生产资料需求范围的扩大以及消费结构的变化，导致日资企业的中国战略由原来的生产基地＋出口基地转向生产基地＋销售基地。其次是合资企业的经营管理问题。合资企业的日常经营决策往往需要中外双方协商决定，从而降低了决策活动的效率，难以应对市场的急速变化。另一方面，为了获得市场竞争的优势，母公司需要向合资企业转移新技术和新产品，但日方担心这些技术转移将不利于保持技术秘密。另外，由于以上原因产生的合资企业经营成绩低于独资企业，也是投资形态转换的一个原因。最后，90年代后外方母公司对中方母公司提供的经营资源的依赖逐渐减小，直至不再需要中方提供的经营资源。尤其是中国加入 WTO 后，随着外资政策的不断放宽，中方母公司的提供信息机能以及与当地政府交涉的机能其价值逐渐降低，都有可能导致外方投资形态的转换。为确认以上分析，下面从理论上进行检验。

1）投资环境的变化与日资企业投资战略的调整

2000 年以后中国的投资环境变化显著。其中，加入 WTO 后外资政策的放宽以及经济高速发展带来的市场结构的变化特别引人注目。从外资政策来看，

---

① 中国商务部跨国企业研究中心《跨国公司在中国投资报告》2004，p. 31。

在加入 WTO 的同时中国政府对外资引进战略进行了大幅调整，重点是外资政策的放宽，而调整的内容主要围绕鼓励投资领域的扩大和鼓励投资地区的扩大，以及允许多样化的投资方式等三个方面展开。首先是撤销了外资企业的附加义务。2000～2001 年间，我国修订了《外资企业法》、《合资企业法》、《合作企业法》等外资三法及其《实施条例》，其中针对独资企业的外汇收支平衡义务，国内采购零部件比例义务，以及产品出口义务等均被取消。其次是放宽了对投资行业和出资比率的限制。2002 年 4 月我国修订了《指导外商投资方向暂行规定》和《外商投资产业指导目录》，将鼓励投资的行业从之前的 86 项大幅扩展到 262 项，而限制投资的行业从 112 项减至 75 项。另外，2005 年 3 月再次对上述法规进行修订，按照 WTO 成员国的履行义务再次放宽了对外资投资行业和出资比率的限制。

上述外资政策的放宽，使日资企业转变投资形态的意图成为可能。90 年代进入中国投资的日本企业，之所以选择合资方式主要由于以下几个原因：第一是为了参加中国的大型投资项目。这些大型投资项目直接关系到国家和地方经济的发展，所以能够得到中央政府及地方政府的大力支持。多数外国企业认为，参与这样的大型项目是进入中国市场的便捷途径。但几乎所有的大型项目均对外资独资企业有所限制，因此外资企业只能选择合资方式。然而，从 90 年代后期开始，日本企业逐步确立了以生产和出口为主的战略目标，参与大型投资项目不再是唯一的选择，这成为导致中日合资企业减少的一个原因。第二是为了产品能够在中国国内市场销售。部分生产消费品的日本企业在进入中国市场时已确立了在中国市场销售产品的战略目标，但是法律规定独资企业的产品有出口义务，即不能在中国市场销售，因此必须选择合资方式。但是 2001 年《外资企业法》修订后，对独资企业不利的投资限制（产品出口义务、购买国内零部件比例等）几乎全部取消，独资企业的产品与合资企业一样可以进入中国国内市场。因此这部分日企在获得中国市场准入资格后必然会放弃合资转而采取独资方式。第三是地方政府引资方式的转变。在 90 年代，各地政府因资金、技术、人才匮乏的局面，因此寄希望于通过合资尽快获得以上经营资源。为此给予合资企业相对较多的优惠政策，并对其日常经营活动提供经营支援。但是通过实践发现，合资方式未必一定能够引进先进的技术和管理，相反，由于合资造成的经营摩擦往往阻碍了企业日常经营活动的正常进行。一些地方政府的官员在意识到这一问题后，放弃了引导外资采用合资的方针。① 地方政府引进外资的观念转变，使日资企业在投资方式上有了更大的选择空间。

另外，跨国公司地区总部的设立也是合资形态减少的原因之一。在 90 年代前期，部分跨国公司为确立中国战略，向中国政府提出设立地区总部的要求。由于当时中国在财务、外汇管理、销售等业务方面尚未对外资企业开放，外国公司在中国进行贸易与销售的要求没有得到许可。但是，作为替代机构，允许外国企业在中国设立具有投资与经营支援机能的"投资公司"。进入 2004 年，中国商务部发布了一系列的文件，对外商投资公司的销售与贸易机能给予认可。② 至此，投资公司终于具备了地区总部的所有机能。投资公司的机能主要有三个。其一是统一管理旗下企业；其二是作为旗下企业的代表；其三，在财务、法律、销售等方面为下属企业提供经营支援。投资公司的设立使外资企业的经营资源得到充分整合与利用，而采用独资方式更有利于投资性公司对下属企业的管理和监督。例如，松下电器公司于 2002 年 8 月实现了松下电器（中国）有限公司的独资化，至 2004 年末，其旗下公司基本由合资形态转换为独资形态。

2001 年后中国投资环境的另一个重要变化是市场结构的变化。这个变化与外资政策的放宽同样起到推动日资企业由合资转向独资的作用。首先是生产资料市场的变化。至 90 年代中国经济发展的中心处于沿海地区，随着经济的高速发展这一地区对生产资料的需求不断增加。但在 2000 年后，为保持各地区经济的均衡发展，我国政府相继实施了"西部大开发战略"（自 2000 年起）、"东北地区振兴战略"（自 2003 年起）、"中部地区崛起战略"（2005 年起）等。③ 另外，从 2004 年起针对"投资过热"现象开始实施调整政策，其核心是抑制沿海地区的过度投资。同时对于中西部地区及东北地区继续实施鼓励扩大投资的方针，这就带动了东部地区的资金和技术向上述地区转移。而日本企业的对中投资一直集中在沿海地区的主要大城市。例如，2002 年的统计数据显示，日本企业在江苏省、上海市、大连市、广东省、北京市、天津市的

---

① 商务部跨国公司研究中心（2004）《跨国公司在中国投资报告》中国经济出版社，p. 31。

② 这些文件包括"关于外商设立投资性公司的暂行规定"（2003.4）、"外商投资商业企业管理办法"（2004.6）、《对外贸易法》（2004.7）以及"中国人民共和国外商金融机构管理条例实施细则"（2004.7）等。另外，投资性公司的扩大业务包括：①产品及技术的进出口业务；②批发、零售业务；③销售代理业务等。

③ 西部地区：包括青海省、重庆市、西藏自治区等 6 省 1 市 2 区。中部地区：包括安徽省、湖北省等 6 省。东北地区：包括黑龙江省、吉林省、辽宁省等 3 省。

投资，占对中投资总额的 86% 。这表明，日本企业集中于沿海地区大城市的投资战略已不完全适应中国的投资环境。另外，消费品市场亦呈现出巨大变化。一直以来，日本企业在中国市场的目标消费层为高收入人群，人口规模在 4000 万左右（《日本贸易振兴机构贸易投资白皮书》2003，pp. 38~39）。但随着这些地区经济的发展，日本企业的目标消费层开始向中产阶层扩展。进入 2005 年，长江三角洲地区的中产阶层大幅增加，这一地区的收入结构开始由原来的"金字塔型"向"菱形"转变。① 因此，中国市场消费结构的变化要求日本企业重新构建中国市场战略。

2000 年以来的宽松外资政策与市场结构的上述变化，推动了日本企业对中投资形态的变化。外资政策的放宽是合资形态减少的一个重要因素。以前出于无奈选择了合资方式的企业，以及设立时有必要采取合资方式但现在已不需要合资方式的企业，当然会利用这个机会将合资形态转换为独资形态。另外，2002 年以后，外国企业可以购买中国上市企业的股份，这意味着除合资形态以外，以资本参加的形式与中国企业进行合作也得到了认可，② 合资方式已经不是获得经营资源补充的唯一选择。另一方面，市场的扩大及市场结构的变化推动了日本企业投资方式的转变，但这些变化由于企业的投资战略与规模不同而各具特色。大型企业以扩大中国市场为目标，可以选择独资、资本参加、合资等方式，并开始重新选择合适的合作伙伴。因此，虽然大企业的旗下子公司多数转为独资方式，但亦有部分企业仍然保持或选择合资方式。另一方面，日本的中小企业一贯采用"在中国生产、在日本销售"的战略，所以更基本倾向是由合资转换为独资。例如，2004 年的一项调查显示，在日资大企业中，合资形态占 51.6%，当地销售型企业占 45.8%；在日资中小企业中，独资形式占 61.8%，产品出口企业占 59.7%。③ 因此，从整体来看，推动外资企业趋向独资的因素多于趋向合资的因素，最终出现合资形态减少、独资形态增加的普遍趋势。

2）合资企业的经营管理

本节的目的是，分析合资企业的经营摩擦是否成为导致合资形态减少的一

---

① 《人民日报》海外版，2004 年 11 月 6 日。

② "关于向外商转让上市公司国有股和法人股有关问题的通知" 2002 年 11 月发布，其内容包括，允许向外商转让上市公司国有股和法人股。

③ 日本贸易振兴会海外调查部《中国進出日系企業の実態と地域別投資環境満足度評価》2004. 2。

个原因。合资方式的优势之一是能够有效利用合作伙伴的经营资源，但同时也带来了很多负面影响。最大的问题是可能导致母公司支配权的弱化以致丧失。在中日合资企业，这种负面影响可能表现为一系列问题，例如在董事会层面表现为决定经营战略时意见的不一致或者决策速度迟缓，在日常经营管理层面则表现为经营摩擦，以及由此导致的经营业绩下降等等。但这些就是合资形态减少的原因吗？

合资企业发生的经营摩擦在战略决策层和日常经营管理层的表现方式不一样。在战略决策层发生的摩擦是一种"战略摩擦"；而在日常经营管理层发生的摩擦是一种"经营摩擦"。在战略决策层，虽然规定了合资企业的重大决策必须由董事会一致通过，但董事会每年仅召开数次，这可能导致决策的滞后。而且，《合资企业法》规定了重大经营决策与出资比率无关，必需由双方共同协商决定。因此，一旦双方在重大决策上出现分歧，合资企业就难以为继。如前所述，2001年以后，外资政策的宽松化与中国市场的结构变化带来了中日双方投资战略的重大变化。在此情况下，若合资双方调整投资战略，找到双方新的利益平衡点，那么合资企业就可以继续生存下去。但是，如果双方投资战略不能取得一致，双方就会分道扬镳，合资企业也就会转变为独资企业。例如，日方母公司发挥技术管理、产品开发以及产品出口机能，中方母公司发挥生产管理、国内销售等机能，中日双方通过优势互补可以获得经营资源的乘数效应。然而，如果日方母公司坚持当地生产当地销售的方针，而中方母公司决意扩大国际市场，在无法取得一致的情况下，合资形态便有可能转换为独资形态。

合资企业的另一个问题是双方的经营摩擦。第五章的实证分析已经证实，在大多数中日合资企业，日常经营管理层的经营活动由日方主导，而中方主要起辅助经营的作用，这种状态在中国加入WTO后亦没有变化。但是，中日双方经营者的思考方法和经营管理方法未必相同，在经营活动中出现争议和摩擦也不可避免。另外，如第五章的分析，中日间在建立信赖关系的方法上有较大差异，为了日常经营活动的顺利开展，双方有必要不断加深了解与沟通，而这将耗费大量的精力与时间。经营摩擦虽然不会直接影响到合资企业的生存，但是，如果这些摩擦引起的内部消耗大于所获得的经营资源，对双方来说合资形态就失去意义。试以松下电器（中国）有限公司的旗下企业的独资化过程为例。2000年之前，松下电器的中国业务存在以下几个问题。第一，在中国设立的子公司分属松下公司的不同事业部，因此各子公司无法发挥协作效益

（即乘数效应）。第二，在中国设立的投资公司及子公司多为合资方式，在日常经营活动中未免与合作伙伴经常发生经营摩擦，决策迟缓现象也时有发生。为解决这些问题，2002 年起松下电器开始进行组织的调整和所有权政策的转换。在组织结构上将所有原属于各事业部的子公司收归松下电器（中国）有限公司旗下；在所有权政策方面将包括投资公司在内的所有子公司由合资转换为独资。松下的组织调整和所有权政策的转换得到了中国政府的理解。正如商务部跨国公司研究中心的研究所述："大量实例显示，中外合资方式确实有很多成功的事例，但发生经营摩擦的例子亦不少见，因此能够理解跨国企业的这一改变。"另外，"由合资向独资的转型意味着跨国企业认可中国投资环境的改善，因为当初外方选择合资方式的原因之一是为了规避风险。"①

其次，合资形态的减少与经营业绩的恶化是否有关系呢？经营业绩是企业生存和发展的重要保证。如果企业开始营业后长期亏损，外资就只能撤退。从合资企业来看，如果其经营业绩比独资企业差，那么经营业绩就可能是合资形态减少的原因之一。但是事实上，中日合资企业的经营业绩好于日资独资企业。2000 年以前的数据显示，中日合资企业的经营业绩优于日资独资企业，2000 年后这种状态没有改变。例如，2003 年日本贸易振兴机构的调查显示，日资制造业的盈利企业中，合资企业占 78.9%，独资企业为 70.7%。在非制造业盈利企业中，合资企业占 76.6%，独资企业占 65.3%。② 也就是说不管是在制造业还是在非制造业，合资企业的经营业绩均优于独资企业。因此可见，经营业绩不是日资企业从合资转向独资的理由。但是，即使合资企业经营业绩并不差，如果中日双方在战略决策或日常经营决策中需要花费过多精力进行协调，那么母公司对合资企业的评价并不一定比独资企业好。换句话说，日本母公司对海外子公司的出资比率是否需要调整，主要取决于中日双方在经营战略上是否一致，在经营资源上是否需要相互补充。那么，日方母公司是否已经不需要中方能够提供的经营资源了？

3）中方的经营资源

经营资源的补充是日方母公司选择合资形态的重要原因之一。1996 年之前，在对中投资的日本企业中合资多于独资。除一部分行业的外资政策对外方

---

① 中国商务部跨国企业研究中心《2002～2003 日本企业在中国投资报告》2004 年，pp. 30～32。
② 日本贸易振兴会海外调查部《中国進出日系企業の実態と地域別投資環境満足度評価》2004. 2。

出资比率有所限制外，日本企业对中方经营资源的需求是一个重要原因。在90年代，日本企业需要补充的经营资源主要集中在风险分担、当地市场信息与经营知识的提供以及与当地政府的交涉能力等方面，但2000年后这些经营资源的重要性逐步减弱。随着中国经济的高速发展，改革开放政策已经不可逆转，而随着投资环境的改善，当地信息的获得以及与当地政府的交涉都逐渐正常化。另外，1995年后很多日本的跨国公司在中国设立了地区总部，一定程度上起到了活用内部子公司的经营资源，并提供经营支援的作用。在这样的环境下，对日资企业来说合资形态的价值确实有所减弱。但是，我们不能就此认为中方母公司的经营资源对日本企业已经失去魅力。根据企业对中投资战略的不同，有些日本企业仍然需要获得当地企业经营资源的补充。其理由是，尚未适应中国新的外资政策的日本企业仍然很多，另一方面中方企业原有的经营资源在质和量两方面都在不断提升。同时，与高速发展的中国企业建立合作关系，能够为日本企业带来成长的机遇。具体来说，与中方企业合作的意义在于以下几点。

首先，从对应中国外资政策的变化来看，2001年后中国的投资环境得到了很大的改善，但对于日资企业而言，如何对应外资政策的变化仍然存在问题。2002年的调查显示，在日资企业存在的经营问题中，第一位是"人事、劳务管理"；第二位是"与政府机构的关系"；第三位是"知识产权受到侵犯"，第四位则是"产品销售困难"。[1] 但是到了2003年，这些问题的重要顺序出现了变化，对外资政策变化的不理解成为最大的问题。具体来看，第一位是"法令的不完备与不透明"；第二位是"税制的不完备以及操作的不透明性"；第三位是"法令实行的任意性与不统一性"。[2] 然而，及时灵敏地对应投资环境的变化正是中国一些优秀企业的经营资源之一。海尔、联想、华为等企业正是由于具备了灵活适应环境变化和政策变化的能力而不断成长。而这种迅速调整经营战略、灵活应对环境变化的能力，正是日本企业需要补充的经营资源之一。

其次，从中方母公司拥有的经营资源来看，1992年以来中国企业的竞争版图产生了激变，在竞争性行业中，国有企业独占市场的局面正在逐渐消失，部分民营企业获得飞速的成长。这些企业拥有日本企业正在寻求的经营资源，

---

[1] 『日本経済新聞』2002.11.14。

[2] 同上。

包括"销售能力"、"获得原料能力"和"制造能力"。过去，多数日本企业把中国作为生产基地和出口基地，产品基本向第三国出口或返销日本。中国加入 WTO 后，很多日本企业调整了中国战略，把战略目标确定为中国市场。但是，在中国市场开展销售活动需要构建必要的物流、销售渠道和售后服务网络，还需要具备中国市场的相关知识，这些都是日本企业面临的新课题。因为之前的日本企业在中国的生产活动仅限于零部件调配、生产管理、进出口手续等，与中国市场基本没有直接关系，但是在调整战略面对中国市场时经常出现问题，就是缺乏与销售有关的经营资源的表现。近年中国消费者对于日本企业的投诉以及媒体的批评时有发生，原因就在于日本企业对中国的消费者意识还不了解，对中国的市场规则尚未适应。例如，2003 年 11 月丰田霸道车广告事件，就揭示了丰田对于中国市场认识的重大失误,① 说明日本企业对中国的文化、历史、民族性格的理解尚需进一步学习。反观中国的一些优秀企业，在激烈的市场竞争中培育出丰富的市场应变能力和销售能力。这些中国企业具有一些共同的特点，首先是"市场第一主义"。计算机行业的联想集团，家电行业的 TCL 集团和海尔集团，最初均采用贴牌方式②为国外企业生产和销售产品，在达到一定的市场份额后随即改变经营战略，采用自己的品牌生产和销售产品。另外，中国企业不仅注重在大城市占有一定的市场份额，早在十年前即开始在边远城市乃至农村地带构筑庞大的销售和服务网络。2003 年，海尔集团旗下的 42 家子公司几乎占据了产业链上的全部环节，建立了覆盖全国的58800 个销售网点及 11976 个售后服务网点。另一家企业海信集团则在全国拥有 20 个销售中心，设立了 100 家以上包括售后服务的子公司，并设置修理服务网点一万个。TCL 集团则构筑了一个由 27 家销售公司、167 个销售机构、4000 多个代理店、20000 多家小型零售店组成的销售网。外国公司要想在这些

---

① 事件缘起于一汽丰田销售公司刊登在《汽车之友》2003 年第 12 期、由盛世长城广告公司制作的一则广告：一辆霸道汽车停在两只石狮之前，一只石狮抬起右爪做敬礼状，另一只石狮向下俯首。配图广告语为："霸道，你不得不尊敬"。这则广告立即引发质疑和愤怒，舆论认为石狮在中国有着极其重要的象征意义，代表权力和尊严，丰田广告用石狮向霸道车敬礼作揖是极不严肃的。更有网友将石狮联想到卢沟桥的狮子，认为丰田的广告语出言不逊，有商业征服之嫌，损伤了中国人的感情。在强大的舆论压力下，12 月 4 日丰田公司在公司网页中文版主页正式道歉。

② 贴牌生产即 OEM（Original Equipment/Entrusted Manufacture）生产，基本含义为品牌生产者不直接生产产品，通过合同方式委托同类产品的其他厂家生产。之后将所订产品低价买断，并直接贴上自己的品牌商标。贴牌生产属于加工贸易中的"代工生产"方式，在国际贸易中属于以商品为载体的劳务出口。

行业与之竞争是十分困难的。另外，这些优秀企业同时拥有强大的制造能力，特别擅长以低成本生产中档产品。另外，日本企业的中国市场战略还有一个弱点，就是在构筑市场渠道方面落后于欧美等国。1999 年的一项调查显示，虽然很多日本企业希望扩大在中国市场的销售机能，但物流机能的扩大远慢于美国和德国。[①] 在这种情况下，如果日本企业自行构筑销售网络，就有可能失去市场机会。而与其自行构筑销售网络远不如与中国企业合作，找到一条接近中国市场的捷径。

中国企业的飞速发展本身亦成为其重要的经营资源。90 年代以来，国有企业通过股份制改造脱离了与行政机构的关联，民营企业也通过积极应对市场变化获得成长，众多中国企业在 20 年间取得了惊人的发展。与这些优秀的中国企业合作，不仅对日本企业的中国业务有利，而且与亚洲市场的开发有关联（安室，2003，p. 58）。从这个角度来看，与中国优秀企业的合作所产生的效果，可能远大于一时性的经营资源的补充。事实上，一部分日本企业已经着手构筑与中国企业的长期合作关系。2002 年 1 月，三洋电器与海尔集团以对半出资的方式设立合资企业，开始了全方位的战略合作。此项合作的成果虽然在合作当初无法评价，但三洋电器看待中日企业长期合作的战略眼光值得评价。正如三洋电器原会长井植敏对合作意义的说明："与中国企业的合作，我们不仅瞄准当前的利益，更重要的是期待今后的长远利益。"另外，关于与中国企业合作的动机他也坦言："今后，东亚经济圈将成为世界经济的中心。从这个角度来看，我认为与中国大企业的合作极其重要。"[②] 由此来看，中国企业所拥有的经营资源已经改变，即由原来的经营辅助型经营资源逐步上升为市场开拓型经营资源，而且将来会进一步上升为成长型经营资源。而日本企业正在寻求的经营资源正向着现在的市场开拓型资源与将来的成长型资源转移。因此，如何选择优秀的中国企业作为合作伙伴，以及以何种方式与这些企业进行合作，成为日本企业面临的新课题。

3. 中外企业合作方式的选择

中日合资企业的比例不断减少的同时，许多日资企业却在努力寻找中方合作伙伴。据 2001 年的一项调查显示，认为在以中国为中心的亚洲地区，有必要与中国企业进行业务和资本合作的日本企业，占接受调查企业的 8 成以上。

---

① 野村総合研究所调查报告「日米独企业のアジアビジネス戦略の比較」1999. 6. 10。
② 三洋电机会长兼 CEO 井植敏的演讲 "アジアの共生" 日本经济新闻，2003. 11. 1。

其理由如下：第一是为了强化销售能力；第二是为了规避风险；第三是为了全面降低成本。① 以上调查数据所揭示的是，一方面为了接近中国市场需要与中国企业合作，另一方面又感到合资未必是最佳方式，日本企业在中国战略上处于进退两难的境地。当然，企业为了保持市场竞争的优势，在寻求经营资源补充的同时亦追求对合资企业的支配权，希望回避经营摩擦、减少投资风险。为此，企业需要以母公司战略以及经营环境的特征为基础，寻找最合适的合作方式。在2001年以前，外国企业在中国投资只能选择合资或独资，但是在中国加入WTO后，中外企业都可以在更多的方式中选择合适的合作方式，探索如何在获得经营资源补充的同时确保母公司必要的支配权。下面的内容是，在考察中外合作方式的基础上，探讨合作方式的选择基准。

1）多种多样的合作方式

从获得经营资源的角度来看，合作方式可分为"经营机能合作"，"收购与合并"（M&A），以及"合资"。首先，关于经营机能的合作，很多日本企业在进入中国投资之前都经历过与中国企业的机能性合作。但是，当时的机能性合作是以单方提供经营资源为主，日本企业占压倒性优势。而现在的机能性合作已经由单方面的技术提供、设备供给以及贴牌生产等方式，发展成为经营资源的相互提供。在这种情况下全方位的合作占到多数，包括产品开发、技术协作、委托生产、共同购买和销售以及售后服务等内容。另外，双方所寻求的经营资源补充方面也发生了变化。中方企业的投资战略是打造品牌和开拓国际市场，因此希望获得先进技术以及国际市场销售渠道；而日本企业则以扩大中国市场为目的，寻求与当地生产当地销售有关的经营资源。在双方的目标市场不同的前提下，双方的合作就能够产生乘数效应，即获得 $1+1>2$ 的效果。例如，2002年三洋电机与海尔集团的合作即为全方位合作的一例。三洋电机的优势在于技术开发，而海尔的优势在于中国市场的销售能力。双方的合作并未局限在销售能力的互补，在产品开发、当地生产、销售型合资企业的设立等方面展开了全方位合作。② 另外一个例子是松下电器与广东家电企业TCL集团的全方位合作。与三洋同海尔的合作相同，松下电器与TCL集团分别拥有技术开发优势与生产、销售优势。双方实施全方位合作以来，在生产、技术、销

---

① 野村総合研究所調査報告「日本企業の国際事業展開に関する調査」2001.1。
② 三洋电器与海尔的全方位合作内容包括：①灵活运用海尔的销售网络，在中国市场以三洋品牌及海尔品牌销售产品；②海尔品牌产品在日本市场的销售及合资公司的设立；③生产协作的推进；④扩大三洋对海尔的重要零部件的供应及技术帮助。

售、供货等方面相互协作，获得了各自所需要的经营资源。

收购与合并（M&A）是企业获取经营资源的一条捷径。2003 年 4 月，原中国对外经济贸易部（现商务部）发布了《关于外国投资者并购境内企业暂行规定》，① 揭开了外国企业收购、合并中国企业的序幕。这项规定认可外国企业以"股权并购"和"资产并购"的方式合并、收购中国企业，并规定了收购企业的条件。实际上，认可外资企业合并、收购中国企业，与当时的国有企业改革有关。2002 年以前，国有企业改革的方针确定为"抓大放小"，自 2003 年起，政府对国有大中型企业亦开始实施严格的监管政策。这一年设立了"国有资产监督管理委员会"，中央政府对 196 家大中型国有企业进行大力监督，其他国有企业则由各地方政府行使监督职能。若企业经营业绩出现严重下滑，管理委员会有权撤换企业最高责任人；若五年内无法改善经营状况，即勒令其"退出市场"（李荣融，国有资产监督管理委员会主任）。② 这意味着我国政府将全面引入市场竞争机制，放弃对国有大中型企业实施保护的一贯政策。自"关于外国投资者并购境内企业暂行规定"发布以来，欧美企业收购案例时有发生，但在日资企业，收购或合并国有企业十分鲜有，但日资企业善于采用以收购获得合作伙伴的方式。例如，日清食品于 2003 年 4 月向中国第二大方便面企业河北华龙集团投资，购得 33.4% 的股份，而收购的目的在于通过技术、销售网络等经营资源的相互补充获得市场竞争的优势。合并、收购方式与合资方式有以下几点不同。首先，能够迅速接近市场。合资方式以绿地投资为多，从公司设立到正常营业需要较长时间。而合并、收购方式所需的准备时间较短，同时能够对市场变化作出迅速的反映。其次，收购方式比合资方式更加灵活机动，更具有适应能力。收购方式通过购买股份实现资本参加，资金的投入与撤退均相对容易，而合并方式亦可以直接获得对方资产，从而维持经营活动的连续性。在现阶段，合并、收购的目的主要是为了实现紧密的经营机能合作。最后，必须注意的是，合资企业的相关法律法规均已经成熟，而合并、收购方式在财务和法律等方面尚不完善，因此风险较高。

合资形式依然是获得经营资源的一种方式。正如 Stopford & Wells（1972）所述，跨国公司有必要通过与当地企业的合资获得市场竞争优势（同上，

---

① 原对外经济贸易合作部《关于外国投资者并购境内企业暂行规定》自 2003 年 4 月 12 日起实行。

② 《日本经济新闻》2003 年 8 月 7 日。

pp. 205～210）。按照商务部的统计，1997 年后，在外商投资企业中虽然独资形态逐渐扩大到外资企业的大多数，但在累计数量上合资形态还是多于独资形态。有趣的是，作为进入中国市场的先驱，"福建日立电视机有限公司"（1981）及"中国大冢制药有限公司"（1981）直到 2003 年一直维持了合资方式。但通过合资进行合作与通过全方位的经营机能以及合并、收购实现合作的方式不同，合资形态下的合作优势在于，出资双方要共同开展经营活动，因此在建立信赖关系以及经营资源的活用方面更具优势。另外，由于合资形态下的合作相比其他合作方式较为稳定，所以更加适用于投资风险高，且市场环境相对安定的情况。今后，合资企业需要解决的问题主要有两个。一个是维持合资还是向独资转型的选择问题，另一个是，如果要维持合资方式，应该如何解决合资方式存在的缺点问题。对双方母公司来说，如果对方能够提供己方需要的经营资源，那么应该继续保持合资方式；如果合作伙伴已经无法提供必要的经营资源，那么应该尽快转为其他方式。从日方母公司来看，如果希望继续保持合资方式，就必须解决以下几个问题。首先是需要调整企业管理层的组织结构。迄今为止多数合资企业的总经理由日方母公司派遣，而董事长多由中方母公司决定。这种组织结构比较适用于生产型企业。当企业由生产型转向当地生产当地销售型时，日方总经理未必能够充分把握中国市场的环境，所以由中方母公司推荐熟悉中国市场的总经理人选，由日方担任董事长的管理层结构似乎更为合理，因为这样的结构能够准确地接近市场并迅速对应市场的变动。其次是必须解决双方的经营摩擦问题。从第四章的分析可以看出，合资双方在经营资源上具有的相同特征越多，就越容易引起经营摩擦。这意味着合资双方在经营资源上如果不存在互补关系，合资事业很可能难以为继。解决的方法是找到具有经营资源互补关系的合作伙伴，同时避免对等出资以保持决策的统一性。另外，需要建立合作双方的信赖关系。无论采用何种合作方式，如果没有双方的相互信任就难以长期维持。由于合资方式相比其它合作方式需要更紧密的合作关系，所以建立信赖关系更加重要。由于中日双方对于信赖关系的形成及维持有着不同的观点和方法，双方都有必要进一步的相互理解，并找出合适的方法。

最后是关于合资企业制度的局限性。直至目前合资企业的所有形态规定为"有限责任公司"，这与国际惯例并不一致。一般来说企业的所有形态与规模有关，例如股份公司的规模一般大于有限责任公司。但在我国，由于渐进性改革的背景情况有所不同。1979 年第 5 届全国人大通过《合资企业法》时，引进外资的相关法律体系尚不完善。当时既没有针对股份公司的相关法律，有关国有企业"现代企业制度改革"的提法也还没有出现。直到1993年，第8届全国人大会议通过了《公司法》，制定了股份有限公司和有限责任公司的基本制度。因此1979年通过《合资企业法》时规定合资企业的所有形态为"有限责任公司"，主要是由于当时的法律制度尚未完善。1995年国务院发布《关于设立外商投资股份公司若干问题的暂行规定》，允许合资企业由有限责任公司转变为股份有限公司。但在资金（3000万元以上）和经营业绩（过去三年连续盈利）等方面设置了较为严格的限制，至今为止仅有少数外资大企业由有限责任公司转变成股份有限公司。

《合资企业法》等仅适用于外资企业的法律具有一定的局限性。随着经济活动全球化的展开，取消一些已经不适应环境变化的制度，以及在《公司法》中将内外资企业一视同仁这仅仅是时间的问题。另外，不仅是企业制度，在投资和管理制度等方面我国的外资政策今后的大方向仍将是继续放宽。例如，在投资管理方面，由审查、许可制度转向报告、登记制度；在投资制度方面，由政府许可制转向银行独立审查制度。从这个意义上来讲，合资企业方式是否能够长期持续发展下去将很难预测。

2）合作方式的选择

合作方式中包含许多不确定因素，因此不存在适用于所有企业的合作方式。而且，由于市场变化难以预测，现在合适的合作方式可能在三五年后不再合适。其原因是由于经营环境的变化以及与之相伴的公司战略的变化。因此，企业在选择投资方式时，需要明确经营资源是否需要补充，以及母公司支配权是否必须确保。在此基础上选择最合适的合作方式。

但是，合作并非目的仅是手段。企业通过这种方式获得经营资源的补充，从而在竞争中获得市场优势。但合作会产生一些局限，其中最大的问题就是母公司可能会丧失一部分经营支配权。采用合资方式时发生的决策迟缓、经营摩擦、投资适应性不强等问题，也是由母公司支配权的丧失所导致。虽然影响合作方式的因素有很多，但经营资源的取得与母公司支配权的维持是其中两个最重要的因素。如果以这两个因素为横坐标和纵坐标，可以得出合作方式的四种选择。（图6－1）

第一种选择是，当经营资源的补充和母公司支配权的保持都很重要时，可以选择合并、收购（M&A）方式（图6－1中的①）。合并、收购的特征是能够迅速接近市场，从而实施企业的经营战略。另外，合并、收购可以根据资本参加的程度达成若干战略目标。例如，当外商希望与中方企业合作时，只需购买少量股权即可；当外商希望完全获得中方母公司的经营资源时，则可以通过购买半数以上股权，从而获得经营支配权。另外，这种方式在撤资时也比较迅速，中国企业在90年代后已经开始积极地采用这一方式扩大规模。例如，海尔集团通过合并、收购方式迅速扩大了企业规模。今后，随着市场政策、法规的完善，合并和收购将成为企业对内和对外投资的主要方式。

图 6－1　合作方式的选择（概念图）

资料来源：作者制作

第二种选择是，当经营资源的补充和母公司的支配都有必要，但是并不特别强调时，采用单一机能性合作或全方位机能合作方式比较合适（图 6－1 中③）。合作的目的是双方都可以达到自己的目标，这些目标包括接近市场，获得技术或信息，节约生产成本和销售成本等。由于机能性合作不需要双方共同经营一个企业，因此很少出现合资企业的经营决策迟缓、经营摩擦多发等问题。另外，这种合作方式未必需要资本参加，但如果实行资本参加，那么双方就有了共同的利益目标，从而有利于形成更加紧密的合作关系。最后，单纯以进入新的市场或者为了在竞争中取得优势地位为目的的机能性合作，在目标达成后合作就会终止，所以这种方式又称为"一时性合作"（interimistic alliance）。因此笔者认为，在一项长期战略中，机能性合作只是一时性的、过渡性的合作方式。

第三种选择是，当母公司的支配权十分必要，但经营资源的补充并不十分需要时，可以选择独资方式（图 6－1 中④）。2000 年我国修订了《外资企业法》，外商独资企业的产品出口义务、外汇收支平衡义务以及在中国国内购买零部件等规定均被取消。因此，外资企业如果将中国作为生产基地和出口基地，那么选择独资方式比较合适。当然，独资企业同样可以与其它企业建立供应商关系和销售商关系，在产业链的不同环节开展各种方式的合作。

最后，第四种选择是，如果经营资源的补充非常必要，但是母公司的支配权并不重要时，采用合资方式比较合适（图 6 – 1 中②）。我国地域辽阔投资环境各地均有不同，既有快速变化的市场，也有相对稳定的市场。因此，在投资环境相对不够完善，市场状态相对稳定，经营资源的补充非常必要的情况下，合资方式仍然是合适的选择。具体而言，从地域来看在我国西部、中部及东北地区；从行业来看在食品、药品、原材料等行业，均可以考虑采用合资方式。另外，我国加入 WTO 后，《外商投资产业指导目录》中对于出资比例的限制大幅放宽，但在汽车整车制造等行业中，对外商企业的出资比率仍然有限制，外企在这些行业的投资必须采用合资方式。在这种情况下，灵活运用合资方式的优势、不断开拓新的市场，对于包括日资企业在内的跨国公司而言是一项正确的战略。

主要参考文献

1. 稲垣清 + 21 世紀中国総研（2004）『中国進出企業地図』蒼蒼社

2. 三菱総合研究所（2002）『中国情報ハンドブック』蒼蒼社

3. 安室憲一（2003）『徹底検証・中国企業の競争力』日本経済新聞社

4. サーチナ総合研究所（2003）『中国有力企業と業界地図』日本実業出版社

5. 商务部跨国企业研究中心（2004）《跨国公司在中国投资报告 2004 年》中国经济出版社

6. 商务部跨国企业研究中心（2005）《跨国公司在中国投资报告 2005 年》中国经济出版社

7. 関志雄（2002）『日本人のための中国経済再入門』東洋経済新報社

8. 杉田俊明（2002）『国際ビジネス形態と中国の経済発展』中央経済社

9. 谷照明、闫红玉（2002）《海尔：中国的世界名牌》经济管理出版社

10. ジェトロ海外調査部（2004.2）「中国進出日系企業の実態と地域別投資環境満足度評価」

11. ジェトロ海外調査部（2004.3）「中国の投資環境と進出企業のケーススタディ」

后 记

　　2000 年深秋的一天，我走进指导教师的研究室，把散发着油墨香味的论文打印稿放在小林正彬教授的办公桌上，二人静静凝视书稿，默然无语。接下来是各种形式的审查会和论文报告会，直到半年后的 2001 年 3 月，我终于以这部论文获得关东学院大学颁发的经营学博士学位。此时已是春天，在横滨郊外的六浦，校园里阵阵咸湿的海风传来春的讯息。本书是在博士论文的基础上，经过在东京电机大学、日本大学以及苏州大学的教学和研究对课题加深理解后，经过数次修改和增删而成。

　　在课题构思、文献检索以及调查研究的各个阶段，我得到很多教师的指导和鼓励。在博士后期课程阶段，我的导师小林正彬先生（东京大学博士）在研究的若干重要环节从方法论的角度给予我极大的帮助。在提出理论假设阶段，他一方面肯定了作者的思路，另一方面对假设的过于复杂，头绪梳理不清等问题提出尖锐的批评。2000 年的夏天，先生冒着酷暑通读论文初稿，在一摞稿纸上留下了数不清的修改意见。另一位指导教师永岛敬识先生对我的帮助也很大。通过他讲授的《经营形态论》、《经营组织论》等课程，我对国际合资理论的整理和比较有了一定的信心，这一阶段的学习为博士论文的撰写奠定了理论的基础。我至今仍然记得那个冬夜，研究室里寒气逼人，暖气早已停了，先生一边推敲论文一边不停地流鼻涕。

　　在长期的异国研究生活中，还有很多教师、同窗、企业经营者以及政府官员给了我无数直接和间接的帮助。在此无法一一列举，只能略举数人一并致谢。他们（当时的职务）是，东京大学教授土屋守章先生（严厉得让人生畏）；立教大学名誉教授三户公先生（亲切和蔼，学问上机智灵活）；关东学院大学教授久保新一先生（长野县出生，与中国留学生谈得来），横滨国立大学教授西村隆男先生（当时是我的师兄，关键时刻总是挺身而出）；还有另一位师兄楠见忠先生（原野村证券干部，退休以后开始攻读博士），在我取得学位去东京电机大学任教后，每年年末都能收到他寄来的一大包简报和资料，希望我继续深入研究这个课题。另外，在数次调查访问中，中国社科院日本研究所丁敏副研究员、苏州新区管委会吴立华局长、苏州科技学院王玲玲老师都提供了很大的帮助。在研究经费上，我在日本留学期间曾经得到日本财团和日本国际交流基金的援助，本书的出版得到了教育部高等学校社会科学发展研究中心和我所在的苏州大学的资助。特别要感谢教育部高校社科发展研究中心，他们给了我回国后第一次出版研究成果的机会，对我来说这比资金上的资助更为重要。还要感谢光明日报出版社的编辑，他们严谨的编辑态度促使我反复修改校对，使本书在内容和文字表达方面尽可能地避免了一些失误。

2008 年 8 月的最后一天，我乘坐东方航空公司的班机离开东京，来到苏州大学商学院工作。之所以选择苏州大学，一方面是对这所大学的仰慕之心由来已久，另一方面是这里外资企业较多、民营企业活跃，对我的研究来说实在是最好的选择。衷心感谢学校和学院为我提供的各种帮助，我无以为报，只有认真教学、踏实研究，做出力所能及的贡献。

我的研究生活艰苦而充实，很大程度上是因为有家人的理解和支持。记得有一年是日本的新年第一天，当我踏着深雪从东京大学的研究室回到家中时，看到妻子和孩子由于寒冷拥被而坐心里十分愧疚，这样的情景一直难以忘记。谨以此书献给她们，以表感谢之情。

2009 年 11 月 15 日
于苏州大学杨枝新村